ORIGINE

DES

NOMS DES RUES & PLACES

DE LA

Ville de Saint-Quentin

PAR CHARLES POETTE

SAINT-QUENTIN

IMPRIMERIE CHARLES-POËTTE

Directeur-Gérant du *GUETTEUR*
de Saint-Quentin et de l'Aisne, rue Croix-Belle-Porte, 21

1891

ORIGINE

DES

NOMS DES RUES & PLACES

DE LA

VILLE DE SAINT-QUENTIN

ORIGINE

DES

NOMS DES RUES & PLACES

DE LA

Ville de Saint-Quentin

~~~~~~

PAR CHARLES POETTE

✦✦✦

SAINT-QUENTIN

IMPRIMERIE CHARLES POËTTE

Directeur-Gérant du *GUETTEUR*
de Saint-Quentin et de l'Aisne, rue Croix-Belle-Porte, 21

1891

PUBLICATIONS DU MÊME AUTEUR

1. La *Légende de l'Église de Là-Haut*, brochure in-8°.
2. Le *Vol du Ciboire à l'Église de Là-Haut*, brochure in-8°.
3. *L'Instruction populaire à l'Exposition universelle de 1867*, brochure in-8°.
4. Les *Bois d'Holnon*, brochure in-8°.
5. *Une Promenade à Misery-en-Carnois*, brochure in-8°.
6. *Souvenirs de la Guerre Franco Allemande*, brochure in-8°.
7. *Une Fête scolaire à Holnon, le dimanche 30 avril 1882*, brochure in-8°.
8. *L'Histoire d'Holnon*, avec six Dessins et un Plan des Bois d'Holnon et des environs, un volume in-4° de 568 pages.
9. *Livre de comptes de Claude Rohault, curé de l'Église Saint-Quentin de Misery-en-Carnois d'Holnon*, brochure in-8°.
10. *Commune d'Holnon. — Distribution des Prix aux élèves des écoles communales*, présidence de M. Gilbert-Boucher, sous-préfet de Saint-Quentin.
11. *Savy, incendie de l'église de ce village en 1758, et sa reconstruction en 1765*, brochure in-8°.

AVANT-PROPOS

Les deux cent quatre-vingt-dix notices que renferme ce petit volume ont été publiées dans le *Guetteur* du 22 avril au 8 octobre 1891.

Je les ai écrites avec mes souvenirs et en consultant les historiens locaux. Paul Colliette, Charles Gomart, les Mémoires de la Société Académique, Bona, dont le travail est resté inachevé, m'ont fourni d'utiles renseignements. J'ai puisé dans les livres de ma bibliothèque, dans les ouvrages et dans les biographies des hommes illustres dont les noms ont été donnés à des rues, places et boulevards de la Ville.

Pendant les seize années que j'ai passées au Conseil municipal de Saint-Quentin, j'avais entendu formuler de temps en temps, notamment par mon éminent collègue M. Pierre Bénard, ancien adjoint au maire, le vœu qu'une inscription explicative fût mise sur les plaques indiquant les noms des rues et des places publiques, et j'avais eu souvent la pensée de rédiger et de publier les notices que l'on trouvera dans ce petit livre.

Mais mes occupations de journaliste m'avaient fait oublier ce projet lorsque le 16 avril 1891, je recevais une lettre signée : « *Un curieux* », de laquelle je détache le passage suivant :

« Monsieur le Rédacteur en chef
» du *Guetteur,*

» Au moment où la Municipalité
» vient de décider l'attribution, à plu-
» sieurs rues de notre cité, de noms
» de citoyens illustres ou généreux,
» bien connus de la génération ac-
» tuelle, ne pensez-vous pas qu'il
» serait bon de rappeler à la popu-
» lation les motifs pour lesquels cer-
» taines rues portent les noms de
» personnages complètement inconnus
» aujourd'hui ? »

Je publiai la lettre, et j'annonçai
que j'étais tout disposé à donner

les renseignements qui m'étaient demandés.

Je me suis mis à l'œuvre immédiatement, et ce sont les notices insérées dans le *Guetteur* que j'ai réunies dans ce petit ouvrage tiré à peu d'exemplaires.

CH. POETTE.

Saint-Quentin, 8 octobre 1891.

ORIGINE

DES

NOMS DES RUES & PLACES

DE LA

Ville de Saint-Quentin

Rue de l'Abattoir

Cette rue commence sur le boulevard Gambetta, en face du nouvel Hôtel de Gendarmerie, et conduit à l'Abattoir en traversant la rue de Crimée et en longeant le côté nord du Marché-Franc.

« Depuis longtemps, lisons-nous dans le *Mémorial Saint-Quentinois*, imprimé en 1838, le projet de construire un abattoir à Saint-Quentin avait été formé. Plusieurs emplacements avaient été proposés : l'un d'eux, présentant une façade d'environ 70 mètres sur le boulevard Sainte-

Anne (aujourd'hui boulevard Gambetta), paraissait avoir réuni tous les suffrages. Il avait même figuré sur le beau plan de la Ville, publié en 1826, par MM. Védie et Pelletier. Enfin, en 1832, dans un emplacement provenant d'une partie du fossé d'une ancienne demi-lune, nommée le Coupement, les travaux en furent commencés et suivis d'abord avec activité ; mais, par suite de plusieurs circonstances imprévues qui en retardèrent l'ouverture, il ne fut mis en activité que le 15 du mois d'octobre de l'année 1836. Les frais de construction s'élevèrent à 90,000 francs. »

On sait que la Municipalité actuelle a voté l'an dernier le transfert de cet abattoir à l'extrémité du territoire de la Ville, sur la route de Gauchy.

Rue des Agaces

La rue des Agaces ou des Agaches aboutit d'un côté à la rue du Petit-Pont et de l'autre à la rue Saint-Thomas : on ne comprenait autrefois sous ce nom que la partie qui communique de la rue du Petit-Pont à la rue des Patriotes ; l'autre partie, qui aboutit à la rue Saint-Thomas, se nommait rue du Bournival du nom de la maison qui est maintenant occupée par les sœurs de la Charité, et précédemment par l'Hospice des Orphelins. Cette maison a été donnée à la Ville, en 1590, par Quentin Barré, ancien mayeur, « pour y recevoir les orphelins de l'un et l'autre sexe, leur donner l'habit, la subsistance, et leur faire apprendre un métier ».

On croit que le nom que porte actuellement cette rue provient d'une enseigne représentant une *agache* ou *pie*.

Rue d'Alsace

La rue d'Alsace commence dans la rue du Gouvernement, au n° 19, et finit dans la rue du Moulin.

C'est une des belles rues de la Ville.

Elle a été ouverte en 1870-71, dans la propriété de MM. Tausin, apprêteurs, avec le concours de la Commission municipale chargée d'administrer la Ville pendant la guerre franco-allemande. Le terrain, à usage de jardin à cette époque, dépendait autrefois de l'hôtel du gouverneur de Saint-Quentin, anciennement maison de la Monnaie, et dans lequel M. Tausin père avait fait établir un apprêt des plus importants.

Le nom d'« Alsace » a été donné à cette rue en souvenir de la chère province arrachée à la France, par les Allemands, en 1870.

Rue d'Amerval

C'est une petite rue qui a été pavée il y a quelques années seulement. Elle commence au n° 16 du boulevart de l'Ouest, aujourd'hui boulevart Henri Martin, et conduit à la rue de la Pomme-Rouge.

D'Amerval est le nom d'un seigneur du Vermandois qui se trouvait dans la ville de Saint-Quentin lors du siége de 1557. Au moment où les Espagnols investissaient la ville, ce seigneur fut chargé par l'amiral Coligny, avec le marquis de Caulaincourt, de rassembler sur la grande place les hommes en état de porter les armes. Il prit une part active à la défense de la ville. Voici du reste ce que l'amiral Coligny dit lui-même à ce sujet dans sa relation du siége de Saint-Quentin :

« Quelques jours après que j'eus abandonné le fauxbourg en la haute ville, je fus lors adverty qu'entre ceux qui s'estoient retirez dedans Sainct-Quentin, de l'allarme qu'avoient donnée les ennemis, marchant par païs, il y avoit plusieurs bons hommes de la frontière, qui avoient accoustumé de faire la guerre en de petits forts où ils se tenoient. Pourquoy, pour me servir de tout ce que je pouvois, je donnez charge à deux gentilshommes du païs, l'un nommé Collincourt et l'autre d'Amerval, d'alborer chacun une enseigne, et comme eux qui les connaissoient mieux que nuls autres, qu'ils eussent à retirer sous eux la plus grande partie et les meilleurs hommes qu'ils pourroient trouver, et les mieux armez ; qu'après les avoir enrolez, ils les fissent assembler en la grande place, et que moy mesme irois faire leur montre et leur ferois bailler à chacun un escu. Ce qu'ils firent bien promptement, et ce mesme jour ; et me montrèrent tous deux, 220 hommes assez bien armez et en bon équipage pour le lieu. Je les fis payer comme je leur avois promis, et puis je leur bailllay un quartier. »
(*Mémoires de Messire Gaspard de Coligny*, seigneur de Chastillon, admiral de France. Edition Claude Barbin, année 1665.)

Ajoutons qu'un des descendants de la famille des d'Amerval, le dernier, croyons-nous, est mort à Saint-Quentin au mois de novembre 1861, à un âge assez avancé. Il habitait depuis longues années la maison de la rue du Palais-de-Justice qui avance dans cette rue, et porte le n° 17. Elle est occupée actuellement par M. Poncet-Frique, marchand de couleurs, vernis, etc.

Rue d'Andelot

Cette rue située derrière le nouvel hôtel de gendarmerie, conduit de la rue Charlevoix à la rue Sainte-Pécinne.

D'Andelot était frère de l'amiral Coligny. Il prit une grande part à la défense de St-Quentin en 1557.

Il fit ses premières armes avec l'amiral dans le Luxembourg et dans la Flandre. Il combattit ensuite en Italie, à Cérisoles et à Carignan.

En 1551, il défendit la ville de Parme, et fut fait prisonnier dans une embuscade dressée par un capitaine espagnol, un jour qu'il était sorti de la ville pour aller à Soragna et revenait à Parme chargé de butin. On l'envoya à Plaisance et de là au château de Milan, où il fut traité parfois avec dureté et jeté dans un cachot Il resta prisonnier pendant près de trois ans. Mis en liberté au mois de juillet 1556, il revint immédiatement en France reprendre du service dans les armées du roi.

On le trouve à St-Quentin en 1557 au moment du siège.

Brantôme donne les renseignements suivants sur son entrée dans cette ville :

« Nonobstant que les ennemis fussent advertis de la venue de M. d'Andelot par quelques Anglais qui estoient avec nous et qui avoient estez pris, pour sauver leurs vies, descouvrirent tout, et qu'ils eussent fossoyé, traversé et retranché les advenues, et y mis la fleur de leur harquebuzerie pour les attendre au passage, mondict sieur d'Andelot y entra bravement ; mais de deux mille qu'il avoit pris, il n'y en entra que fort peu ; car les uns furent tuez, les autres pris, les autres sauvez ou égarez tellement quellement. Le secours pourtant fut bien à propos, et très reçu du frère ; car ilz s'entr'aymoient, se secouroient, se soutenoient, s'entr'aydoient et s'entendoient très bien les uns les autres. »

De son côté Coligny dit que son frère entra dans la ville avec une troupe de quatre cent cinquante à cinq cents soldats « fort bons hommes, et quinze ou seize capitaines fort suffisants. »

Il ajoute : « Or, encore que toute la troupe qui estoit ordonnée pour entrer dans la ville avec ledit sieur d'Andelot n'y fùst pas venue, pour l'empêschement qu'elle eut des ennemis, si peut-on penser quel plaisir j'eus en voyant ce qui estoit entré, et principalement ledit sieur d'Andelot, pour y avoir un second moy-mesme, et sur lequel je me pouvois tant reposer, encore que véritablement j'y eusse auparavant des gens de bien. Après qu'il se fust seiché (car il avoit esté fort mouillé, en entrant, aussi tous les autres), et qu'il eust été recognoistre tout le tour de la ville, nous départismes les quartiers aux gens qu'il avoit amenez. »

D'Andelot fut chargé par l'amiral de défendre la neuvième brêche avec trente-cinq hommes et « quelques gens de pied et harquebusiers. »

Il fut pris par les Espagnols lorsqu'ils pénétrèrent dans la ville ; mais dès la première nuit il s'échappa. On lit dans les mémoires de le Chastres : « Le sieur d'Andelot la nuict mesme qu'il fut pris, se saulva, pour parler bon espagnol, et passa au travers des marets, dans l'eau jusqu'à la gorge, où il se pensa noyer et vint trouver le roy ainsy comme il venoit d'avoir des nouvelles de la perte de ladite ville. »

D'Andelot embrassa le protestantisme. En 1558, il fut accusé auprès du roi Charles IX d'avoir fait prêcher ouvertement la doctrine nouvelle ; d'avoir fréquenté les assemblées qui se tenaient au Pré-aux-Clercs ; de ne plus aller à la messe et d'avoir envoyé à l'amiral des livres de la religion réformée. Le roi entra dans une violente colère et fit enfermer d'Andelot dans une prison à Melun. Un docteur de la Sorbonne le détermina à entendre une messe pour recouvrer sa liberté. Il n'en fut pas moins menacé de mort par le parti catholique.

Il servit la France avec dévouement et mourut dans les bras de son frère, empoisonné à Saintes, le 27 mai 1569.

Rue des Arbalétriers

Elle commence rue Saint-Jean, au n° 45, et conduit dans la rue du Palais-de-Justice, en face du n° 28. Il y a une dizaine d'années c'était encore une impasse qui s'ouvrait sur la rue du Palais-de-Justice et était fermée en face de la rue de Breuil, anciennement rue du Wé-Saint-Jean, et tout près de la rue Richelieu, à laquelle on a donné récemment le nom des frères Desains.

Elle tire son nom d'une Confrérie d'Arbalétriers qui existait encore à Saint-Quentin à la fin du siècle dernier. Etabli d'abord entre les rues d'Issenghien et des Cordeliers, le jeu de l'Arbalète fut ensuite transporté près de la rue Ste-Marguerite, aujourd'hui rue du Palais-de-Justice, à l'endroit où se trouve la rue des Arbalétriers.

Il y a une dizaine d'années seulement que l'impasse des Arbalétriers a été percée pour rejoindre directement la rue Saint-Jean, et qu'on a supprimé le nom de Breuil donné quelques années auparavant à la partie de cette rue qui va de la rue Richelieu à la rue Saint-Jean.

Rue de l'Arsenal

Cette rue longe le côté Est du Marché-Couvert Elle a été percée en 1843. Avant la démolition de l'Arsenal, qui occupait presque tout l'emplacement du Marché-Couvert, c'était une impasse qui s'ouvrait sur la rue Croix-Belle-Porte et conduisait à l'entrée de cet Arsenal, qui était désigné en 1681 sous le nom de Maison du Roi.

Cette rue se dirige sur la place Coligny, derrière l'Hôtel de Ville. En 1841, il y avait dans cette impasse une maison occupée par M. Piot, receveur des finances.

Une école mutuelle municipale très fréquentée et qui était dirigée par un instituteur du nom de Limosin se trouvait en 1841 dans les bâtiments de l'Arsenal.

Rue d'Aumale

La rue d'Aumale portait autrefois le nom de rue du Fumier. Celui qu'elle porte aujourd'hui lui a été donné après la Révolution de 1830, en l'honneur du duc d'Aumale, fils du roi Louis Philippe.

Elle prend naissance au bas de la rue des Canonniers et s'arrête à la place du Général Foy. Elle conduisait autrefois à un endroit nommé la Tour Sainte-Catherine.

Un puits public se trouvait dans cette rue et portait le nom de puits Godard.

On croit que le nom de rue du Fumier vient de ce qu'avant la destruction des fortifications de la ville, elle était traversée par un égoût qui passait dans les jardins d'une partie de ses maisons et dans lequel on jetait les immondices.

Rue de l'Avenir

—

C'est une rue ouverte récemment au faubourg d'Isle, sur l'ancienne route de La Fère, où elle commence au n° 93. On dit que le nom de « l'Avenir » lui a été donné parce qu'elle est appelée à se développer dans un temps prochain.

Rue de Bagatelle

—

Cette rue s'ouvre sur le boulevard Henri Martin, près de la rue de la Pomme-Rouge, à laquelle elle est en quelque sorte parallèle. Elle doit son nom à une propriété qui se trouve dans ce quartier et dont la maison d'habitation fait face à la rue Pontoile. C'est seulement en 1840 qu'on a commencé à la paver.

Il y a deux cents ans le domaine de Bagatelle était encore un véritable marais. Un moulin à eau fut construit près de cet endroit en 1684. « Il était situé près le pont des Pontoiles et tournait avec les eaux provenant d'un regonflement causé par le surhaussement des vannes des moulins de la Porte-d'Isle et du creusement des fossés qui entouraient la ville depuis le Coupement jusqu'à la Porte-Saint-Martin ».

En septembre 1678, le sieur Louis Garand, ancien ingénieur des armées du roi, demanda, en récompense de ses services, la permission d'établir un moulin à la porte Saint-Martin, au-delà des fortifications, au faubourg appelé *Pontoilles*, et pour lequel il obtint, dit Paul Colliette, l'usage de quelques eaux et d'un marais appartenant au domaine. Ayant aussitôt bâti ce moulin avec ses dépendances, il le céda aux frères de l'Ordre de Saint-Lazare, à la condition qu'ils le recevraient chevalier, et que tous les ans, au jour de son décès, ils feraient célébrer une messe pour le repos de son âme. Cette offre fut acceptée le 4 janvier 1684. Le moulin, avec le marais qui en dépendait, fut érigé en commanderie, et le sieur Garand en fut investi.— Cette terre, d'environ trois hectares d'étendue, était nommée le *Pré-aux-Oisons* ; elle prit alors le nom de *Moulin-Saint-Lazare,* et depuis celui de *Bagatelle.*

Garand mourut en 1701 et le chevalier Dournas lui succéda. Vint ensuite le baron de Roserome et enfin Marcellot de Richeville.

Le propriétaire actuel du domaine de *Bagatelle* est notre honorable concitoyen M. Cardon-Carlier.

Ajoutons qu'un large fossé portant encore aujourd'hui le nom de coulant Garant, traverse cette propriété. Il reçoit les eaux qui descendent des hauteurs du faubourg Saint-Jean, de la route de Vermand, de l'ancienne Chaussée-Romaine et les eaux de la Caserne. Il les conduit sous la rue de Paris, et de là, à travers le quartier du Vieux-Port, dans l'aqueduc-syphon du canal qui les déverse dans la Somme.

Rue Bailleux

—

Elle commence sur le boulevard du Nord, à l'extrémité des Champs-Elysées, et se termine rue Camille-Desmoulins, n° 28. Classée comme chemin de moyenne communication, elle conduit au Moulin-Brûlé et à Morcourt.

Elle fut ouverte vers 1830 et entièrement bâtie en 1845. Le nom de Bailleux est celui du propriétaire des terrains. Il l'a fait paver à ses frais et en a fait don à la Ville, à condition qu'elle porterait son nom.

Rue de Baudreuil

Elle prend naissance sur le boulevard du Nord, autrefois boulevard de la Reine, longe les Champs-Elysées et finit sur le boulevard Gambetta, à l'entrée de la rue de Crimée. Ele a été tracée sur l'ancien rempart de Remicourt.

Le nom de Baudreuil lui a été donné pour rappeler le souvenir de M. de Baudreuil, maire de Saint-Quentin, de 1816 à 1828.

La démolition des remparts de la Ville, commencée en 1823 sous son administration, a été à peu près terminée en 1829.

C'est M. de Baudreuil et le Conseil municipal de l'époque qui firent combler les fossés qui entouraient la Ville, tracer et planter les boulevards.

La rue de Baudreuil fut macadamisée en 1848. Une bordure de grès, destinée à former les trottoirs du côté sud fut posée il y a une vingtaine d'années. On vient de placer une bordure de pierre bleue le long des Champs-Elysées, du côté opposé.

Rue de Belfort

—

Elle se trouve sur le Blanc-Mont, longe le côté ouest de la Caserne, s'ouvre sur la rue Thiers et se dirige sur la route de Fayet. Elle est à l'état de sol naturel, aucune maison n'y est construite encore. Les terrains qui la séparent de la rue de Fayet sont des terrains cultivés et d'autres dans lesquels on a extrait de la pierre à chaux.

Le nom de Belfort lui a été donné en l'honneur de la ville qui porte ce nom et qui a été si héroïquement défendue en 1870 contre les Allemands par le colonel Denfert-Rochereau.

Rue de Bellevue

Cette rue fait suite à la rue Neuve-de-Remicourt, à laquelle le Conseil municipal a donné tout récemment le nom de notre regretté concitoyen M. Ch. Picard. Elle commence sur la place Mulhouse et finit au chemin de Rouvroy et à l'entrée du chemin du Moulin-Brûlé. Elle fut ouverte il y a 25 ans près d'un passage qui conduisait à Remicourt, au jardin de Bellevue, un lieu de plaisance dans lequel on dansait autrefois.

Un béguinage important a été construit il y a 12 ans à l'entrée de cette rue, près de la place Mulhouse.

Rue Bénézet

Elle commence dans la rue Poiret, un peu au-dessus de l'Abattoir actuel, et se dirige sur la rue de Mulhouse. Ouverte depuis longtemps déjà, elle a été prolongée il y a 18 ans. Le nom qu'elle porte lui a été donné en souvenir de notre compatriote Antoine Bénézet, né à St-Quentin, le 31 janvier 1713, et mort à Philadelphie le 3 mai 1784.

Antoine Bénézet fut le promoteur de la suppression de la traite des nègres et de l'abolition de l'esclavage en Amérique.

« Baptisé catholique à St-Quentin, de par le Roy et la Loy, il était le dernier né d'une vieille famille protestante. Son père était l'aîné des sept enfants de Jean Bénézet, receveur des traites à Abbeville jusqu'en 1687, puis à St-Quentin jusqu'en 1710. Les biens de la famille ayant été confisqués en 1715, le père d'Antoine Bénézet dut se résoudre à fuir un pays où il ne pouvait plus vivre sans renier sa religion et sans mentir à sa conscience. »

Il se rendit à Londres, et le jeune Antoine entra dans une maison de commerce de cette ville, et fut initié à la doctrine des Quakers.

En 1736, Antoine Bénézet se rendit en Amérique et s'établit définitivement à Philadelphie, où il devint l'ami de Franklin.

Il fonda dans cette ville une institution qui fut fréquentée par les jeunes filles appartenant à la société la plus intelligente et la mieux considérée du pays. Il y ouvrit également une école du soir pour les nègres. Il publia sur la traite des noirs des livres dans lesquels il peignit avec des couleurs sombres et vraies les crimes qu'elle occasionnait, les misères et les malheurs qu'elle amenait et les terribles conséquences qui devaient en être la suite.

Bénézet fut l'un des fondateurs de la Société instituée en 1756 pour maintenir la paix entre les Blancs et les Indiens par des moyens pacifiques.

Le jour de sa mort, la ville de Philadelphie prit le deuil. Les pauvres, les malheureux, les nègres affranchis et les nègres esclaves dont il avait été l'appui et le consolateur, perdaient leur meilleur ami. Sa mort atteignit également les habitants de la ville tout entière. Pendant plus de

40 ans, Antoine Bénézet leur avait prêché sa religion d'amour et de vertu ; il leur avait donné l'exemple d'une vie de désintéressement et de dévouement ; il les avait pour ainsi dire convertis à ses doctrines charitables et associés à ses vues pour l'abolition de l'esclavage et sur la paix universelle.

« Il fut enterré au cimetière des Quakers. Aucune cérémonie funèbre, dit M. Gustave Demoulin, dans la notice sur Bénézet à laquelle nous avons emprunté les quelques renseignements que nous venons de donner, aucune cérémonie ne fut plus touchante et plus grave. Tous les habitants, à quelque parti, à quelque rang, à quelque religion qu'ils appartinssent, suivaient le convoi. — Un officier général qui assistait à ses funérailles fit en deux mots son oraison funèbre : « *J'aimerais mieux, dit-il, être Bénézet dans son cercueil que Washington dans sa gloire.* »

La rue Bénézet débouchera bientôt, par le Marché-Franc, sur le boulevard Gambetta.

Rue Bignon

Rue du faubourg d'Isle tracée vers l'année 1855. Elle commence au n° 64 de la rue de La Fère et conduit dans la rue d'Ostende. Elle rappelle le nom de Jean-Paul Bignon, prédicateur du roi Louis XIV, et abbé de Saint-Quentin de 1693 à 1743.

Rue Bisson

Située dans le bas du quartier d'Isle, elle s'ouvre au n° 86 de cette rue et conduit dans celle des Blancs-Bœufs. Elle fut tracée en 1838 par le propriétaire qui lui a donné son nom, et resta longtemps la propriété des héritiers de M. Bisson. Il y a à peine quinze ou seize ans qu'elle a été communalisée et pavée.

Le Conseil municipal lui avait donné, à cette époque, le nom de rue du Comte-Albert, en souvenir d'Albert Ier, sixième comte du Vermandois ; mais le nom de rue Bisson lui a été restitué ensuite, sur la demande d'un des membres de la famille de M. Bisson.

Rue des Blancs-Bœufs

Elle se trouve dans le bas de la rue d'Isle, où elle commence au n° 112, et aboutit à la rue du Petit-Pont. Il est probable que le nom de Blancs-Bœufs est dû à quelque enseigne d'auberge ou de marchand sur laquelle se trouvaient peints de grands bœufs blancs comme ceux chantés il y a quarante ans par Pierre Dupont.

A l'époque où la ville était divisée en quartiers placés sous l'autorité de mayeurs d'enseignes, chefs de la milice bourgeoise, la rue des Blancs-Bœufs était soumise à l'autorité du troisième enseigne.

Rue du Blanc-Mont

Cette rue s'ouvre sur la rue de Cambrai au n° 91, et se dirige vers Monplaisir sur la rue de Vermand à peu de distance de la Caserne du côté Nord. On n'y trouve encore de maisons que du côté de la rue de Cambrai. Une partie seulement de cette rue, celle qui se trouve de ce côté, est macadamisée depuis quelques années. Le reste est à l'état de sol naturel et bordé de talus qui en font un chemin impraticable pendant le mauvais temps.

Blanc-Mont est un nom de lieudit indiquant un endroit montueux et un sol blanc, c'est-à-dire crayeux.

Rue Bocquillon

Petite rue ouverte récemment sur le côté droit et vers le milieu de la rue Pontoile, en face du domaine de Bagatelle. Son nom est celui du propriétaire dans les terrains duquel elle a été ouverte.

Rue des Bouchers

Elle s'ouvre sur la rue du Palais-de-Justice, près de la place de ce nom, et conduit, en faisant un petit coude, dans la rue des Arbalétriers et dans celle des frères Desains, anciennement rue Richelieu.

Elle a porté autrefois le nom de rue des Machacriers et ensuite celui de rue des

Bordeaux ou des Bordels, à cause, dit un auteur, d'une famille de ce nom qui l'habitait et qui en bâtit les premières maisons en 1295. M. Ch. Gomart croit qu'elle tirait son nom des mauvais lieux qui s'y trouvaient.

A droite de cette rue, en y arrivant par la rue du Palais-de-Justice, on voyait autrefois une chapelle dédiée à sainte Isabelle. Ses ruines disparurent lors de la construction de l'abbaye de Fervaques.

Rue Bouchez

Petite rue du faubourg d'Isle sur la route de Guise et qui doit son nom à l'un des propriétaires des terrains sur lesquels elle a été ouverte.

Rue et Impasse des Bouloirs

La rue des Bouloirs aboutit d'un côté à la rue des Glatiniers et de l'autre à la rue d'Orléans. Elle portait autrefois le nom de *rue aux Ours.*

L'origine du nom de cette rue est très curieuse dit M. Gomart : Il existait en 1633, à Saint-Quentin, un jardin fréquenté par la compagnie des *Archers du bon Vouloir*. Ce jardin, qui était situé dans la rue actuellement nommée rue des Bouloirs, fut appelé le *Jardin du bon Vouloir ;* par abréviation, la rue prit le nom du *Bon Vouloir*, mais ce nom fut encore abrégé en rue du *Vouloir* et changé par corruption en rue des Bouloirs. — Elle était placée autrefois sous l'autorité du mayeur de la 13e enseigne.

L'impasse des Bouloirs se trouve au bout de la rue de ce nom, près de la rue d'Orléans, à gauche, en venant par la rue des Glatiniers.

Rue de Bovelles

C'est une petite rue qui commence au n° 24 du boulevard Henri Martin et conduit à la rue de la Pomme-Rouge.

Elle rappelle le nom de Charles de Bovelles, un savant du 16e siècle, et né à Saint-Quenlin au commencement de ce siècle. Il était fils de Charles de Bovelles, seigneur de Viéville et de Sancourt, et petit-fils de Jean de Bovelles, seigneur de Bernes.

Paul Colliette dit que c'était un grand homme et fait connaître les nombreux ouvrages qu'il a écrits et publiés. — On rapporte, dit le même auteur, que Charles de Bovelles avait trouvé la quadrature du cercle. Que cette découverte, ajoute-t-il ironiquement, eût épargné de peines aux siècles à venir, s'il nous l'eût communiquée !

Chanoine de l'église de St-Quentin, il lui fit don d'une grande vitre sur laquelle était peint le martyre de Sainte Catherine.

Charles de Bovelles était doué d'un esprit facile et enjoué. Il composa un grand nombre d'ouvrages sur les sujets les plus variés. Il écrivit sur les mathématiques, la philosophie, la théologie, la physique, la médecine, la grammaire, et une vingtaine de manuscrits sur diverses matières. Il se qualifiait toujours avec fierté d'être citoyen de la ville de Saint-Quentin et de Samarobrive.

L'évêque de Noyon, Jean de Hangest, l'attira auprès de lui en 1529. Il mourut dans cette ville en 1555, et fut inhumé aux Chartreux de Mont Regnault près de Noyon.

Nous citerons de lui la pièce suivante. C'est un rebus sur la date de la construction de l'Hôtel de Ville de St-Quentin. Il est ainsi conçu :

D'un mouton et de cinq chevaux	
Toutes les têtes prendrez,......	MCCCCC
Et à icelles, sans nuls travaux,	
La queue d'un veau joindrez ;......	V
Et au bout adjouterez	
Tous les quatre pieds d'une chatte	IIII
Rassemblez et vous apprendrez	
L'an de ma façon et ma date......	MCCCCCVIIII (1509).

Cette pièce, gravée sur une plaque de bronze, était attachée à l'un des piliers de la façade de notre Hôtel de Ville, d'où elle fut enlevée par un Espagnol en 1557. — La même inscription fut refaite sur une autre plaque de bronze et replacée en 1853, lors de la restauration de la façade de l'Hôtel de Ville, à l'endroit qu'elle occupait en 1557, et où on la voit encore aujourd'hui.

Rue Brassette-Saint-Thomas

Elle aboutit d'un côté à la rue Saint-Thomas et de l'autre à la rue des Canonniers. Elle s'appelait autrefois rue des Visages. Elle a porté ensuite le nom de Braisette et plus tard celui de Brassette, en souvenir sans doute d'une brasserie qui se trouvait en cet endroit.

Rue Brûlée

Elle commence dans la rue Sainte-Anne au nº 17 et débouche dans la rue Sainte-Pécinne, tout près de la place Saint-Louis. Cette rue est un peu étroite, et l'on y trouve encore de petites maisons sans étages comme beaucoup de celles qu'on voyait dans la ville au siècle dernier.

On croit que le nom de rue Brûlée lui a été donné en souvenir d'un incendie qui a détruit toutes ses maisons, soit lors du siège de 1557, soit à une date postérieure.

Rue de Buridan

C'est une toute petite rue qui commence dans la rue des Cohens et finit dans la rue Saint-André. Son nom rappelle celui d'un bourgeois de Saint-Quentin, Mathieu de Buridan, qui fit construire à ses frais, vers l'an 1290, un petit hôpital dans la paroisse Saint-Martin, à l'endroit, dit-on, où se trouve actuellement l'Hôtel-Dieu.

Claude de La Fons et Paul Colliette, l'auteur des Mémoires pour servir à l'histoire du Vermandois, nous apprennent que Mathieu de Buridan et sa femme élevèrent cet hôpital pour y recevoir quelques pauvres femmes qui avaient été servies de tout temps par des sœurs qu'on appelait *Buridanes*. Cette maison devait aussi donner asile aux femmes accouchées.

L'hôpital de Buridan attira des démêlés au chapître de Saint-Quentin avec l'évêque diocésain, qui voulut le soumettre à son autorité.

Rue Calixte-Souplet

Elle fait suite à la rue Longueville, et commence à l'extrémité Ouest du boulevard Richelieu sur le rond-point des marronniers et conduit, en passant sur un pont élevé au-dessus de la rue des Glacis, dans la rue Denfert-Rochereau, en face de l'établissement de tissage de MM. David, Trouiller et Adhémar.

Cette rue fut ouverte en 1865 sur la proposition de M. Eug. Lebée et après un rapport très intéressant fait au Conseil municipal dans la séance du 30 décembre 1864 par notre savant concitoyen M. Bénard. Elle a porté d'abord le nom de rue Longueville prolongée.

Le nom de Calixte Souplet lui a été donné en 1873 en souvenir d'un des hommes les plus distingués de notre Ville, d'un serviteur fidèle et dévoué de la démocratie.

Né en 1810, Calixte Souplet, prenait en 1833, à l'âge de 23 ans, la direction du *Guetteur*, fondé en 1830 par M. Félix Davin.

Pendant 22 ans, Calixte-Souplet a occupé ce poste de combat sans une heure de défaillance, tenant d'une main toujours ferme le drapeau de la démocratie.

Il n'y avait sous la Monarchie de Juillet que peu de journaux dans les départements, et le directeur ou rédacteur en chef d'un journal exerçait alors, dans son milieu, une influence considérable, lorsqu'au talent de l'écrivain se joignaient l'autorité du caractère et la réputation d'un homme de bien.

Personne n'a possédé à un plus haut degré que Calixte Souplet les qualités qu'exigeait cette espèce de magistrature devant laquelle on s'inclinait.

Doué d'une belle intelligence, d'un talent plein de ressources, d'une grande autorité, tout entier à ses convictions et aux principes qu'il défendait, il imposait le respect à ses adversaires eux-mêmes.

Initié à la vie privée d'un grand nombre de ses concitoyens de la Ville et du dehors, il était utile à tous et faisait tout le bien qu'il pouvait.

Il était convaincu que le progrès social tient surtout à l'effet de l'homme sur lui-même et non à l'application de tel ou tel système. Mais il croyait aussi que la société a le devoir d'étudier sans relâche tout ce qui peut être fait pour améliorer le sort des déshérités, des faibles et des souffrants, et il prêchait d'exemple.

On sait que la réputation de Calixte Souplet appela sur lui l'attention de Louis Napoléon lorsqu'il fut enfermé dans le château de Ham après l'échauffourée de Boulogne, et que des relations suivies s'établirent entre le prisonnier et le journaliste saint-quentinois.

Lors de son voyage à St-Quentin, en 1850, Louis Napoléon, alors président de la République demanda Calixte Souplet et s'entretint amicalement avec lui.

Devenu empereur, Louis Napoléon se souvint encore de Souplet et lui fit faire des offres très brillantes. Mais Souplet qui avait condamné l'attentat du 2 décembre 1851 et donné sa démission de conseiller municipal pour ne pas prêter serment à l'Empire, résista aux avances qui lui étaient faites. N'écoutant que la voix de sa conscience, il resta fidèle à ses convictions et à sa foi politique ; il continua à combattre dans le *Guetteur* avec le tronçon d'arme que lui laissait le régime dictatorial de 1852, pour les principes qu'il avait défendus toute sa vie.

En 1856, cédant aux sollicitations de ses amis, il prit la direction de l'usine à gaz ; mais il ne cessa pas d'être le guide et le conseiller de tous ceux qui avaient eu recours à son expérience et à son patriotisme.

Il est mort le 28 mars 1867 à l'âge de 57 ans. Sa mort fut un deuil public. Le jour des obsèques une foule considérable et profondément émue formait la haie sur tout le parcours du cortège funèbre.

Au cimetière, quatre discours furent prononcés sur la tombe, le premier par M. Malézieux, député de l'arrondissement de St-Quentin, et aujourd'hui sénateur de l'Aisne.

Rue de Cambrai

Il y a cinquante ans la rue de Cambrai était encore une véritable rue-route. La plupart des maisons avaient pignon sur rue et cour devant la façade principale. On y trouvait des auberges où s'arrêtaient les rouliers qui allaient à Cambrai ou en venaient. De grands jardins bien cultivés se trouvaient sur un sol aujourd'hui sillonné de rues et couvert de maisons. Les exploitations agricoles y étaient plus nombreuses qu'aujourd'hui.

Cette rue commence à la place Crommelin, à l'entrée de la rue du Cateau, et conduit à Cambrai par le Catelet.

L'église paroissiale du faubourg St-Jean se trouve sur cette rue.

Un abreuvoir était encore ouvert au moment de la construction de l'église sur la place qui est au-devant du portail.

Rue Camille Desmoulins

C'est l'ancien chemin rural qui conduisait de la route du Cateau à Rouvroy. Le nom de Camille Desmoulins lui a été donné il y a quelques années seulement, en mémoire du jeune conventionnel mort à Paris en 1794 à l'âge de 33 ans sur l'échafaud révolutionnaire.

Camille Desmoulins était né à Guise. Un monument lui a été élevé sur la place principale de cette ville.

Une école mutuelle municipale a été

ouverte en 1888 dans cette rue. Elle porte le nom d'Ecole Théophile Dufour et a été fondée par Edouard Dufour en souvenir des membres de sa famille, et particulièrement de Théophile Dufour, représentant du peuple à l'Assemblée constituante en 1848.

Un abreuvoir qui se trouvait à l'entrée de cette rue du côté droit a été comblé en 1882.

Place des Campions

Elle se trouve à peu de distance de la rue des Canonniers, entre la rue St-Thomas et la rue des Patriotes, autrefois rue des Cordelières. Son nom lui vient d'une maison qui s'y trouvait il y a cinq cents ans et qu'on appelait la maison des Campions ou des Champions, et dans laquelle se rendaient les individus qui étaient obligés de vider leurs différents par le duel judiciaire.

Un puits existait encore sur cette place en 1856.

La place des Campions faisait partie de la 11e enseigne.

Rue des Canonniers

Elle commence du côté sud de la place de l'Hôtel de Ville et conduit à la rue d'Aumale. Elle a porté autrefois le nom de rue du Charbon et de rue des Faucilles. On y trouvait alors différents hôtels et diverses enseignes : l'Hôtel des Canonniers qui a donné au XVIe siècle son nom à la rue, et au XIVe siècle, les Etuves de la Rose, le Blanc Laurier, le Chabot vert, le Godet, la Balance et l'Hôtel de Royaumont.

On voit encore au n° 21, à l'entrée du pensionnat de M. Jeannequin, des emblèmes et des trophées d'armes sculptés dans la pierre. C'était là que se trouvait l'Hôtel des Chevaliers-Canonniers-Arquebusiers de la ville.

« Cette compagnie, dit l'auteur du *Mémorial Saint-Quentinois*, fut instituée sous le règne de Louis XI ; elle était aux ordres du gouverneur de la ville, qui en était le colonel, et du mayeur de la ville, qui présidait à ses revues et aux exercices auxquels elle se livrait. Elle était composée de 18 officiers et de 34 chevaliers. Pour subvenir aux frais qu'entraînaient leurs réunions, ils percevaient un droit sur chaque pièce de vin qui entrait dans la ville. Ce droit exista jusqu'au règne de Henri IV, qui le remplaça par une rente de 300 livres.

» L'exemption de garde et de logement militaire étaient les principaux privilèges de cette compagnie, dont les premiers devoirs consistaient à aller à la rencontre des princes et leur servir d'escorte et de garde, à se porter aux endroits de la ville où éclatait quelqu'émeute ou incendie, et à monter la garde à l'Hôtel de Ville pendant la foire de la *Saint-Denis*. Leur uniforme était habit gris de fer, parements de velours noir garnis d'argent, bas, veste et culottes écarlates, et chapeau à trois cornes bordé en argent, qu'ils remplacèrent au XVIIIe siècle par un casque en cuir ».

Ajoutons que la magnifique pendule en forme de pyramide triangulaire, ornée de bronzes dorés, que l'on voit dans la salle des mariages à l'Hôtel de Ville, est un bouquet ou prix remporté à Châlons, en 1754, par la Compagnie de Saint-Quentin.

M. Ch. Gomart nous apprend que l'Hôtel des Canonniers fut vendu à l'époque de la Révolution à une Société qui y établit un cercle, et qu'en l'an VIII la rue portait le nom de rue de la République.

Diverses notabilités politiques sont nées dans cette rue ou l'ont habitée : le général Dumoustier y est né en 1771 ; Henri Martin, dont la statue se trouve sur la place du Lycée, et qui est né en 1810 dans la maison de la rue du Petit-Origny, occupée, pendant longtemps, par un pensionnat de jeunes filles, a habité, avec sa famille, la rue des Canonniers dans la maison qui porte aujourdhui le n° 16. M. Joly aîné, député en 1791-1792, a habité aussi cette rue, ainsi que M. Harlé, député en 1830, Duuez, membre du Conseil des Cinq-Cents, en 1795, et sous-préfet de Saint-Quentin, en 1810.

Napoléon est descendu en 1802 dans une des maisons de la rue des Canonniers lorsqu'il est venu à Saint-Quentin pour le tracé du canal souterrain de Riqueval. Il s'y est arrêté encore en 1810, dans la maison de M. Joly de Bammeville, alors maire de Saint-Quentin. — Le roi Louis Philippe s'y est arrêté également le 6 janvier 1833.

Cette rue a été repavée en chaussée en 1855. Un puits, celui de la Compagnie des Canonniers-Arquebusiers, se trouvait dans le bas de la rue des Canonniers, avant l'établissement des fontaines publiques.

Petite rue des Canonniers

Anciennement appelée rue Caupekat et ensuite rue de l'*Arquebuse* parce qu'elle longeait le jardin de l'Hôtel des Canonniers. Elle commence dans la rue des Canonniers et finit rue de l'Evêché. Une haute borne se trouvait autrefois au milieu de cette rue.

Au XIIIe siècle, elle était comprise dans la 11e enseigne qui portait alors le nom de Caupekat, à cause d'une maison de ce nom appartenant à un nommé Geoffroy Pourcelet.

Rue des Capucins

—

Autrefois rue du *Trou à Pourceaux*, et en l'an VIII, rue des *Bonnets rouges*. Elle conduit de la place du Palais de Justice à la rue Clotaire II et à la rue Montmorency. Le nom de rue des Capucins lui vient d'un couvent de cet ordre religieux qui y fut établi en 1613.

Il y a cinquante ans on voyait encore en cet endroit un vaste jardin entouré de murs couvrant tout l'espace aujourd'hui couvert de maisons et qui s'étend du Temple protestant à la petite rue Saint-Martin.

On raconte qu'au XVIe siècle tout le monde voulait avoir des Capucins dans la ville, et que des démarches furent faites à cet effet. Mais bientôt quelques bourgeois revinrent sur leur projet et résolurent de s'opposer à l'installation des pères Capucins demandés au gouverneur de la Picardie. Au moment où on délibérait pour savoir si on les accueillerait, ils arrivèrent et défilèrent processionnellement devant l'Hôtel de Ville. Leur présence les réconcilia avec leurs adversaires : « puisque les voilà arrivés, il faut bien les recevoir ». Bientôt après, en 1613, on leur céda un héritage et une grange dite la grange des pauvres, située dans la paroisse Sainte-Marguerite, pour s'y établir. La première quête qu'ils firent pour l'édification de leur couvent produisit 4000 livres. Le dortoir fut commencé aussitôt et fut achevé en 1614. L'église commencée l'année suivante fut terminée en 1616. — En 1691, une quinzaine de maisons situées près de l'église furent détruites par un incendie, et le sol fut cédé aux Capucins. — Au XIIIe siècle, la rue des Capucins faisait partie de la 12e enseigne.

L'église sert depuis longtemps déjà de Temple protestant.

La rue et la place des Capucins ont été repavées en 1855.

Rue du Cateau

Cette rue doit son nom à la ville du Cateau où elle conduit en passant par Fresnoy-le-Grand et Bohain. Elle commence sur la place Crommelin et à l'entrée de la rue de Cambrai. Le principal cimetière de la Ville, se trouve sur la droite, à peu près à l'extrêmité de cette rue.

On trouve également sur sa droite, un peu avant la rue Camille Desmoulins, l'Asile des Petites-Sœurs des Pauvres où sont entretenus actuellement 150 vieillards, hommes et femmes.

Il y a cinquante ans, la rue du Cateau était comme celle de Cambrai, une véritable rue-route où s'élevaient des fermes, des maisons couvertes en chaume, et des auberges dans lesquelles s'arrêtaient les voyageurs et les rouliers qui se rendaient à Bohain, au Cateau, et dans d'autres localités de cette partie du nord de la France.

Cette rue fut repavée en chaussée en 1880.

Place de Cepy

Elle se trouve tout près de la place Lafayette et à l'extrémité de la rue des Jacobins. Elle tire son nom d'une ferme importante située dans la banlieue du faubourg St-Jean, sur le chemin de Gricourt.

On l'appelait autrefois le *Marché aux Pourceaux*. En l'an VIII elle a porté le nom de place de la *Marseillaise*. Sur son emplacement se trouvait anciennement une des montées du rempart. Elle a été nivelée et pavée en 1838.

Rue Chantrelle

Cette rue, qui conduit de la rue La Fontaine près le Lycée au carrefour des rues Montmorency, d'Orléans, sur le boulevard Henri Martin et rue Jean de Caulaincourt, s'appelait primitivement rue Montpensier, du nom d'un des fils du roi Louis-Philippe. Elle a été tracée et comblée en 1837. En 1848 la partie de cette rue qui se trouve en face de la Maison d'arrêt bâtie en 1840 et agrandie en 1850, était encore composée de terrains cultivés par des ouvriers. La municipalité avait fait diviser ces terrains par lots et les avait répartis entre un certain nombre d'ouvriers.

La partie qui s'étend de la rue Longueville au Lycée formait encore en 1835 un large fossé dans lequel les compagnies d'archers et d'arbalétriers avaient établi leur tir.

Le nom de Chantrelle lui a été donné pour rappeler le souvenir de Jacques Chantrelle, chanoine de l'église de Saint-Quentin et fondateur en 1664 du blé de chapitre destiné à doter des filles pauvres et honnêtes de la Ville.

Rue Charlevoix

—

Ce nom rappelle celui d'un saint-quentinois, né en 1683, d'une famille qui, en 1653 et 1680, avait donné des mayeurs à la Ville. Au sortir du collège de Saint-Quentin Pierre-François-Xavier de Charlevoix fut confié aux jésuites qui, voyant son goût déterminé pour les sciences mirent tout en œuvre pour l'attacher à leur compagnie. Après avoir terminé ses études, il se rendit an Japon en qualité de missionnaire, et en écrivit une histoire très estimée. Il écrivit aussi une histoire du Paraguay, de la Nouvelle-France et de Saint-Domingue, pays qu'il parcourut à différentes époques. Il travailla aussi au journal de Trévoux, et mourut le 1er février 1671, à l'âge de 78 ans.

La rue Charlevoix conduit de la place Saint-Louis à la rue de Baudreuil. Elle est située sur l'emplacement d'une très ancienne église qui portait le nom de Saint-Louis.

Rue du Château-d'Eau

Rue ouverte en 1875 dans une propriété particulière, et conduisant de la rue du Cateau près du Cimetière jusque sur le chemin de Morcourt en face du réservoir des fontaines publiques. Le nom de rue du Château-d'Eau lui vient du réservoir qui se trouve en face de cette rue, et dans lequel sont envoyées les eaux du Gros-Nard pour être renvoyées ensuite dans toutes les fontaines de la Ville.

La rue du Château-d'Eau est entièrement bâtie depuis quelques années déjà.

Rue de Chateaudun

—

Rue ouverte il y a vingt-cinq ans et continuée en 1880 jusqu'aux Casernes, après acquisition de divers immeubles situés sur la rue Denfert-Rochereau. Elle fait suite à la rue Jean Lafontaine, commence au boulevard Richelieu et finit sur la place Thiers à l'entrée des Casernes. De même que la rue Calixte Souplet, elle traverse la rue des Glacis au moyen d'un pont. C'est une très belle rue qui n'est pas encore entièrement couverte de maisons à cause des remblais considérables qu'on y a faits et qu'il faut encore y faire. De l'entrée des Casernes on la voit se développer en ligne droite vers la rue Jean Lafontaine jusque sur la place du Lycée.

Le nom de Chateaudun lui a été donné pour honorer cette ville ouverte et sans défense mise à sac par les Allemands au mois d'octobre 1870.

« Un groupe de maisons paisibles, écrivait Victor Hugo à la date du 30 octobre 1870 au sujet de cette ville, a été changé en un monceau de ruines. Des familles ont été massacrées dans leur foyer. L'extermination sauvage n'a épargné ni le sexe ni l'âge. Des populations désarmées, n'ayant d'autre ressource que le suprême héroïsme du désespoir, ont subi le bombardement, la mitraille, le pillage et l'incendie. »

Rue de la Chaussée-Romaine

Elle commence au n° 2 de la rue de Paris, près de l'ancienne poste aux chevaux, et se continue jusqu'au delà de la rue Pontoile. On trouve à sa droite un des établissements industriels de MM. Hugues, celui de MM. Cliff et Cie et le domaine de Bagatelle. Sur la gauche, on voit une grande propriété appartenant autrefois à la famille Mortier, dont l'un des membres fut adjoint au maire de la ville de Saint-Quentin.

Le nom de cette rue rappelle la belle chaussée romaine qui conduisait de Reims à Amiens par Saint-Quentin et Vermand.

La partie qui s'étend entre ces deux

dernières localités forme une ligne rigoureusement droite de près de 10 kilomètres qui traverse Holnon et le bois de ce village.

La largeur primitive de cette belle voie, telle qu'on pouvait le constater encore il y a cinquante ans, variait de 20 à 30 mètres. Cette dernière largeur existait principalement sur les territoires de Francilly-Selency et Holnon.

Le tir du Cercle du Vermandois se trouve sur cette chaussée à peu de distance du chemin d'Epargnemaille.

Rue Clotaire II et place Clotaire II

La rue Clotaire II commence à la suite de la rue des Capucins et conduit à la rue d'Orléans en longeant le côté nord des bâtiments de l'Hôtel-Dieu et en traversant ensuite la place Clotaire II.

Ce nom a été donné à la rue et à la place à cause d'une pierre qui y fut trouvée en 1826 et qui porte l'inscription suivante :

Anno. Sexto. Centeno.
Positus. Fuit. Hoc.
Monumentum. Per.
:: Jussu :: Clotarius.
Chilperici. Filius.
Iter. Faciens. Suesionem.
Dies. Januari. Vicenti.

Cette inscription a été traduite ainsi :

En l'année six cent, fut posé ce monument par ordre de Clotaire, roi des Francs, fils de Chilpéric, se rendant à Soissons le vingtième jour de janvier.

La pierre sur laquelle se trouve cette inscription a été brisée en quartorze morceaux. Raccordée avec soin, elle a été déposée au Musée de la Ville et ensuite à la Bibliothèque.

L'inscription rappelle l'époque où Clotaire II, battu dans les plaines de la Bourgogne et poursuivi par Thiéry son cousin, roi de Bourgogne, cherchait à regagner Soissons, sa capitale.

La place Clotaire II se trouve à l'extrémité de la rue de l'Hôtel-Dieu, tout près de la rue d'Orléans.

La rue et la place Clotaire II ont été pavées en 1840.

Rue et petite rue des Cohens

La rue des Cohens conduit de la petite rue des Cohens et de la rue de Buridan à la rue des Toiles. C'est une des plus anciennes rues de la ville. Elle est très étroite.

Le mot Cohen veut dire sacrificateur. C'était chez les juifs un titre honorifique qui a subsisté longtemps après l'abolition des sacrifices.

Chez les premiers chrétiens, le nom de Cohen a été donné aux jeunes ecclésiastiques que l'on préparait pour le sanctuaire, et ce serait de leur demeure située en cet endroit rapproché de la principale église de Saint-Quentin que la rue des Cohens et la petite rue des Cohens auraient pris leur nom.

Une autre interprétation attribue ce nom à une vieille expression *cuens*, qui veut dire comte. La rue des Cohens se trouve en effet dans la partie de l'ancien Castellum des comtes de Vermandois.

Place Coligny

La place Coligny se trouve derrière l'Hôtel de Ville sur l'emplacement du jardin de cet édifice communal.

Une petite rue étroite, assez malpropre le plus souvent, se trouvait il y a cinquante ans autour de ce jardin. Elle prenait naissance comme aujourd'hui encore, du reste, dans la rue Saint-Martin, près de l'Hôtel du Cygne, et conduisait dans la rue Croix-Belle-Porte sur la place de l'ancien marché aux volailles. Une partie de cette rue portait autrefois le nom de rue du Foin. Elle a porté ensuite celui de Petit-Butin. Il y a cinq cents ans, on l'appelait rue de la Petite Putain.

Le nom de place Coligny a été donné, il y a 12 ans, à l'emplacement qui se trouve derrière l'Hôtel de Ville, en l'honneur de l'amiral Gaspard de Coligny, défenseur de la ville en 1557.

Coligny était né le 15 février 1516. On l'appelait Gaspard II de Coligny, comte de Coligny, seigneur de Chatillon-sur-Loing, etc. Il était chevalier de l'ordre du roi, gouverneur et lieutenant-général de la ville de Paris, de l'Isle de France, de Picardie et d'Artois, colonel général de l'infanterie et amiral de France.

Il fut fait prisonnier de guerre au siège de Saint-Quentin et emmené en Flandre. Voici comment il raconte lui-même dans ses mémoires, cet évènement qui arriva à l'extrémité de la rue du Moulin, sur l'emplacement des Champs-Elysées, au moment où il se rendait à une tour qu'il avait vu escalader.

« Aussi moy, fus-je abandonné de tous ceux qui estoient auprès de moy réserve d'un jeune gentillhomme que j'ay nourri et d'un valet de chambre qui sont encores présentement prisonniers avec moy et d'un page qui s'en est retourné en France, et encore qu'il n'estoit plus en ma puissance de remédier à ce désordre, si aimai-je mieux attendre la fortune telle qu'il plairoit à Dieu de me l'envoyer que de m'enfuir, et surtout je regardois si de plusieurs qui passoient bien près de moy, j'en verrois quelqu'un d'apparence à qui je me peusse rendre : et surtout qui fut espagnol, pour ce que j'aymois mieux tomber entre leurs mains que des autres nations ; mais tous, sans s'arrester, passoient outre, sinon Francisque Dias, auquel un de ceux qui estoient avec moy dit que j'étois l'admiral : lors il s'adresse à moy et après quelques coups d'espées me demanda s'il estoit vray que je fusse l'admiral, je luy dis que ouy, lors il cesse de me plus charger. — A l'heure mesme, survint un arquebusier, ayant le feu sur le serpentin, qui faisoit contenance de me vouloir tirer, mais je m'en parois avec une pique le mieux que je pouvois ; aussi faisoit le dict Francisque Dias avec son espée, qui eurent plusieurs paroles ensemble ; desquelles je ne me souviens pas, sinon qu'il me resouvient que ledict arquebusier disoit ces mots : A la part ! à la part ! ; lors je leur dis qu'ils n'entrassent point en question et que j'estois bien suffisant pour les contenter tous deux. »

Coligny fut alors conduit par la brèche qui venait d'être escaladée jusqu'au quartier ennemi où il fut remis entre les mains de Cagères, maître de camp du prince de Savoie.

Coligny raconte dans ses mémoires qu'arrivé à Saint-Quentin pendant la nuit, le point du jour venu, il alla au faubourg d'Isle, où il trouva qu'on avait abandonné le boulevard qui avait été fait nouvellement. Il assembla ensuite les notables de la ville « en leur hostel commun » où ils firent une grande démonstration « et leur demanda de faire faire une recherche de tous les outils, hottes et paniers, » pour faire le tout apporter à leur maison de ville. « Il leur prescrivit, en outre, « de faire faire une description de tous les grains vins et bestail qu'ils avoient en leur ville. »

L'amiral ayant constaté qu'il y avait une grande quantité de jardins jusque sur le bord des fossés, plein d'arbres, principalement du côté de la porte Saint-Jean, à « l'ombre desquels les ennemis pouvoient venir tout à couvert, jusques au bord dudict fossé, encore qu'il fust tard, j'envoyay quérir, dit-il, tous les charpentiers qui se purent trouver, afin d'employer le reste de la journée à couper arbres pour faire fascines. »

Il raconte qu'il monta au clocher de la grande église pour reconnaître « l'assiette du guet des ennemis et voir par où il pourrait lui venir du secours. »

« En me promenant par la ville, dit encore Coligny, je voyois plusieurs pauvres personnes qui s'estoient retirez des villages, et lesquelles, pour quelque commandement que j'eusse fait, ne vouloient point aller travailler. Pourtant, je fis une publication que toutes personnes qui seroient retirez des villages eussent à aller travailler aux réparations, sous peine d'être fouettez par les carrefours, la première fois qu'on les trouveroient défaillans, et pour la seconde, d'être pendus :

sinon, qu'une heure devant la nuit, ils se tinssent prêts, à la porte de Han, et que je leur ferois ouvrir la porte pour sortir hors de la ville. Il en sortit par cette fois-là environ sept à huit cents. Ce me fut autant de décharge, car il falloit les nourrir ou les faire mourir de faim, qui eust peu apporter une peste dans la ville. »

Enfin, Coligny fit tout ce qu'il put pour défendre la ville de Saint-Quentin. Il ne recula devant aucune mesure. Il se multiplia jour et nuit, et ne cessa d'encourager ses lieutenants, les troupes et les habitants. Mais sept jours après que les ennemis « avaient commencé leurs batteries » c'est-à-dire le 27 août 1557, au moment même où il prenait la résolution de défendre la ville jusqu'à la dernière extrémité, la place était entourée par onze brèches, et l'énergique défenseur de notre vieille cité saint-quentinoise avait à peine quelques centaines d'hommes. L'ennemi y pénétrait et faisait Coligny prisonnier.

Le 31 août, il fut conduit à Cambrai sur un charriot, puis à Iluys, petite ville située sur la mer du Nord, et ensuite à Gand.

Coligny rentra en France au mois d'avril 1559, et fut massacré à Paris, dans sa maison rue de Béthizi, le dimanche 24 août 1572, jour de la Saint-Barthélémy.

Rue du Collége

(aujourd'hui rue de la Sous-Préfecture)

Elle commence à l'extrémité de la rue d'Isle, près de la rue de la Sellerie, et conduit dans la rue des Suzannes, en laissant à gauche la rue du Gouvernement.

La partie de cette rue qui s'étend de la rue de la Sellerie à la rue Sainte-Anne portait anciennement le nom de rue des Rognons, et la partie qui va de la rue Ste-Anne à la rue du Gouvernement, celui de rue des Liniers. Elle a porté aussi le nom de rue du Puits de la Rose.

Le nom de rue du Collège lui vient de l'établissement du Collège des Bons-Enfants, qui se trouvait dans cette rue dès l'année 1527. Ce Collège, situé près de la rue Sainte-Anne, fut démoli en 1859, après la construction du Lycée. Les terrains furent ensuite vendus en partie, et l'on y construisit, en 1861, l'Hôtel de la Sous-Préfecture.

Le Collége portait primitivement le nom de Maison des Capets, à cause d'une petite cape ou caban dont les écoliers se couvraient la tête.

Jusqu'au moment de la démolition de cet établissement d'instruction publique, on voyait au-dessus de la porte l'inscription suivante : *Collegium Bonorum Puerorum*.

La rue faisait partie au 13e siècle de la 9e enseigne.

Dans sa séance du 12 janvier dernier, le Conseil municipal a décidé que la rue du Collège s'appellerait désormais rue de la Sous-Préfecture.

Rue de la Comédie

Cette rue commence dans la rue Saint-Martin, tout près de la place de l'Hôtel-de-Ville et de la rue du Palais-de-Justice. Elle conduit dans la rue des Canonniers en face de la rue Saint-Thomas.

Elle a porté autrefois les noms de rue des *Corroyeurs* et de l'*Ave Maria*. En l'an VIII on lui donna le nom de rue Votaire.

Le nom de rue de la Comédie lui a été

donné à cause d'une salle de spectacles qui y fut bâtie en 1774 sur l'emplacement d'une petite rue nommée rue de la *Halle aux laines*, et de quelques vieux bâtiments parmi lesquels se trouvait le corps-de-garde de la milice bourgeoise.

L'ancienne salle de spectacles fut démolie en 1842, et remplacée par le Théâtre d'aujourd'hui, dont la façade principale se trouve sur la place de l'Hôtel-de-Ville et l'autre sur la rue de la Comédie.

On sait que le Théâtre de Saint-Quentin a été construit sur les plans de M. Guy, architecte à Caen.

Une ruelle conduisant de la place de l'Hôtel-de-Ville à la rue de la Comédie se trouvait en cet endroit avant l'année 1842 et servait de Halle pour le marché aux poissons.

Le Théâtre occupe aussi l'emplacement de l'hôtel ou maison de l'Ange, curieux spécimen de l'architecture bourgeoise au XVIe siècle. La façade était en bois ouvragé entremêlé de briques. Elle se trouve à Caulaincourt depuis 50 ans où M. le duc de Vicence l'a fait transporter pour la sauver de la destruction.

La maison de l'Ange fut construite en 1598 par Jehan Heuzet, marchand, et mayeur de la ville de Saint-Quentin en 1606, 1613 et 1617.

Rue de Colmar

—

Rue nouvellement ouverte dans les terrains qui se trouvent entre le boulevard Gambetta, le boulevard du Nord, la rue de Mulhouse et la rue Richard-Lenoir. Elle commence dans cette dernière rue à peu de distance de la rue de Mulhouse.

Le nom de Colmar lui a été donné en souvenir de la ville de ce nom située en Alsace, et qui a été enlevée à la France par l'Allemagne à la suite de la guerre de 1870-71.

Rue Condorcet

Rue ouverte récemment dans les terrains des environs de Bellevue. Elle prend naissance sur la place de Mulhouse et se dirige vers le canal.

Le nom de Condorcet rappelle l'illustre conventionnel qui s'empoisonna le 18 mars 1794 pour échapper à la mort sur l'échafaud révolutionnaire.

Marie-Jean-Antoine-Nicolas de Carita, marquis de Condorcet, était né à Ribemont en 1743. A l'âge de 26 ans, en 1769, il fut admis à l'Académie des sciences et s'éleva bientôt au premier rang des géomètres de l'Europe. Les Académies de Paris, de Berlin, de Turin et de Saint-Pétersbourg possèdent dans leurs archives de savants mémoires rédigés par Condorcet. Il était l'ami de Voltaire, de Diderot et d'Alembert. Nommé secrétaire perpétuel de l'Académie des sciences, il fit, en cette qualité, les éloges de Buffon, de d'Alembert, d'Euler, de Linnée et de Franklin.

Appelé en 1782 à faire partie de l'Académie française, il s'attacha dans son discours de réception à montrer les avantages que la société peut retirer de la réunion des sciences physiques et des sciences morales.

Ses œuvres complètes publiées à Paris en 1804 forment 21 volumes in-8°. Nous citerons : *Eloges et pensées de Pascal ; vie de M. Turgot ; vie de Voltaire*, et un Rapport sur l'instruction publique présenté à la Convention nationale.

Député de Paris à l'Assemblée législative et ensuite à la Convention pour le département de l'Aisne, Condorcet suivit la politique des Girondins et présida pendant quelque temps les séances de la Convention.

Décrété d'accusation en même temps que les Girondins, comme ennemi de la Constitution de 1793, il quitta Paris et se cacha pendant quelque temps à la campagne, où il composa son dernier ouvrage intitulé : *Esquisses d'un tableau historique du progrès de l'esprit humain.*

Craignant de compromettre la personne qu'il lui avait donné asile, il s'éloigna et erra au milieu des champs. Il fut arrêté dans une auberge de village, jeté dans un cachot où il s'empoisonna. Il était âgé de 51 ans.

Rue des Corbeaux

—

Elle commence dans le milieu de la rue d'Isle, à droite au n° 40, et conduit dans la rue du Petit-Pont. Elle est étroite et fort ancienne. Au 13e siècle, elle faisait partie de la 10e enseigne.

Le nom de rue des Corbeaux lui a été donné sans doute à cause d'une enseigne sur laquelle se trouvaient des corbeaux, ou peut-être parce qu'il y a six cents ans des habitants élevaient quelques-uns de ces oiseaux dans leurs maisons.

Rue des Cordeliers

Cette rue commence dans le bas de la rue d'Isle et conduit dans la rue Sainte-Anne. Elle est aussi très ancienne. Son nom lui vient d'un couvent de Cordeliers qui y fut fondé au commencement du 13e siècle dans une propriété appartenant aujourd'hui à Mme Guilbert. Les bâtiments principaux servaient encore de filature il y a vingt ans.

Les pères Cordeliers faisaient partie de l'ordre des frères mineurs. Le terrain sur lequel ils établirent leur maison et leur église était situé tout près du second palais des comtes du Vermandois, celui qu'Albert Ier fit bâtir au 10e siècle.

La maison des Cordeliers fut achevée en 1270. On compte parmi leurs principaux bienfaiteurs : les chanoines de Saint-Quentin ; Wericus de l'Isle, seigneur d'Essigny-le-Grand, les familles Doat, Couvers, Platecorne, et particulièrement la dame du Sart et sa sœur, lesquelles furent enterrées dans l'église des Cordeliers, où elles étaient représentées sur leurs tombes en habit de Franciscaines.

Cette rue faisait partie de la 10e enseigne.

Rue du Coulombié

Elle commence dans la rue d'Orléans, presqu'en face de la rue Clotaire II et conduit dans la rue Jacques-Lescot.

Le nom de Coulombié vient d'un bastion qui se trouvait en cet endroit et qui avait été élevé en 1639 par les soins de Antoine de Clugny, seigneur de Coulombié et gouverneur de la ville de Saint-Quentin.

Le bastion de Coulombié fut achevé en 1671, par l'ingénieur Lenain. Il se trouvait près de la place Clotaire II, et occupait l'espace compris entre la rue d'Orléans, la rue Royale (aujourd'hui rue Antoine Lécuyer), et la rue Jacques Lescot.

En construisant ce bastion, on a trouvé plusieurs médailles de Jules César, Adrien, Trajan, Vitellius et Marc-Aurèle.

Il existait sous ce bastion un beau souterrain qui parcourait presque toute son étendue.

Rue du Coupement

Située à l'Est de la Ville, dans l'ancien quartier du Coupement, elle conduit de la rue Quentin-Barré à la rue Bénézet, anciennement rue Jean Hennuyer.

Le nom de Coupement provient d'une vaste demi-lune qui se trouvait dans la partie du rampart qui unissait les bastions de Pienne et de la Reine.

Cette demi-lune fut construite en 1559 sur l'emplacement du quartier de la Toussaint (quartier du Marché-Franc aujourd'hui), retranché ou *coupé* (d'où lui est venu le nom de Coupement) du reste de la Ville, afin d'en diminuer la circonférence et de la rendre plus facile à fortifier de ce côté.

On appelait aussi cet endroit le *Tour* ou la *Tour à l'eau*.

L'auteur du *Mémorial* saint-quentinois dit que c'est sur l'emplacement de cette demi-lune que l'abattoir actuel est construit, et que les terrassements qui y furent exécutés pour cette construction, firent découvrir de nombreux vestiges de la paroisse et des habitations qui s'y trouvaient anciennement.

Rue Crétet

Cette rue se trouve dans le quartier d'Isle. Elle commence sur la place du Huit-Octobre à la suite du boulevard de ce nom dont elle doit être le prolongement, et conduit sur la digue du Canal près de l'écluse. La partie de cette rue qui s'ouvrait sur la place du Huit-Octobre, autrefois place du Chemin de fer, portait encore, il y a vingt-cinq ans, le nom de rue Omer Talon.

Le nom de Crétet rappelle la mémoire du ministre de l'intérieur qui accompagnait Napoléon premier Consul, lorsqu'il vint à St-Quentin, le 9 février 1801, pour déterminer le tracé du canal souterrain. Avant 1858, il existait une rue Crétet, entre la rue de l'Etat-Major dont elle était le prolongement, et la rue Omer-Talon.

Le 21 octobre 1870, des gardes-nationaux de St-Quentin et les membres de la Commission municipale se trouvaient dans cette rue lorsque les Prussiens entrèrent dans la Ville en traversant le pont placé sur l'écluse. Les Prussiens s'apprêtaient à tirer lorsqu'ils en furent empêchés par un officier.

Rue de Crimée

La rue de Crimée a été tracée il y a trente ans. Elle s'ouvre à l'extrémité sud de la rue de Baudreuil, près le boulevard Gambetta anciennement boulevard Ste-Anne, et conduit au Canal en longeant l'Abattoir, et en traversant le fossé Saint-Claude.

Le nom de Crimée lui a été donnée en 1855, en souvenir de la guerre de Crimée qui eut lieu en 1854.

Avant cette époque, il y avait en cet endroit, sur le bord du boulevard Gambetta, des trous très profonds qui causèrent quelquefois des accidents graves.

La guerre de Crimée fut entreprise par Napoléon III contre la Russie pour être agréable à l'Angleterre. La France y dépensa des centaines de millions sans aucun profit pour elle. Mais ce qui fut plus douloureux, c'est que des milliers de soldats français y périrent non seulement en combattant, mais aussi atteints par le choléra, accablés de misères et de cruelles souffrances.

Rue de la Croix-Saint-Claude

Rue neuve située sur le territoire de l'ancien Petit-Neuville, à droite de la rue de La Fère, en face du chemin de Neuville-Saint-Amand.

On trouve dans cette rue l'important établissement de tissage de MM. Testart frères.

Le nom de rue de la Croix-Saint-Claude vient d'une croix dédiée à Saint-Claude, et qui se trouvait sur un chemin conduisant à Gauchy et au Moulin de Tous-Vents.

Place Crommelin

La place Crommelin se trouve à l'extrémité de la rue des Etats-Généraux, en face de la place de Lafayette, et au carrefour formé par le boulevard du Nord, le boulevard Richelieu, les rues du Cateau et de Cambrai.

Le nom de place Crommelin lui a été donné pour rappeler le souvenir d'Armand Crommelin qui créa à Saint-Quentin, en 1580, la fabrication des linons et développa dans l'arrondissement la culture du lin. Il fut ennobli par Henri IV en 1589.

Rue et impasse Crozat

Rue neuve ouverte vers 1855. Elle commence sur le boulevard Victor Hugo au n° 50 et conduit au Vieux-Port.

Elle traverse des terrains autrefois marécageux et dans lesquels passent encore aujourd'hui les eaux que reçoit le coulant Garant pour aller se jeter dans la Somme en passant dans l'aqueduc-syphon du canal.

Le nom de Crozat lui a été donné en souvenir de Louis-Antoine Crozat, baron de Thiers, commandeur des ordres du roi, propriétaire du chateau de Moy au commencement du 18e siècle et l'un des premiers concessionnaires du canal de Saint-Quentin.

L'impasse Crozat se trouve dans le même quartier.

Rue Croix-Belle-Porte

Elle commence sur la place de l'Hôtel-de-Ville, à l'entrée de la rue Saint-André et sur la place de l'ancien marché aux volailles. Elle conduit directement dans la rue du Gouvernement et s'arrête à l'entrée de la rue Saint-Jean.

Le nom de rue Croix-Belle-Porte lui vient d'une enseigne formée par une croix de fer placée sur une maison construite en 1582 à l'angle de cette rue et de la rue Saint-Jean, et qui a portée dans ces derniers temps et jusqu'au moment de sa démolition, en 1882, le nom de : Maison Boucourt. — On y faisait alors un commerce de faïence, de poteries, etc.

Elle était bâtie en pans de bois ouvragé. Les deux façades, celles de la rue Croix-Belle-Porte et de la rue Saint-Jean, étaient recouvertes de sculptures diverses.

La description de cette maison ou plutôt de ses façades se trouve dans une très intéressante brochure publiée en 1882 par notre honorable concitoyen, M. Cardon, ancien notaire. On trouve en outre, dans cette brochure, une belle planche dessinée par M. Gaston Cousin, et représentant la façade de la rue Saint-Jean, celle qui avait été la moins endommagée par le temps, les couches de plâtre et de badigeon.

En 1687, la maison Boucourt était la propriété d'une dame Allavoine qui la vendit à cette époque à Théodore Violette, maître de la poste aux chevaux et de l'hôtellerie du Moulinet située rue Croix-Belle-Porte, à l'angle de la rue de la Nef-d'Or.

M. Cardon nous apprend, dans sa brochure, que dans le contrat de vente, la maison est désignée ainsi : « La maison où pend pour enseigne la Croix de fer, située audit Saint-Quentin, paroisse Saint-Jean, et faisant le coin des rues de Belle-Porte et de la Croix-de-Belle-Porte. »

L'enseigne de la Croix de fer est mentionnée dans un acte de l'année 1295.

Anciennement, le seigneur de Gibercourt avait son hôtel dans cette rue.

M. Neukome, professeur et compositeur de musique, a habité, il y a 50 ans, la maison de la rue qui porte aujourd'hui le n° 23, et qui est occupée maintenant par M. Van Dooren-Petit.

On y trouve aujourd'hui, au n° 34, la librairie de M. Triqueneaux-Devienne, et au n° 21 l'imprimerie du *Guetteur*.

Au 13ᵉ siècle, la rue Croix-Belle-Porte faisait partie de la troisième enseigne.

Au 15ᵉ siècle, on trouvait dans cette rue, près du *Marché aux volailles*, qu'on appelait à cette époque le *Marché aux poules*, et précédemment place de la *Cossonerie*, la maison du *Cauldron*, celle du *Singe* et du *Porc-Epic*.

Rue Dachery et rue Dachery prolongée

La rue Dachery commence en bas de la rue d'Isle, près de la place du Huit-Octobre, et conduit sur le boulevard Victor Hugo. L'endroit où se trouve cette rue a porté autrefois le nom de boulevard d'Angoulême, puis de boulevard de Nemours et ensuite de boulevard du Midi. En 1840, ce boulevard était encore planté d'arbres, et impraticable par le mauvais temps.

Le nom de Dachery rappelle le souvenir d'un savant bénédictin né à Saint-Quentin en 1609, et mort le 29 avril 1685.

Auteur de plusieurs ouvrages estimés, il fut considéré comme un des grands hommes de son siècle.

La rue Dachery prolongée prend naissance sur la place du Huit-Octobre à l'extrémité du boulevard Gambetta, et se dirige vers le canal, à travers les terrains desséchés du petit étang d'Isle.

Rue Félix Davin

Cette rue nouvellement ouverte se trouve dans le bas de la rue Pontoile, presqu'en face du domaine de Bagatelle. Le nom de Félix Davin lui a été donné en 1880. Il rappelle le nom du fondateur du *Guetteur*. Félix Davin est né en 1807. Il est mort à Saint-Quentin, le 3 août 1836. C'était un écrivain de talent. Il était l'ami d'Henri Martin, de Calixte Souplet, des Dufour, et de tous les Saint-Quentinois qui appartenaient de son temps à l'opinion libérale.

A peine âgé de 16 ans, Félix Davin composa un poëme en plusieurs chants, intitulé *Bellevue*, « qui prouve, dit M. Ch. Daudeville, une oreille sensible à l'harmonie et une imagination rêveuse et colorée. »

Le jeune écrivain concourut à un âge peu avancé pour le prix offert par la Société Académique de Saint-Quentin, pour récompenser l'auteur du meilleur travail sur le siège de notre ville, en 1557. Il eut pour concurrent son ami Henri Martin, et il obtint le prix.

Les deux rivaux déjà liés par les liens d'une vive amitié, s'unirent davantage encore et ne tardèrent pas à publier en commun un ouvrage intitulé : *Wolfthurm ou la Tour du Loup.*

Félix Davin a publié en outre plusieurs romans et un certain nombre de poésies.

On a de lui : un poème sur Las Cazas ; une épître en vers adressé à M. Montlosier sur les Jésuites ; *les deux Lyres parallèles Une Séduction ; Ce que regrettent les femmes ; l'Histoire d'un suicide ; la Maison de l'Ange ou le Mal du siècle ; Frère et Sœur ; Pressentiment ; Jalousie ; Recueillement ; la Jeune Mourante et le jeune Mourant ; le Carillon de l'Hôtel-de-Ville* et d'autres petites poésies et romances publiées dans le *Musée des Familles*, dans le *Guetteur* et dans d'autres journaux de Paris.

Félix Davin, aidé de quelques amis, fonda *Le Guetteur* après 1830, mais il l'abandonna bientôt, comme nous l'avons dit déjà, pour le remettre entre les mains de M. Calixte Souplet.

Rue de De La Tour

Cette rue se trouve entre la place Saint-Quentin et la place des Enfants-de-Chœur. Son nom rappelle le souvenir de Maurice-Quentin De La Tour, célèbre peintre dont un grand nombre de pastels se trouvent au Musée de Saint-Quentin. De La Tour est le fondateur de l'Ecole de dessin de cette ville.

La statue de l'illustre peintre a été élevée, en 1856, sur la place Saint-Quentin.

On voit encore aujourd'hui sur la maison qui forme l'angle des rues de De La Tour et de Granville, l'inscription suivante retrouvée en 1845 dans les magasins de l'église :

A M. Q. DELATOUR

LA COMMUNE DE SAINT-QUENTIN RECONNAISSANTE

C'est dans cette Maison que De La Tour est né le 5 septembre 1704 et dans laquelle il mourut le 17 février 1788.

La rue de De La Tour porta anciennement les noms de rue de la Vignette, rue de Tugny et de rue Oiselle.

La succursale de la Banque de France a été transférée dans cette rue en 1342.

Rue Demoustier

Cette rue se trouve dans le bas de la rue Pontoile, en face du domaine de Bagatelle. Le nom de Demoustier lui a été donné en 1880. Il rappelle le souvenir de Charles-Albert Demoustier, poète et auteur dramatique, né à Villers-Cotterêts en 1760 et mort en 1801.

Rue Denfert-Rochereau

Cette rue se trouve dans le faubourg Saint-Jean. Elle commence à la rue de Cambrai au n° 45, et finit à la rue de Vermand, au-devant de Monplaisir.

On l'appelait autrefois la ruelle d'Enfer et avant la guerre de 1870-71, la rue d'Enfer. La partie de cette rue qui se rapproche de la rue de Vermand a portée anciennement le nom de la rue de la Chapelle, à cause de la chapelle qui se trouvait à peu de distance de là tout près du Cercle des Carabiniers.

Un abreuvoir existait autrefois au milieu de cette rue.

On croit que le nom de ruelle d'Enfer vient de ce qu'elle était impraticable par le mauvais temps, ou peut-être des batteries flamandes qui s'y trouvaient au moment du siège de 1557, et qui dirigèrent un feu effroyable sur la Ville.

Cette rue est couverte de maisons jusqu'au-delà de la rue de Fayet.

En 1840, elle était encore en si mauvais état que Pierre-Louis Gosseu, le paysan de Vermand, qui publiait à cette époque dans le *Guetteur* de spirituelles lettres picardes, l'appelait la ruelle du Diable.

« El' ruelle d'Einfer, disait-il, ch'est l'ruelle du Diabe ! et si no pove bourique y n'avoi po yau eine bonne queue, et pis si bien aoquée à sein dos, il y aroi péri la vie ; puss' qui gnia yeu èque pass' queue, et pis ein tiot cose par s'areiles (chou qui foet vir qu'ed longues z'areilles cha pu coère ète eine ésuité quand cha r'quiet) qu'ein a peu l'saqué, aveuc bien du ma, d'hors ed' chés treus... Il y a nagié bel et bien longtemps, èche pove Martin, aveuc mi d'sus sein dos, et meume qu'il y téguoi comme ein poussiu ; mais quand il a perdu sein veint, y s'a einfonchi et pis j'ai été forchi ed' nagier à mein tour... et j' pu vous dire qu'èche yau dé l'ruelle d'Einfer ch' n'est po d'yau caude !... »

Le 19 janvier 1871 au matin, le bas de la rue d'Enfer était encombrée de voitures appartenant à l'armée de Faidherbe.

Le nom de Denfert-Rochereau a été donné à cette rue après la guerre pour rappeler le souvenir du vaillant officier qui défendit la ville de Belfort contre les Allemands.

Denfert-Rochereau (Pierre-Marie-Philippe-Aristide), né à St-Maixent, département des Deux-Sèvres, officier et député français, fit la campagne de Rome et la campagne de Crimée, et fut nommé lieutenant-colonel le 13 août 1863. Commandant supérieur de Belfort pendant la guerre de 1870-71, et promu colonel, il défendit cette place avec la plus grande énergie.

Le colonel Denfert-Rochereau est mort à Versailles en 1878. Il avait été promu au grade de commandeur de la Légion d'honneur le 18 avril 1871. Une statue lui a été élevée à Montbéliard au mois de septembre 1879.

En 1884, une école municipale de filles a été fondée dans cette rue, à peu de distance de la rue de Châteaudun, vers la rue de Cambrai.

Rue des Frères Desains

Le nom des Frères Desains a été donné à la rue Richelieu dans la séance du Conseil municipal du 12 janvier 1891.

Edouard et Paul Desains sont nés tous deux à Saint-Quentin, dans la rue d'Isle. Ils étaient parents de notre grand historien national Henri Martin, et descendaient d'une des plus anciennes et des plus honorables familles de notre ville.

M. Alfred Desains, avoué rue de la Comédie, est le fils de M. Paul Desains.

Les deux frères étaient deux savants de premier ordre et deux professeurs distingués qui ont consacré leur vie à l'étude des sciences physiques. M. Ed. Desains a été professeur au Lycée Bonaparte, et M. Paul Desains, professeur à la Sorbonne. Ce dernier était en outre membre de l'Institut, membre de l'Académie des sciences et décoré de la Légion d'honneur. On lui doit plusieurs travaux sur les lois de la chaleur rayonnante, la polarisation des rayons caloriques, et la chaleur latente de la vapeur d'eau. Il est auteur d'un *Traité de physique* et d'un Rapport sur les progrès de la théorie de la chaleur.

Edouard et Paul Desains étaient deux frères étroitement unis et deux patriotes qui aimaient profondément leur pays et leur ville natale.

La rue qui porte aujourd'hui leur nom commence dans la rue des Arbalétriers et conduit sur le boulevard Richelieu, en traversant la rue Antoine Lécuyer (anciennement rue Royale) et la rue Emeré.

Le nom de Richelieu lui avait été donné parce qu'elle occupe une partie des terrains sur lesquels, avant la démolition des fortifications, se trouvait le bastion de Richelieu.

Rue Dollé

Rue récemment ouverte dans le quartier sud de la Ville où se trouvait autrefois une église dédiée à sainte Catherine. Elle conduit de la rue de ce nom à la rue de la Grange. Elle doit son nom au propriétaire des terrains sur lesquels elle a été ouverte.

Place Dufour-Denelle

Cette place se trouve entre l'avenue de Faidherbe et la rue de Paris, le boulevard Henri Martin et le boulevard Victor Hugo. Une fontaine monumentale, don de M. Robert de Massy, de Rocourt, a été élevée sur cette place il y a douze ans. Les arbres qui l'entouraient ont été enlevés à cette époque.

Son nom rappelle le souvenir de M. Dufour-Denelle, député de Saint-Quentin en 1831.

M. Dufour-Denelle était né à Laon au mois d'août 1764. Il vint à Saint-Quentin et fonda un apprêt dans la rue des Patriotes. Il fut appelé à remplir les fonctions d'administrateur de la ville et du département de l'Aisne, et nommé ensuite député. Il mourut à Saint-Quentin le 16 mai 1841. Il était le père de MM. Félix, Théophile et Auguste Dufour.

C'est M. Denelle, le beau-père de M. Dufour-Denelle, qui a construit le grillage en fer forgé qui entoure encore aujourd'hui le puits de la place de l'Hôtel-de-Ville.

Rue Dumas

La rue Dumas se trouve sur le côté droit de la rue Pontoile, en face le domaine de Bagatelle. Ouverte il y a 16 ans par M. E. Desfossez dans des terrains vagues du quartier Pontoile, elle porta le nom de cité Desfossez jusqu'au mois de décembre 1888, époque à laquelle, sur la proposition de notre savant concitoyen, M. Pierre Bénard, architecte-ingénieur, alors adjoint au maire de Saint-Quentin, le Conseil municipal lui a donné le nom de Dumas, en souvenir d'Alexandre Dumas, né à Villers-Cotterêts en 1803 et mort à Paris le 5 décembre 1870.

Alexandre Dumas est un de nos plus célèbres et de nos plus féconds romanciers. Il fut avec notre grand poète Victor Hugo, l'un des plus brillants disciples de l'école romantique.

La rue Dumas s'ouvre sur la rue Pontoile, et se dirige sur le chemin de Noirmont entre l'ancienne chaussée romaine et la rue de Vermand.

Place des Enfants de Chœur

Cette place se trouve près de la Basilique. On y arrive de la place de l'Hôtel-de-Ville, en passant par la rue des Toiles, la place Saint-Quentin, et la rue De La Tour. Elle tire son nom de la maîtrise des Enfants de chœur qui se trouvait quelques années avant la Révolution à l'entrée de cette place à l'endroit occupé par la succursale de la Banque de France. Elle à porté anciennement les noms de place des *Barrettes* et de place des *Amoureux*.

On croit que c'est sur cette place que so trouvait autrefois le gibet de la justice des comtes du Vermandois. Et ce serait aux barres ou soliveaux auxquels on attachait les suppliciés, que l'on devrait le nom des *Barrettes* donné à cette place.

Le nom de place des *Amoureux* lui a été donné à cause d'un puits qu'on voyait encore au milieu de cette place il n'y a pas de longues années et qu'on appelait le puits des amoureux.

Ce nom d'amoureux a été donné, sans doute à cause de ce puits, au portail de la basilique qui se trouve sur la place des Enfants de chœur. Ce portail, chef-d'œuvre d'architecture gothique, est un des plus beaux ornements de l'église.

Rue d'Épargnemaille

Cette rue se trouve près de Montplaisir, entre la rue de Vermand et la rue de Fayet. Avant qu'on y eût construit des maisons, on l'appelait le chemin d'Épargnemaille.

Ce nom lui a été donné à cause d'une petite monnaie nommée maille qui avait cours au 12e siècle. On la jetait dans le tronc d'nne chapelle qui se trouvait à environ 150 mètres de cet endroit sur la rue de Vermand, en remontant vers la ville.

Au commencement du 12e siècle, l'Abbaye de Sainte-Marie de Soissons, envoya à Saint-Quentin un certain nombre de ses religieuses. On leur donna un terrain sur le chemin de l'Abbaye de Vermand, à l'endroit où se trouve actuellement le tir du Cercle des Carabiniers. Le coûtre de Saint-Quentin, Simon, aidé de son frère Raoul, leur fit bâtir un petit oratoire.

Le nombre des religieuses s'accrut rapidement. On leur donna des prêtres, et bientôt ce fut une communauté régulière.

Plus tard, les sœurs abandonnèrent cet endroit et des ermites s'y réfugièrent et y vécurent jusqu'à la fin du 18e siècle.

Les restes de la chapelle, notamment une belle fenêtre geminée, se voyaient encore il y a quelques années.

Au 15e siècle, un hôpital de lépreux se trouvait dans les environs de cette chapelle. Un acte relate les dispositions du testament de Gilles Frémont, de l'année 1847, par lequel il donne aux *méseaux* (lépreux) de Pontoiles et d'Épargnemaille à *chascuns cent sols*.

Un four à chaux, établi près de la chapelle, a été exploité pendant de longues années.

Rue de l'Ermitage

Rue moderne ouverte dans les terrains qui se trouvent entre la rue Denfert-Rochereau, la rue de Fayet et la rue Calixte-Souplet. Le nom de l'Ermitage lui a sans doute été donné à cause de quelqu'enseigne qui se trouvait en cet endroit, et qui rappelait probablement l'ermitage de la chapelle d'Epargnemaille.

Rue Emile Malézieux

Cette rue, récemment ouverte, conduit de la rue de Cambrai à la rue Mulot. Le nom d'Emile Malézieux lui a été donné par le Conseil municipal dans sa séance du 1er mars 1889. Elle portait alors le nom du propriétaire des terrains, c'est-à-dire rue Morel.

Emile Malézieux, né à Saint-Quentin le 8 juin 1822, est mort à Paris le 20 mai 1885.

Il fit ses premières études au Collége des Bons-Enfants à Saint-Quentin. Elève de l'Ecole polytechnique et de l'Ecole des ponts-et-chaussées, il devint un ingénieur très distingué. En 1870 et 1873, il fut chargé de deux missions, l'une en Amérique et l'autre en Angleterre.

Dans la séance de la Société Académique de Saint-Quentin, le 15 février 1886, M. Emmanuel Lemaire, président, a dit d'Emile Malézieux qu'il était un savant et un patriote.

Le 5 mars 1889, les habitants de la rue Emile Malézieux réclamèrent contre la décision du Conseil municipal. « Le nom d'Emile Malézieux, disaient-ils, est honorable ; mais il n'est pas connu. Il n'appartient à St-Quentin que par ses premières études. » Le Conseil n'ayant pas fait droit à cette réclamation, les habitants s'adressèrent de nouveau à la Municipalité, au mois de juillet suivant ; mais le Conseil passa à l'ordre du jour.

Rue Emmeré

La rue Emmeré commence au n° 23 de la rue Le Serurier, tout récemment encore rue des Fossés-Saint-Jean. Elle finit rue Racine près le Lycée Henri Martin. Elle a porté primitivement le nom de rue Montpensier.

Le nom donné à cette rue rappelle le souvenir de Claude Emmeré, né à Saint-Quentin en 1574 et mort en 1650.

Claude Emmeré est l'auteur d'une Histoire de la ville de Saint-Quentin, très rare et très recherchée aujourd'hui ; elle a pour titre *Augusta Viromanduorum*.

On voit sur la première page de ce livre, imprimé en 1643, une belle gravure représentant divers personnages dont quelques-uns soutiennent l'église basilique de la ville, que d'autres présentent au Père éternel assis dans les nuées et tenant dans une main le globe terrestre.

Au-dessous de l'église on lit ce qui suit :
« Ecclesia S. Quintini. Augusta Viromanduorum vindicata et illustrata duobus libris

quibus Antiquitates Urbis, et Ecclesiæ S' Quintini Viromanden suimque Comitum series explicantur Adiectum est Regestum veterum cartharum. »

Ce livre, comme les autres ouvrages de l'auteur, est en latin. Dans le bel exemplaire que nous possédons, on trouve, en outre de la gravure du titre, une vue de Saint-Quentin au 17e siècle.

Claude Emmeré a publié un traité des écoles intitulé : *Scholis publicis.* Il travailla, sous les ordres de Richelieu, à l'histoire de l'Université.

Rue de l'Est

C'est une rue moderne ouverte dans le quartier de Bellevue. Elle est parallèle à la rue Neuve de Remicourt, aujourd'hui rue Charles Picard, et conduit du boulevard Gambetta à la rue de Mulhouse.

Son nom indique qu'elle se trouve à l'Est de la ville.

Rue de l'Étang

Rue ouverte près du Marché-Franc, lequel est situé sur le boulevard Gambetta, en face de l'Hôtel de la Gendarmerie. Le nom de cette rue rappelle le voisinage d'un étang qui se trouvait entre le canal et le quartier du Coupement où s'élève encore aujourd'hui l'Abattoir.

Le dessèchement du Petit-Etang a été commencé en 1855. Il a été définitivement comblé pendant la guerre de 1870-71. Pour occuper les ouvriers sans travail, on prit au-delà du Pont-Tordeux une quantité considérable de terres qui servit à élever le niveau des terrains et à empêcher le séjour des eaux dans cette partie basse de la ville.

Rue des États-Généraux

—

Cette rue, ouverte en 1821, sur l'emplacement des fortifications a porté jusqu'en 1889 le nom de rue Neuve-Saint-Jean. C'est une des belles rues de la ville à cause de sa largeur. Elle conduit de la place Lafayette à la place Crommelin, et aux rues de Cambrai et du Cateau.

Le nom de rue des Etats-Généraux lui a été donné le 5 mai 1889, à l'occasion du centenaire de la réunion des Etats-Généraux.

Une plaque indicatrice est posée sur la première maison de cette rue du côté gauche. La pose où l'inauguration de cette plaque a eu lieu très solennellement. Le maire et le sous-préfet de Saint-Quentin ont prononcé des discours. On a chanté des hymnes patriotiques et joué la *Marseillaise*. Les membres des corps constitués assistaient à l'inauguration.

La rue fut pavée en 1842.

Rue de l'État-Major

Elle commence sur le boulevard Gambetta, à peu de distance de la place du Huit-Octobre, et conduit dans la rue Dachery prolongée. Son nom lui vient d'un chemin qui passait près des fortifications de ce côté de la ville au pied du au Petit-Etang, et que l'on nommait alors le *chemin de l'État-Major*.

On voit sur cette rue un grand bâtiment qui a servi autrefois de raffinerie.

Rue de l'Evêché

Cette rue commence dans le milieu de la rue Saint-Thomas du côté droit. Elle conduit dans la rue des Oiselets. Elle est très étroite, et tout récemment son élargissement a été demandé par les habitants au Conseil municipal. Elle a porté autrefois le nom de rue de la Poterne. Le nom de rue de l'Evêché lui vient d'une tradition populaire qui place la résidence de Saint-Médard, évêque du Vermandois au sixième siècle, dans une maison de cette rue faisant face à la rue Saint-Thomas.

M. Dufour-Denelle, député de Saint-Quentin, en 1831, a habité la maison n° 8 de la rue de l'Evêché, ainsi que son fils Théophile Dufour, représentant du peuple à l'Assemblée constituante de 1848.

Cette maison est occupée aujourd'hui par M. Carlier, président du Comice agricole de Saint-Quentin.

M. Ch. Gomart nous apprend que le général Paulet Marc-Gaspard-Abraham, est né à Saint-Quentin, dans la rue de l'Evêché, le 9 novembre 1769.

C'est tout près de la maison de M. Dufour-Denelle, que se trouve, dans la petite rue des Canonniers, le domicile de M. E. de Chauvenet, ancien président du Tribunal civil de Saint-Quentin, et père du général de Chauvenet.

Avenue Faidherbe

Anciennement rue Neuve-Saint-Martin. Elle fut ouverte en 1821 sur le terrain des fortifications. Elle conduit directement de la place Henri IV située à l'extrémité de la rue Saint-Martin à la rue de Paris, en traversant la place Dufour-Denelle.

C'était encore, il y a vingt ans, une véritable rue-route. Seul, le milieu de la chaussée était pavé, et des arbres plantés vers l'année 1820, s'élevaient de chaque côté de la chaussée. C'est en 1878 qu'elle a été transformée. Deux chaussées bordant les maisons ont été établies de chaque côté du square qui se trouve depuis cette époque dans le milieu de l'avenue.

Des tilleuls y ont été plantés en 1889.

Le nom d'Avenue Faidherbe lui a été donné il y a trois ans, en souvenir du vaillant général de l'armée du Nord qui combattit contre les allemands en 1870-71, et tout particulièrement tout près de la ville de Saint-Quentin dans la journée du 19 janvier 1871.

Rue des Faucons

Elle est située au Sud de la ville et commence dans le bas de la rue Saint-Thomas, à droite de cette rue. Elle conduit sur le boulevard Victor Hugo. Entre cette rue et la rue Dachery, se trouvait le pré Saint-Thomas, dans lequel fut établi l'ancien jeu de paume et le marché-franc jusqu'en l'année 1840.

Rue de Fayet

Elle est située à l'ouest de la ville et commence au carrefour sur lequel aboutissent les rues de Vermand, Pontoile, de la Pomme-Rouge, Jean-de-Caulaincourt et des Glacis.

C'est le vieux chemin de Fayet, celui sur lequel les habitants de ce village passent pour venir à Saint-Quentin. C'était ce même chemin que le sire de Coucy prenait pour se rendre au château de Fayet, résidence de la belle châtelaine Gabrielle de Vergy, dont on connaît les amours tragiques.

Une école maternelle a été construite dans cette rue il y a dix ans.

Il y a cinquante ans, ce chemin était très fréquenté pendant les beaux dimanches de l'été, notamment à la fin d'août, au moment de la fête patronale de Fayet. Le seigneur du village ouvrait le bois à la population de Saint-Quentin et des villages voisins, et l'on dansait sur la pelouse qui se trouve au-devant du château.

Rue de Flandre

Rue moderne, ouverte sur les terrains qui se trouvent entre la rue de Paris et l'ancien chemin ou rue de Ham. On trouve à l'entrée de cette rue, qui commence rue de Paris, un important groupe scolaire (écoles de garçons et de filles), dû à la générosité de M. et Mme Theillier-Desjardins et de leur fils, M. le commandant Edouard Theillier. Une plaque indicatrice rappelle le souvenir du citoyen dévoué que la ville de Saint-Quentin a perdu au mois d'août 1883.

Les écoles reçoivent actuellement 300 garçons et 300 filles.

Rue de Flavigny

La rue de Flavigny longe l'église du faubourg Saint-Jean. Elle commence sur la route de Cambrai et finit rue Mulot. Ce nom lui a été donné en souvenir de Nicolas de Flavigny, lieutenant de Vermandois en 1476.

Rue de Florimont

Cette rue commence sur le boulevard Richelieu, en face la rue de Théligny et conduit sur la rue de Cambrai en face d'une école communale de garçons et d'une école communale de filles, dites Ecoles Saint-Jean, et construites en cet endroit il y a vingt ans.

Pendant longtemps, une grande partie des eaux du faubourg Saint-Jean, descendaient dans cette rue et se dirigeaient, par un ruisseau qui traversait les jardins, dans le bas de la rue des Glacis, pour aller rejoindre le coulant Garand en passant dans la rue Pontoile.

Il y a dans la rue de Florimont une remise dans laquelle se trouve une pompe à incendie.

On trouve également à l'extrémité de cette rue, tout près des écoles, un beau jardin dans lequel un bal est donné tous les ans à la Saint-Fiacre.

Cette rue a porté pendant longtemps le

nom de rue de la Petite-Voirie. C'est en 1880, que le Conseil municipal, sur le rapport de M. P. Bénard, lui a restitué le nom de Florimont. D'après M. Ch. Gomart, le nom de Florimont signifie Montfleuri. Il aurait été donné à ce quartier, à cause des jardins de plaisance qui s'y trouvaient anciennement.

L'auteur du *Mémorial Saint-Quentinois* dit que l'on désignait autrefois sous le nom de Florimont, la partie du faubourg Saint-Jean comprise entre le Blanc-Mont, la rue d'Enfer et la Chapelle d'Epargnemaille.

Comme nous l'avons dit précédemment, Coligny constate dans ses Mémoires qu'il y avait, au moment du siège de 1557, une grande quantité de jardins du côté de la porte Saint-Jean qui avançaient jusque sur le bord des fossés.

Rue de la Folie

Elle commence sur la route de Cambrai, du côté gauche, presqu'en face de l'église et se dirige vers la rue Thiers. C'était autrefois une petite ruelle ou passage qui conduisait dans les jardins du Blanc-Mont et notamment au *Jardin de la Folie* qui lui a donné son nom.

Rue de la Fosse

Cette rue commence dans la rue Saint-Jean, en face la Caisse commerciale, et conduit dans la rue des Jacobins. Elle servait autrefois de chemin pour aller au cimetière du couvent des Jacobins que l'on voyait encore au bout de cette rue au moment de la Révolution. Le nom de la Fosse lui vient de la fosse commune du cimetière des Jacobins.

Un puits, cité dans plusieurs actes anciens et désigné sous le nom du puits du *Taon* et puits *Binet* se trouvait à l'entrée de la rue de la Fosse près de la rue Saint-Jean. Il a été comblé en 1820. Il y avait aussi autrefois, en face du puits du Taon, un hôpital qui portait le nom d'hôpital de la *Charité des pauvres*.

Au XIIIe siècle, cette rue faisait partie de la 7e enseigne.

Rue et place Foy

La rue de Foy commence sur la place du même nom et aboutit au boulevard Victor Hugo. En 1820, elle portait le nom de rue de Nevers.

La place Foy se trouve à l'extrémité sud des rues d'Orléans et d'Aumale. Elle occupe une partie de l'ancien rempart et de la tour Sainte-Catherine. Elle n'existe que depuis la démolition des fortifications.

On sait que, par un décret impérial du 28 avril 1810, les fortifications de Saint-Quentin furent abandonnées à la Ville et démolies ensuite.

Sous la Restauration, la place Foy portait le nom de place Bourbon.

Le nom de Foy a été donné à la rue et à la place de ce nom, en l'honneur du général Foy, député de l'Aisne de 1819 à 1824.

Le général Foy, né à Ham en 1775, était propriétaire à Pithon, village du canton de Saint-Simon, arrondissement de Saint-Quentin. Il y a dix ans, sa ville natale lui a érigé une statue sur la place publique au-devant de l'Hôtel de Ville.

Ardent patriote et orateur éloquent, le général Foy jouissait dans les départements de l'Aisne, de la Somme, à Paris et dans la France entière, d'une grande et juste popularité. Un jour, à la tribune, en face des réactionnaires de l'époque qui semblaient vouloir protester contre les sentiments de patriotisme qu'il exprimait, il s'écria : « Il y a de l'écho en France quand on prononce ici les mots d'honneur et de patrie ! »

Ces paroles eurent un retentissement considérable. L'étranger s'en émut et la réaction courba la tête.

Le général Foy mourut à l'âge de 50

ans. Ses funérailles furent des plus imposantes. La ville de Saint-Quentin, qui a contribué à l'érection de sa statue, s'associa tout particulièrement au deuil de la nation.

Rue Fréreuse

Petite rue située près de la basilique. Elle conduit de la place des Enfants de chœur à la rue du Gouvernement, presque vis-à-vis de la rue de Remicourt. L'entrée par la rue du Gouvernement était anciennement fermée par une porte qu'on appelait la *Porte Fréreuse*.

On voyait encore, au commencement du XIXe siècle, dans le mur du jardin qui formait tout le côté gauche de cette rue en quittant l'église, une pierre qui provenait de cette porte et qui représentait trois religieux, debout sous un portique à ogives, et sur laquelle on lisait l'inscription suivante :

ICY. ESTOIT. LA PORTE
FRÉREUSE. DÉMOLIE.
PAR ORDRE. DE MESSIE
LE. CHAPITRE. AU. MOY
DE JUILLET. DE L'AN

Bernard Jumentier, maître de chapelle à l'église basilique et compositeur d'un grand nombre de morceaux de musique sacrée, a demeuré dans la rue Fréreuse.

Cette rue se trouvait autrefois dans l'enceinte *du Castel*, et faisait partie de la 6e enseigne.

Boulevard Gambetta

Ce boulevard longe les Champs-Elysées du côté du quartier de Remicourt. Il commence sur la place du Huit-Octobre et se continue jusqu'au boulevard du Nord. La partie qui se trouve depuis la rue de Baudreuil jusqu'à la place du Huit-Octobre portait, avant la mort de Gambetta, le nom de boulevard Sainte-Anne. L'autre partie était désignée sous le nom de boulevard de l'Est.

On trouve dans la première partie, sur la place de l'ancien Marché aux lins, l'Hôtel de la gendarmerie, construit récemment. Le Marché-Franc est en face. De beaux arbres s'élevaient il y a quelques années sur cette partie du boulevard. Ils ont été abattus et remplacés il y a trois ans.

De la rue de Baudreuil à la place du Huit-Octobre la chaussée est pavée ; celle qui conduit au boulevard du Nord a été macadamisée en 1888.

Le nom de Gambetta rappelle le tribun éloquent et le grand patriote qui organisa la Défense nationale en 1870.

Place de la Gare

Cette place est située en face de la gare du chemin de fer du Nord.

En 1880, le Conseil municipal vota, pour dégager les abords de la gare, l'acquisition des établissements industriels qui se trouvaient en cet endroit, et qui portaient depuis longtemps le nom de *Fabrique blanche*.

D'accord avec les propriétaires, le Conseil échelonna le paiement en plusieurs annuités, et put réaliser ainsi une amélioration réclamée par le public, sans augmenter les charges des contribuables.

Un petit square a été récemment aménagé sur cette place. On y a planté quelques arbres et placé des bancs.

Le chemin de fer du Nord de St-Quentin à Paris a été solennellement inauguré le dimanche 9 juin 1850 par Louis Napoléon, président de la République. La Ville de St-Quentin a donné à cette occasion de très belles fêtes. Favorisées par un temps magnifique, elles avaient amené dans la Ville une foule considérable. C'est ce jour-là que Louis Napoléon a déclaré que ses amis habitaient les chaumières. On sait comment il s'en est souvenu plus tard, et ce qu'il a fait de la France en 1870.

Rue et Impasse des Glacis

La rue des Glacis conduit du boulevard Richelieu à la place qui se trouve à la convergence des rues Jean-de-Caulaincourt, de la Pomme-Rouge, Pontoile et de Vermand.

Les premières maisons de cette rue ont été construites vers l'année 1850. Auparavant c'était un chemin rural, souvent impraticable. Le talus qui bordait le boulevard était planté d'arbres. Elle a été pavée en 1889. Les rues de Chateaudun et de Calixte-Souplet, la traversent au moyen de ponts élevés après leur ouverture.

Le nom de Glacis vient de ce qu'elle a été ouverte sur les glacis des fortifications.

L'impasse des Glacis se trouve à droite de la rue.

Il y a quarante ans, on voyait encore sur le bord de cette rue, à l'endroit où se trouve le rond-point des marronniers et le pont de la rue Calixte-Souplet, un monticule fort élevé et couvert d'un beau gazon, sur lequel les habitants du voisinage allaient se reposer au retour de printemps.

Rue des Glatiniers

La rue des Glatiniers commence vers le milieu de la rue Saint-Martin et conduit à la jonction des rues d'Aumale et des Canonniers, laissant à droite la rue des Bouloirs. C'est une des anciennes rues de la ville. Elle est à peu de distance de l'endroit où se trouvaient les remparts des quartiers Saint-Martin et Sainte-Catherine.

On n'est pas fixé sur l'origine du nom de Glatiniers. Il provient peut-être d'une famille de Glatigny qui habitait cette rue il y a cinq cents ans. Au XIIIe siècle, la rue des Glatiniers faisait partie de la treizième enseigne, désignée sous le nom de *la Boulangerie*.

Rue du Gouvernement

La rue du Gouvernement conduit de la rue Croix-Belle-Porte et de l'entrée de la rue Saint-Jean aux rues de la Sous-Préfecture (anciennement rue du Collège), Sainte-Pécinne et des Suzannes.

On trouve à droite, les rues St-Remy, de Labon (qui vient d'être élargie), et la rue Fréreuse. A gauche, commencent les rues des Jacobins, d'Alsace, de Strasbourg et de Remicourt.

La rue du Gouvernement a porté autrefois des noms différents. Elle s'est appelée : 1º Rue du *Poids-St-Remy* et rue des *Connivets*, depuis la rue Croix-Belle-Porte jusqu'à la rue des Jacobins ; 2º Rue du *Temple*, du *Four du Temple* et de la *Monnaye*, depuis la rue des Jacobins jusqu'à la rue de Remicourt ; 3º Rue Ste-Pécinne, depuis la rue de Remicourt jusqu'à la rue de la Sous-Préfecture.

Le nom de rue du *Gouvernement* lui vient de l'hôtel des gouverneurs de la ville, qui y fut bâti sur l'emplacement du dernier palais des comtes de Vermandois, et contigu à la maison des Templiers, laquelle se trouvait sur la rue de Strasbourg. C'est près de cette rue que s'élevaient autrefois l'Hôtel de la Monnaie et un palais appartenant, en 1292, à Philippe-le-Bel.

En 1297, ce roi descendit dans cette maison avec la reine, en revenant de Flandre.

L'ancien hôtel du gouverneur a été occupé jusqu'en 1870 par MM. Tausin et par leur apprêt. C'est sur son emplacement et celui du jardin qu'ont été percées les rues d'Alsace, de Lorraine et de Metz, et qu'a été construit, il y a trois ans, le Collège municipal de jeunes filles.

On voyait anciennement dans la rue du Gouvernement, l'hôtel des seigneurs de Marteville, celui des seigneurs de Nampcelle, le doyenné, les maisons de refuge de l'abbaye de Vermand, de l'abbaye d'Homblières et de la Coûtrerie.

M. Charles Lemaire, qui remplit les fonctions de maire de Saint-Quentin, sous le gouvernement de Juillet, qui fut préfet de la Meuse sous la République et publia plusieurs ouvrages philosophiques est né dans cette rue.

On y trouve aujourd'hui d'importantes maisons de commerce, les études de

Mᵉ Guérin, notaire, et de Mᵉ Duconseil, avoué, le Cercle du Commerce, la maison des Sœurs de la Croix, etc.

La rue a été nivelée et pavée en chaussée en 1854-1856.

En l'an VIII, elle portait le nom de rue de la *Révolution*. En la parcourant jusqu'à la rue Sainte-Pécinne, on y rencontrait trois puits avant l'établissement des fontaines publiques ; le premier, près de la rue Saint-Remy, qu'on nommait le puits du *Hallebardier* ; le second, à l'entrée de la rue de Strasbourg, appelé le puits de la *Grande-Gueule* ; et le troisième à l'entrée de la rue Sainte-Pécinne.

La rue du Gouvernement a été désignée aussi pendant longtemps, dans le langage populaire, par le nom de rue du Gouverneur, à cause du gouverneur de Saint-Quentin qui y demeurait. Cette charge fut instituée en 1170. A Saint-Quentin, elle donnait au titulaire un état-major composé d'un lieutenant du roi, du mayeur de la ville, d'un major, de deux aides-major, d'un ingénieur en chef, d'un commandant d'artillerie, d'un lieutenant provincial, d'un commissaire, d'un garde de l'arsenal, d'un exempt de maréchausssée, d'un trésorier, des troupes et d'une garde composée de douze hommes.

Rue de la Grange

Située au sud de la ville, cette rue commence dans le bas de la rue Saint-Thomas, et conduit au boulevard Victor Hugo, anciennement boulevard Saint-Martin. Son nom lui vient d'une espèce d'hospice ou maison de dépôt dans laquelle on enfermait autrefois les fous dangereux. On l'appelait alors la *Grange-Saint-Laurent*. Elle se trouvait dans le milieu de la rue, à droite en descendant, à l'angle inférieur d'un renfoncement et où l'on voyait encore, en 1840, un petit pavillon qui en dépendait.

Cette rue a porté les noms de rue de la *Grange-Saint-Laurent* et de la *Grange-des-Fous*.

Anciennement elle faisait partie de la quatrième enseigne, désignée sous le nom de *La Fontaine*.

Rue Granville

Petite rue très étroite et très ancienne qui conduit de la rue de De Latour à la rue de Vesoul. Le nom de Granville rappelle le souvenir de Guillaume de Grainville, chanoine, procureur de l'Eglise basilique vers le milieu du xive siècle, qui habitait alors une maison canoniale située à l'angle de cette rue et de la place Saint-Quentin. Plusieurs rues voisines de l'église furent désignées à cette époque par les noms des chanoines qui les habitaient. On comptait alors, en 1354, vingt-huit maisons canoniales autour de la basilique. Paul Colliette nous donne sur une transaction intervenue en cette année entre le Chapitre et le mayeur de Saint-Quentin, Pierre de Lehautcourt, d'intéressants détails.

Rue Guillermin

Rue ouverte récemment à l'extrémité des Champs-Elysées, sur le boulevard du Nord, et conduisant dans la rue Camille Desmoulins. Cette rue n'est pas encore pavée ni macadamisée. Le nom de Guillermin lui a été donné par le Conseil municipal dans la séance du 12 janvier 1891, pour rappeler le souvenir du bienfaiteur qui a fait don à la Ville de la Bibliothèque installée dans le Châlet du Jardin d'Horticulture aux Champs-Elysées et d'une somme de 8.000 fr., dont les intérêts servent à décerner chaque année quatre prix aux élèves les plus studieux de nos écoles communales de garçons et de filles.

M. Guillermin a donné en même temps une somme importante aux Hospices civils de Saint-Quentin.

La rue portait précédemment les noms de rue Boucourt et Jaitteaux.

Impasse de la Guinguette

—

Elle se trouve sur le boulevard du Nord près des Champs-Elysées. Elle communiquait autrefois avec le bal Vinchon situé sur la rue du Cateau, en face de la rue Mulot.

Ce bal très fréquenté encore vers 1850, était tenu par M. Vinchon, tambour-major de la Garde-Nationale.

Le nom d'impasse de la Guinguette lui vient du bal et de l'auberge auxquels elle conduisait.

Rue de Guise

Rue importante qui commence sur la rue de La Fère, passe près de la vieille rue de ce nom et conduit à Guise en passant au Petit-Harly, à Homblières, à Origny-Ste-Benoîte et au Mont-d'Origny.

Le cimetière du faubourg d'Isle, ouvert il y a quelques années, se trouve près de cette rue sur le chemin d'Harly.

Sur la route de Guise au Petit-Harly, on trouve deux établissements industriels très importants, celui de **MM.** Hamm et Cie, fondé par MM. Hurstel frères et acheté récemment par MM. Boca frères, et un peu plus loin celui de M. Daltroff.

Un moulin à vent s'élevait encore il y a quelques années sur les hauteurs de cette rue, du côté du nouveau cimetière.

Rue de Ham

Cette rue commence sur la rue de la Chaussée-Romaine, en face de l'Usine Cliff et conduit à travers champs sur le chemin de Rocourt à Savy et à Francilly.

Un moulin en forme de tour s'élève sur le bord de cette rue, à l'entrée des champs près d'un endroit appelé la *Tombelle*.

La rue de Ham portait encore, il y a quelques années, le nom de vieux chemin de Ham.

La Société des maisons ouvrières y a fait construire il y a une douzaine d'années, un certain nombre de maisons.

On y construit en ce moment une église destinée sans doute à former une paroisse pour le faubourg Saint-Martin.

Rue Jean Hennuyer

—

Cette rue fait aujourd'hui partie de la rue Bénézet, dont elle est en quelque sorte le commencement. Elle longe l'abattoir et conduit dans la rue de Crimée.

Jean Hennuyer est un des plus illustres saint-quentinois du XVIe siècle. Il fut d'abord profès dans l'ordre des Jacobins de la ville de Saint-Quentin et docteur en Sorbonne. Il est cité, en l'année 1537, comme bachelier de la Faculté de Théologie de Paris. Sa réputation grandit bientôt et il obtint le titre de confesseur du roi Henri II. En 1559, il fut nommé évêque de Lisieux. C'était un prélat de grande sagesse et de beaucoup de tolérance. On raconte que, lorsqu'en 1572 le gouverneur de Lisieux reçut les ordres de Charles IX au sujet des protestants, il en donna avis à l'évêque qui les désapprouva. « Je ne puis consentir, lui dit-il, que mes ouailles soient ainsi exterminées ; j'en suis le pasteur principal, et, quoique rebelles à ma voix, à celle de l'Eglise et du Roi, je ne désespére point encore de leur retour à l'obéissance. » Et comme le gouverneur insistait sur les ordres précis du Roi, et sur le châtiment qu'il en devait attendre, s'il ne les exécutait, l'évêque répondit : « Je suis votre garant, ne faites rien encore ; voici par écrit le cautionnement que je vous donne. » Ce trait de clémence, dit Colliette, se répandit dans Lisieux, et catholiques et protestants devinrent alors plus attachés que jamais à l'évêque.

Jean Hennuyer mourut en 1578. Sa famille jouit longtemps encore après lui d'une grande considération dans la ville de Saint-Quentin.

Boulevard Henri Martin

Ce boulevard portait autrefois le nom de boulevard de l'*Ouest* à cause de sa position à l'Ouest de la Ville. Avant la Révovolution de 1830, on l'appelait boulevard d'*Artois*. Il commence à l'extrémité du boulevard Richelieu, sur le rond-point des Marronniers, près de la Maison d'arrêt, et aboutit à la place Dufour-Denelle.

On trouve à sa droite les rues Chantrelle, Montmorency, d'Orléans, Antoine Lécuyer, Jacques Lescot et St-Nicaise. A gauche, les rues Jean de Caulaincourt, d'Amerval, des Maçons, de Bovelles, de Bagatelle et de la Pomme-Rouge.

Henri Martin est le grand patriote, l'illustre historien national que la ville de St-Quentin a vu naître, et qu'elle honore comme l'un de ses plus dignes enfants.

Henri Martin est né à St-Quentin le 20 février 1810, dans une maison de la rue du Petit-Origny, située en face du Marché-Couvert. Il est mort à Paris, le 14 décembre 1883.

Il débuta de bonne heure dans la littérature avec son ami Félix Davin. A l'âge de quinze ans, il obtenait le premier prix d'histoire au Collège des Bons-Enfants, et le principal de cet établissement, M. Maupérin, s'exprimait en ces termes, en présence de ceux qui assistaient à la distribution des prix :

« Je ne crains pas de déroger aux usages universitaires en donnant lecture de la composition d'Henri Martin, qui n'est pas le devoir d'un élève, mais le début d'un grand historien. »

Henri Martin a justifié cette prophétie. Après avoir écrit quelques ouvrages comme *Wolfthurm, la Vieille Fronde*, des romans comme *Midi et Minuit*, le *Libelliste*, il entreprit l'*Histoire de France*, œuvre considérable publiée en dix-sept volumes, et qui lui a valu le titre d'historien national.

Il a écrit ensuite l'*Histoire populaire de la France*, et l'*Histoire de France de 1789 jusqu'à nos jours*, ouvrage en huit volumes.

On a aussi d'Henri Martin l'*Histoire de Soissons* écrite en collaboration avec le bibliophile Jacob (Paul Lacroix) ; un livre intitulé : *De la France, de son génie et de ses destinées ; la Russie et l'Europe ; Mélanges d'Archéologie celtique*, etc.

En 1871, Henri Martin fut élu député de

l'Aisne et Conseiller général du canton de St-Quentin. Il fut nommé sénateur de l'Aisne au mois de janvier 1876.

L'illustre historien habitait Paris, mais il venait très souvent à St-Quentin, où sa sœur, une sainte et digne femme, demeure encore aujourd'hui dans la rue de la Sous-Préfecture. Il visitait ses amis, et s'entretenait avec eux des affaires politiques. Il venait au *Guetteur* ; il voyait les Malézieux, les Dufour, les Theillier-Desjardins, les Souplet, les Bénard, les Mariolle-Pinguet, les Querette, les Cordier, etc. Il présidait des conférences au Cirque, au Cercle républicain et prononçait toujours de patriotiques discours.

Le 10 août 1871, deux mois avant le jour où la ville de Saint-Quentin fut délivrée de l'occupation ennemie, Henri Martin était appelé à présider la distribution des prix du Lycée. Il prononça, à cette occasion, un discours patriotique qui fut couvert d'applaudissements par l'auditoire et les élèves.

Parlant de la situation douloureuse de la cité, il évoquait le souvenir de la défense de 1557. Il disait :

« Le 10 août est, pour Saint-Quentin, un de ces jours où l'on ne peut célébrer d'autres fêtes que ces fêtes funèbres que les anciens consacraient aux citoyens morts pour la patrie.

» Vous avez tous vu, sur la façade de notre Hôtel de Ville, une inscription en vers latins ; vous connaissez ce beau mot du poète Santeuil :

Civis murus erat...

» Il y a trois siècles, le 10 août 1557, une armée française fut accablée sous les murs de Saint-Quentin par la grande armée d'une coalition européenne. Le reste des forces françaises était loin. La route de Paris était ouverte.

» Vos ancêtres, mes enfants, jurèrent de se sacrifier pour arrêter devant leurs murailles, l'armée ennemie.

» Ils tinrent parole. Sous la conduite d'un héros, d'un martyr, l'immortel Coligny, ils résistèrent dix-sept jours et dix-sept nuits. La petite ville, bien plus petite qu'aujourd'hui, fut emportée d'assaut par soixante mille ennemis, et s'abîma dans le sang et dans les flammes.

» Mais la France fut sauvée.

» Voilà le grand dévouement que rappelle l'inscription de l'Hôtel de Ville.

» On a combattu aussi, de nos jours, à Saint-Quentin et autour de Saint-Quentin. Vos parents n'ont pas dégénéré de leurs aïeux ; ils vous montrent comment on supporte les revers avec dignité, après avoir lutté avec courage. Vous, non plus, ne dégénérerez pas.

» Notre ville s'est relevée de sa ruine de 1557.

» La France se relèvera de sa ruine de 1870. »

Henri Martin a toujours regretté l'attitude du ministère français dans l'affaire d'Egypte, et la chute du ministère présidé par Gambetta.

Au mois d'août 1882, il s'exprimait ainsi : « A tous les degrès, aux extrémités comme au centre, rappelons-nous cette vérité parfois trop oubliée, que la démocratie est tenue d'être le plus vigilant et le plus énergique des gouvernements, si elle ne veut en devenir le plus faible ; que la France surtout, dans sa position en Europe, n'a pas le droit de se relâcher, de s'engourdir un seul instant ; qu'elle a un besoin absolu d'une forte organisation politique, d'une organisation qui mette en action tout ce qu'elle a de lumières et de forces. C'est une grave erreur que de s'imaginer que ce que gagne la liberté individuelle ou la liberté locale, le pouvoir national devra le perdre Le champ du progrès de l'activité humaine est illimité. Plus les individus, plus les groupes particuliers grandissent et agissent librement, plus l'Etat, qui est la patrie organisée, élargit son cercle d'action, plus il a de devoirs et de pouvoirs. »

Henri Martin a été maire de Passy-Paris après le Quatre-Septembre 1870 ; il a été président de l'Association amicale des anciens élèves du Collége et du Lycée de St-Quentin, président de la Société d'anthropologie, membre de la Commission des documents inédits, du Comité des travaux historiques, président de la Commission de l'histoire de la Révolution, président de la Commission des monuments historiques, président de la Commission des archives diplomatiques, membre du Conseil d'administration de la Société de l'Histoire de France, vice-président de la Ligue de l'enseignement, membre de l'Académie française, de l'Académie des sciences morales et politiques, etc.

La mort d'Henri Martin fut un deuil public pour la ville de Saint-Quentin et pour l'arrondissement de Passy, à Paris. Une grande solennité funèbre eut lieu à l'occasion de ses obsèques. Le cercueil qui renfermait ses dépouilles mortelles fut exposé à la mairie de Passy, et le maire conduisit le deuil avec un nombre considérable de notabilités diverses. De nombreuses couronnes avaient été envoyées de Paris, de Saint-Quentin et de toutes les parties de la France.

L'illustre historien repose à Paris, au cimetière Montparnasse.

Des discours ont été prononcés sur sa tombe par MM. Le Royer, président du Sénat, Malézieux, au nom du département de l'Aisne, Mariolle-Pinguet, au nom de la ville de Saint-Quentin, Cherbulliez, au nom de l'Académie française, etc., etc.

Au mois de juillet 1887, la ville de St-Quentin a fait élever une statue à Henri Martin sur la place du Lycée qui porte son nom.

Place Henri IV

Située au bas de la rue Saint-Martin, à l'entrée de l'avenue Faidherbe, elle est traversée par la rue d'Orléans. La porte Saint-Martin se trouvait en cet endroit, au moment de la démolition des fortifications. Le nom d'Henri IV lui a été donné pour honorer la mémoire du roi galant homme qui voulait que tous les laboureurs puissent mettre la poule au pot le dimanche, et qui vint à Saint-Quentin au mois de décembre 1594.

« C'était, dit Paul Colliette, le meilleur prince de la terre ; le génie le plus beau et le plus grand ; le courage le plus héroïque et le plus tendre des pères envers son peuple. — Il fut reçu avec empressement, au mois de décembre de l'année 1594, à Saint-Quentin dont il avait prévenu les habitants par les lettres les plus flatteuses, du 8 novembre 1589 et du 15 mai 1590. Il y était descendu en parcourant les villes et les provinces qui ne lui étaient point encore soumises. Il ne visita point l'église du saint martyr, ni ses vénérables reliques, parce que cet acte de religion ne s'accordait point avec ses principes ; mais il combla les saint-quentinois des marques les plus tendres de bonté et d'affection. Certaine maison de la Grand'Place, faisant le coin de la rue de la Poterie (actuellement rue Saint-Jacques), à laquelle pend pour enseigne le Grifon, fut le palais qu'il s'était choisi. Là, plusieurs riches bourgeois lui ouvrirent leurs bourses ; et il y puisa ce qu'il voulut. On dit que, de sa reconnaissance royale, plusieurs familles de cette ville acquirent alors leur noblesse. Le magistrat eut l'honneur de lui présenter un repas qu'il avait accepté ; il le prit en l'Hôtel de Ville, et lorsqu'on voulut goûter les vins et les viandes, avant que de lui en faire prendre, il l'empêcha. « Je suis, dit-il, avec mes amis ; je n'ai rien à appréhender d'eux. » Il but et mangea le premier des vins et des mets de la table. Toujours ce prince secourait ses amis ; et lorsqu'on lui parlait de Saint-Quentin, on procurait la sensation la plus agréable à son cœur. Malgré mes ennemis, disait ce grand roi transporté de joie à la vue des bonnes façons de ses chers saint-quentinois, je suis assuré que je serai toujours le roi de la ville de Saint-Quentin. Par un brevet signé de sa main, et qu'il avait hautement et publiquement lu, étant en personne sur la Grand'place de la ville, le 6 décembre 1594, il déclara qu'il n'entendait pas qu'il y eût jamais de citadelle en cette capitale, ou plutôt qu'il n'y en voulait pas d'autre que le cœur de ses habitants.

« Toutes les bontés de Henri IV pour les bourgeois de Saint-Quentin furent scellées avant que de partir de la ville, par les patentes les plus avantageuses. »

Une fontaine monumentale, due à la générosité de M. Robert de Massy, de Rocourt, se trouve sur la place Henri IV depuis une douzaine d'années.

Rue Heuzet

—

Petite rue qui se trouve dans le bas de la rue Royale, où elle commence pour se terminer dans la rue du Coulombié. Ce nom lui a été donné en souvenir de Jean Heuzet, mayeur de Saint-Quentin en 1606, 1613, 1617 et 1618. Son portrait est au musée de Saint-Quentin.

Cette rue a été communalisée en 1873, en même temps que la rue du Coulombié.

Rue Hilaire Cordier

—

Cette rue conduit à Savy par l'ancienne chaussée de Nesle et par une route macadamisée depuis trente ans qui se trouve vers le territoire de Francilly. Elle rejoint la chaussée de Nesle, près de l'église de Savy et se dirige, par Etreillers et Vaux. sur Germaine et Foreste.

La rue portait tout récemment encore le nom de rue Saint-Phal.

C'est dans la séance du Conseil municipal du 12 janvier 1891 que le nom d'Hilaire Cordier lui a été donné.

Elle commence sur la rue de la Chaussée-Romaine, en face de l'usine Cliff et Cie, longe la propriété de la famille Mortier, passe devant la filature de MM. Hugues, et conduit à l'Orphelinat que l'Administration des Hospices civils de Saint-Quentin fait construire en ce moment à gauche de la route de Savy, à 1.500 m. environ de la Chaussée-Romaine.

Par un testament olographe en date du 17 avril 1885, Isidore-Alexis Cordier, docteur en médecine, a légué aux Hospices civils de Saint-Quentin, toute sa fortune, évaluée à près d'un million de francs, pour la construction, à Saint-Quentin, d'un Orphelinat de garçons.

Cet Orphelinat porte son nom. Il se compose de trois bâtiments principaux, faisant face à la ville, d'une chapelle, et d'autres bâtiments accessoires. Il s'élève au milieu d'un vaste jardin qui en fera, dans quelques années, un séjour des plus agréables.

Placés sur les hauteurs du faubourg Saint-Martin, ces bâtiments dominent toute la contrée. En face, de l'autre côté de la route, on trouve un grand jardin appartenant aux Hospices, et dans lequel des locaux en planches ont été élevés en 1884, en prévision d'une épidémie cholérique.

Depuis longues années, des briqueteries existent sur le bord de la route, du côté nord.

Le nom de Saint-Phal, que cette rue portait précédemment, est celui d'un chanoine du chapitre de Saint-Quentin.

Rue Hordret

Petite rue située dans le quartier du Coupement près de l'Abattoir actuel. Elle conduit de la rue Lecat à la rue Josquin des Prés. Le nom qu'elle porte lui a été donné pour rappeler le souvenir de Louis Hordret, sieur de Fléchier, avocat au Parlement, Honoraire aux Conseils du Roi, et auteur d'un livre intitulé: *Histoire des droits anciens et des prérogatives et franchises de la ville de Saint-Quentin, capitale du Vermandois, en Picardie.*

Ce volume, de plus de 500 pages, a été imprimé en 1781.

L'auteur ne s'est pas borné seulement à résumer l'histoire de la ville de Saint-Quentin. Il a fait une excursion dans les pays de l'ancien Vermandois, à Ham, à Bohain, au Catelet, à Vermand, à Ribemont, à Péronne, à Nesle, dans les autres villes de la Somme et dans celles de l'ancienne Thiérache.

L'ouvrage de Louis Hordret est offert aux Mayeurs, Echevins, Juges civils, criminels et de police de la ville de Saint-Quentin.

« Combien de fois, dit-il, dans son épître dédicatoire, n'a-t-on pas vu, les Mayeurs de la Ville, et les Echevins en leur absence, tantôt ceints du baudrier de Mars, tantôt revêtus de la robe de Thémis, intimer leurs ordres aux Militaires, régler la police dans la Ville, et rendre la justice aux citoyens. Ils y prévenoient les maux ; ils y prodiguoient le bien ; ils y entretenoient la concorde et l'union ; ils y faisoient régner l'abondance ; ils ne trouvoient de bonheur que dans celui même de leurs concitoyens ; ils pourvoyoient à tout; ils en étoient les pères... ».

Si ce tableau n'est pas chargé, il fait honneur aux magistrats municipaux de l'époque, M. Desjardins, mayeur de la ville ; MM. de Bournonville, Raison, Brayer, Dollé, Petrus et Muller, échevins.

Rue de l'Hôtel-Dieu

Cette rue se trouve dans le bas de la rue Saint-Martin, près de la place Henri IV. Elle longe l'Hôtel-Dieu du côté ouest et aboutit à la place Clotaire II. Elle conduisait autrefois au rempart derrière le bastion du Coulombié. Elle a porté successivement les noms de rue des *Caudières* ou *Chaudières* et de rue du *Chauffour*.

L'Hôtel-Dieu est l'ancien hôpital de Buridan. Ses ressources ont été augmentées à partir de 1557 des biens de divers autres établissements de bienfaisance dévastés à cette époque. Par suite d'une transaction en date du 14 octobre 1567, l'administration de l'Hôtel-Dieu fut confiée au Chapitre et au Corps municipal.

A partir de ce moment, des agrandissements s'y opérèrent d'année en année, et un caveau y fut construit pour servir de sépulture aux religieuses.

« Dès l'an 1638, lisons-nous dans le *Mémorial Saint-Quentinois*, les salles des malades et les autres bâtiments nécessaires au service avaient été construits, et à l'époque du siège du Catelet (même année), ils avaient été encombrés de soldats atteints de la dyssenterie, dont plus de 900 moururent et furent enterrés dans l'intérieur de la maison».

Les bâtiments furent entièrement rebâtis de 1816 à 1847, à l'exception de la chapelle. Les lits des malades étaient en 1816 de 50. La dépense annuelle de l'établissement s'élevait de 40 à 45,000 francs.

Aujourd'hui les recettes ordinaires annuelles s'élèvent à plus de 400,000 francs, et les dépenses annuelles de même nature à 365,000 francs environ.

La rue de l'Hôtel-Dieu a été abaissée et repavée en 1850.

Place de l'Hôtel-de-Ville

Cette place, située au centre de la ville, a porté, pendant longtemps, le nom de *Place Royale* et de *Grand'Place*. En l'an VIII, on l'appelait *Place de la Loi*.

L'Hôtel de Ville était désigné autrefois sous le nom de *Maison de Paix*. Cette maison fut achetée en 1292 par les mayeurs et jurés, afin d'assurer à la ville un local convenable pour y tenir les assemblées des autorités civiles.

Ce monument, dont la belle façade est encore aujourd'hui ce qu'elle était en 1509, a subi de nombreuses modifications depuis le 13e siècle. A la Révolution, une tour carrée qui paraissait remonter à l'époque de la construction du monument, subsistait encore dans la cour. On l'appelait la Tour des Archives. L'auteur du *Mémorial Saint-Quentinois*, dit que la grille en fer qui se trouve entre les piliers formant l'arcade du milieu de la galerie qui existe encore, et devant laquelle nos ancêtres recevaient du magistrat *bonne* et *prompte* justice, provient également de cette antique construction.

Le même auteur, qui est, croyons-nous, M. Bona, architecte à Saint-Quentin, en 1838, s'exprime ainsi au sujet de l'Hôtel de Ville, tel qu'il existait à cette époque :

« L'Hôtel de Ville présente, d'une manière caractéristique, la transition du style ogival et de celui qui prit naissance au commencement du 16e siècle et fut désigné sous le nom de renaissance ; quoique dépourvue de la légèreté qui plaît tant dans l'architecture gothique, sa façade symétrique, entièrement supportée par huit légères colonnettes de grès, percée de neuf croisées élégantes et couvertes de dentelles, en fait très certainement un des plus beaux monuments dont la ville puisse s'enorgueillir.

» Ce qui doit surtout fixer l'attention, c'est l'extrême originalité des groupes de figures bizarres dont les ornements sont parsemés : chaque moulure, chaque chapiteau, les corniches, les nervures en sont chargés ; des artisans, des diables, des moines, des soldats, des anges, des femmes, des animaux, des monstres de mille formes, semblent devoir former de nombreux rébus, dont nous désirons bien vivement trouver le sens, car, certainement, la disposition de plusieurs d'entre eux paraît en cacher un, surtout si l'on se rappelle qu'à cette époque, ces sortes d'hiéroglyphes jouissaient d'une très grande vogue en notre pays, d'où ils furent nommés *rébus de Picardie*. On se rappelle le fameux rébus composé par un de nos aïeux sur la phrase latine *non habebat oculos*, qu'il avait représenté par une nonne, un abbé flagellé et un os (nonne abbé bat au c...os). »

Sous la galerie, au-dessus de la fenêtre du milieu on lit l'inscription suivante du poète Santeuil :

CIVICÆ FIDEI STIMULUS

Bellatrix, i, Roma! tuos nunc objice muros !
Plus defensa manu, plus nostro hæc tincta cruore
Mœnia laudis habent : furit hostis et imminet urbi ;
Civis murus erat, satis est sibi civica virtus.
Urbs, memor audacis facti, dat marmore in isto
Pro patriâ cæsos æternum vivere cives.

Aujourd'hui, le rez-de-chaussée de l'Hôtel de Ville est occupé par le bureau de police, et par le logement du concierge.

Les deux entrées principales s'ouvrent sur un beau vestibule d'où l'on communique dans toutes les parties du monument et particulièrement, par un bel escalier en pierre, dans la salle du Conseil, le bureau du Maire et ceux des divers services municipaux, et la salle des archives.

Dans ce vestibule, on voit sur le mur de

gauche, une plaque de marbre blanc sur laquelle sont gravés en lettres d'or, les noms des saint-quentinois morts pour la patrie en 1870-71.

De la salle du Conseil municipal, nous donnerons la description suivante d'après M. Ch. Gomart :

« Le plafond est formé de deux voûtes en bois, cintrées en carène de vaisseau et doublées de bardeaux, peints en noir et semés d'étoiles d'argent. Cette double voûte est appuyée sur une poutre traversant horizontalement la salle dans toute sa largueur ; les extrémités des sommiers sont ornées, à l'endroit où ils s'engagent dans la muraille, de *rageurs*, ou monstres aux gueules affreusement béantes, qui semblent saisir l'extrémité des sommiers dans leurs dents.

» Les sommiers et les montants sont semés de fleurs de lys sur fond d'azur. On voit dans un cartouche, orné de fleurs de lys, la lettre F. surmontée d'une couronne qui rappelle le nom de François Ier.

» La poutre transversale est assise sur deux pierres délicatement sculptées, représentant d'un côté un écusson armorié; de l'autre le jugement de Paris, comme on le représentait au XVIe siècle : un chevalier, Paris, couvert de ses armes, est endormi à demi couché ayant derrière lui son cheval de guerre ; au milieu trois beautés nues posent vis-à-vis Mercure, qui, assis à gauche, tient d'une main un arc, de l'autre un dard qu'il présente à l'une des femmes. Cette poutre est encore ornée de six figures de grandeur naturelle, en bois sculpté et colorié, portant des costumes de l'époque.

» Ces six figures nous paraissent être la personnification satirique de six personnages importants de la commune au XVe siècle.

» Nous avons cru y reconnaître, en commençant à droite en entrant, au dessus de la porte :

1º Le Mayeur d'enseigne avec sa cuirasse et son casque ;

2º Le Geolier de la prison, ou le Bourreau avec sa barbe épaisse et ses cheveux touffus et frisés ;

3º Le Mayeur, figure rasée avec moustaches, la tête coiffée d'une toque violette, les épaules couvertes d'une robe rouge bordée d'hermine ;

4º L'Argentier ou trésorier des deniers de la Ville (Oudard de Marle), coiffé d'un turban (costume de juif) ;

5º L'Architecte du monument (Colard Noël, de Valenciennes) ;

6º Le Fou de la ville qui tire la langue en faisant une grimace ; sa tête est couverte d'un chaperon surmonté de deux cornes caractéristiques.

« La salle est éclairée par quatre fenêtres à ogives dont la partie inférieure est divisée par des meneaux en croix. Le haut de chaque fenêtre est orné de sujets peints sur verre ; les compartiments du bas sont remplis avec des grisaillles qui présentent au milieu de chaque panneau les écussons des principales corporations et communautés des métiers de la ville de Saint-Quentin. »

Ajoutons que notre éminent concitoyen, M. Pierre Bénard, architecte-ingénieur et ancien adjoint au maire de Saint-Quentin, a demandé plusieurs fois au Conseil municipal de voter annuellement un crédit destiné à couvrir les dépenses que nécessiterait la pose dans les niches de la façade de l'Hôtel de Ville des statues des hommes illustres de la ville de Saint-Quentin depuis les temps les plus reculés.

Les verrières de la salle du Conseil représentent des sujets divers. On voit sur la 4e fenêtre une Sainte-Barbe et une scène du martyre de Saint-Quentin, exécutées en 1855 par M. A. de Martel.

Dans la salle des mariages, on voit trois figures qui paraissent être celles du procureur de la Ville avec ses lunettes, du greffier et du clerc. On trouve aussi dans cette salle l'horloge monumentale rapportée de Châlons-sur-Marne en 1754 par les Canonniers-Arquebusiers de Saint-Quentin.

L'intérieur de l'Hôtel-de-Ville a subi bien des changements depuis l'année 1509. Les plus importants ont été exécutés il y a vingt-cinq ans par un habile architecte, M. Pinguet-Védie, et sous l'Administration de M. Huet-Jacquemin, maire.

Jusqu'à cette époque, on arrivait dans les bureaux de l'Hôtel de Ville, dans la salle des mariages et dans celle du Conseil municipal par un escalier de vingt-huit marches en grès.

Les tribunaux ont siégé à l'Hôtel de Ville jusqu'en 1830, époque où l'abbaye de Fervaques fut convertie définitivement en Palais de Justice. La salle d'audience, à l'Hôtel de Ville, donnait sur la place.

La belle salle du Conseil, celle où se trouve la cheminée monumentale, les peintures d'Ulysse Butin représentant la comtesse Eléonore octroyant aux habitants de Saint-Quentin la charte de Commune, d'autres personnages et les beaux vitraux qui font face à la place Coligny, est restée à peu près dans l'état où elle se trouvait en 1589, lorsque Henri IV s'y rendit pour le dîner qui lui fut offert par la Ville.

La place de l'Hôtel-de-Ville a une superficie de 9,669 mètres carrés. Elle sert toujours aux marchés des mercredis et samedis. Un monument rappelant le siège de 1557, dû à la générosité de M. Ch. Picard, ancien maire de la Ville et ancien conseiller général du canton de Bohain, doit être élevé prochainement au centre de cette place, à l'endroit où se trouve le grand puits de 1719.

Aux quatre angles débouchent les rues St-Martin, des Canonniers, de la Sellerie Croix-Belle-Porte. Les rues St-Jacques, des Toiles et Saint-André y aboutissent aussi directement.

La façade monumentale du Théâtre se trouve sur cette place.

On y construit en ce moment, tout près du Théâtre, sur l'emplacement de l'ancien Hôtel d'Angleterre, la maison de banque du Crédit Lyonnais.

L'importante maison d'habillements de M. Thiéry aîné occupe sur la place de l'Hôtel-de-Ville l'endroit où se trouvait autrefois l'hôtel du Cornet-d'Or, et dans lequel le général Faidherbe a reçu le 18 janvier 1871 la Commission municipale de St-Quentin.

En 1351, il y avait sur la place de l'Hôtel-de-Ville une halle où on vendait du pain. Elle fut démolie en 1531 par ordre du chapitre. En 1669, le Corps de Ville voulut y faire bâtir quelques maisons, mais le Chapitre, toujours puissant, s'y opposa.

Sur l'emplacement de l'Hôtel-de-Ville, se trouvait au 13e siècle une maison qu'on appelait la *Maison des Plaids*. Elle servait à la même époque de Halle pour la vente des laines. L'église dédiée à St-Jacques s'avançait autrefois sur la place de l'Hôtel-de-Ville.

Il y a une quarantaine d'années, on voyait encore à l'angle de cette place et de la rue St-André un grand bâtiment qu'on appelait la *Grande Boucherie*.

Il y avait autrefois sur la place de l'Hôtel-de-Ville des maisons qui avaient pour enseigne : les *Trois-Cornets*, la *Clef*, en 1457 ; le *Haubert*, en 1482 ; l'*Éperon*, en 1578 ; l'*Ane rayé*, en 1593 ; le *Bachinet*, en 1567 ; le *Croissant*, l'*Homme d'armes*, le *Chygne de la Croix*, le *Soleil*, la *Lune d'argent*, la *Croix d'or*, l'*Espée*, les *Cocquelets*, le *Pressoir à verjus*, l'*Eléphant*, la *Rouge-Oie*, l'*Agneau pascal*, la *Perruque*, l'*Ours*, l'*Aigle noir*, le *Lion noir*, le *Chapeau rouge*, des *Grands* et des *Petits Ecots*, *Saint-Georges*, le *Chat qui veille*, l'*Ecrevisse*, les *Pèlerins*, la *Chambre des Charbonniers*, le *Dauphin couronné*, la *Rôtisserie*, le *Cornet d'or*, le *Griffon*, et la maison de l'*Ange*, démolie en 1843.

Rue de l'Industrie

—

Rue ouverte il y a vingt ans dans le quartier du Petit-Neuville. Elle commence sur la vieille rue de La Fère, et conduit sur la rue de Guise, en faisant un coude à son extrémité.

Après la guerre franco-allemande de 1870-71, d'importants établissements industriels, recherchant le voisinage de la gare du Nord, s'élevèrent dans ce quartier, et des rues furent ouvertes dans les terrains libres du voisinage.

Le nom de rue de l'Industrie rappelle les circonstances dans lesquelles elle a été tracée et bâtie.

Le Petit-Neuville, qui profitait de tous les avantages de sa liaison directe avec la ville de St-Quentin, faisait encore partie à cette époque de Neuville-St-Amand, village éloigné de près de trois kilomètres de son annexe, et dépendant du canton de Moy.

Rue d'Isle

C'est la rue la plus importante de la ville depuis l'établissement de la gare du chemin de fer du Nord. Elle commence au bout de la rue de la Sellerie à l'entrée de la rue de la Sous-Préfecture, et se dirige en ligne droite sur la place du Huit-Octobre, dans la rue de La Fère et à la gare du Nord.

Il y a dans la rue d'Isle près de 160 commerçants, artisans, marchands, etc., imposés à la patente.

La banque Rouart, Lepaute et Cie et la banque Journel et Cie se trouvent dans cette rue.

En outre des rues de la Sellerie et de la Sous-Préfecture, huit rues débouchent dans la rue d'Isle. Ce sont : à droite, les rues de la Truie qui file, des Corbeaux, Bisson et des Blancs-Bœufs ; à gauche, les rues Notre-Dame, d'Issenghien, des Cordeliers et Wager.

Le nom de rue d'Isle lui vient de l'Abbaye de Saint-Quentin-en-Isle qui y fut transportée en 1582 du faubourg d'Isle. A cette époque, le bas de la rue portait seul le nom de rue d'Isle. Le haut était désigné sous le nom de rue de la *Gréance*, à cause de l'église de Notre-Dame de la Gréance qui se trouvait tout près de la rue Notre-Dame.

Après la Révolution, cette église a été convertie en salle de bal.

En 1848, après la révolution de Février, un club républicain y tenait ses séances.

En l'an VIII, la rue d'Isle a porté le nom de rue de Thionville.

Suivant De La Fons une église dédiée à Saint-Pierre-le-Moien, s'élevait dans cette rue en 1309, au coin de la rue des Cordeliers.

Au XVe siècle, le sénéchal du Vermandois, les seigneurs de Sissy et une famille du nom de Macquerel du Quesmy, avaient leur hôtel dans la rue d'Isle.

M. Quentin Duplaquet, prêtre-chapelain de l'Ordre de Malte, élu député du Tiers-Etat aux Etats-Généraux, MM. Ed. Desains et Paul Desains sont nés dans la rue d'Isle, ainsi que M. Leroux, acteur du Théâtre Français, le médecin Rigaut et M. Paillette, ingénieur.

L'abbaye d'Isle, aujourd'hui inoccupée, a servi de Sous-Préfecture en 1810. Elle a été convertie ensuite en filature jusqu'en 1889.

C'est en 964, alors que l'abbaye était

occupée par des chanoines de St-Quentin que des moines de l'ordre de saint Benoît vinrent s'y fixer.

Le premier abbé se nommait Arnoldus.

Au 14e siècle des contestations s'élevèrent entre les moines et la commune de Saint-Quentin, au sujet des eaux et du Moulin du Grosnard.

Une particularité à signaler : Au 12e siècle, les bourgeois de Saint-Quentin recherchaient, au moment de la mort, les religieux pour mourir dans leurs bras et se vêtir de leurs habits.

L'abbaye de Saint-Quentin en l'Isle ayant été détruite au moment du siège de 1557, fut transférée dans la rue d'Isle, comme nous le disons plus haut, en 1582.

En 1853, le sol de la rue d'Isle a été remanié et la pente considérablement adoucie. C'est de cette époque que datent les escaliers que l'on voit encore aujourd'hui à l'entrée de quelques maisons.

Trois puits se trouvaient autrefois à droite de cette rue : le *puits du Cerf-Volant*, le *puits Noir* et le *puits de la Fontaine*.

La maison de la rue d'Isle, occupée par M. Mesnil, carrossier, a été bâtie au 18e siècle, par Le Nôtre, architecte du jardin des Tuileries.

Il y avait autrefois dans la rue d'Isle, la

maison des *Quatre-Vents*, la maison des *Etats*, la maison de la ville de *Noyon*, la maison du *Renard*, du *Cheval-Bayard*, de la *Truie-qui-file*, de la *Couronne*, des *Estakas*, de la *Sirène*, de la *Clef*, du *Cauldron*, de la *Roue-de-la-Fortune*, des *Quatre Fils Aymond*, de la *Pomme-d'Orange*, de l'*Arbalète*, des *Trois-Têtes-noires*, de la *Boule-d'Or*, de la *Herse*, de la *Tête d'or*, etc.

Au XIIIe siècle, la rue d'Isle faisait partie de la 10e enseigne, désignée sous le nom de la *Gréance*.

Place et boulevard du Huit-Octobre

Cette place a porté d'abord le nom de place du *Duc d'Angoulême*, puis le nom de place *Crétet* et ensuite celui de *Place du Chemin de fer*. C'est en 1871 que le nom de Huit-Octobre lui a été donné, ainsi qu'au boulevard qui va de cette place à la rue de Tour-y-Val, pour rappeler le souvenir de la journée du 8 octobre 1870 où la garde nationale et les habitants de la ville, commandés par M. Anatole de La Forge, préfet de la défense nationale à Saint-Quentin, repoussèrent une colonne prussienne qui voulait s'emparer de la ville.

Sur cette place, qui se trouve au bas de la rue d'Isle, débouchent les rues d'Achery, de La Fère et du Port, les boulevards Gambetta et du Huit-Octobre.

C'est depuis l'inauguration du beau monument de la défense du 8 octobre 1870 et de la bataille du 19 janvier 1871, que cette place a été aménagée comme elle l'est aujourd'hui et qu'on y a placé les candélabres qui l'éclairent le soir, au moyen de 55 becs de gaz

Ce monument a été solennellement inauguré, le samedi 8 octobre 1881, en présence de M. Mariolle-Pinguet, maire de Saint-Quentin, du général Farre, ministre de la guerre, de MM. Sébline, préfet de l'Aisne, Malézieux et Villain, députés de l'Aisne, Henri Martin, sénateur de l'Aisne, Turquet, sous-secrétaire d'Etat au ministère des Beaux-Arts, Sénécal, sous-préfet de Saint-Quentin, des membres du Conseil municipal de cette ville et d'une foule d'autres notabilités.

Des discours ont été prononcés par

MM. Mariolle-Pinguet, le général Farre, Malézieux, Villain et Henri Martin.

Le monument est l'œuvre de Barrias. Il représente la ville de Saint-Quentin sous les traits d'une femme portant au front une couronne murale et soutenant, de la main gauche, un de ses défenseurs au moment où il tombe, frappé d'une balle à la tête.

La main droite s'appuie sur un rouet, symbole de l'Industrie. Un jeune garçon, d'une quinzaine d'années, est là, cherchant à prendre le fusil du blessé.

La hauteur du monument est de 6m50, y compris le piédestal en granit gris-bleu de Vire qui mesure 3m30. Ce piédestal est l'œuvre d'un spécialiste, M. Hallais. — Des bas reliefs de bronze et des médaillons sont encastrés dans le granit. La statue a le visage tourné vers la rue de La Fère. Le bas-relief de droite représente un épisode de la journée du 8 octobre. Au-dessus est le médaillon de M. Anatole de La Forge. Sur le côté gauche se trouve le médaillon du général Faidherbe, et au-dessous un bas-relief représentant un épisode de la bataille du 19 janvier, près du Moulin de Tous-Vents. Sur le côté qui fait face à la rue d'Isle, on voit le médaillon de Gambetta. Au-dessous, sont gravés les noms des membres de la Commission mnnicipale de 1870-71.

Sur le côté qui fait face à la rue de La Fère on lit les inscriptions suivantes :

> Aux martyrs ! aux vaillants ! aux forts !
> A ceux qu'enflamme leur exemple.
> Qui veulent place dans le temple,
> Et qui mourront comme ils sont morts !

CE MONUMENT

Erigé en l'honneur des citoyens de Saint-Quentin
qui repoussèrent victorieusement
un corps de troupes allemandes dans la
journée du VII octobre MDCCCLXX.
Et des soldats de l'armée du Nord qui luttèrent
contre des forces bien supérieures dans
la bataille du XIX janvier MDCCCLXXI,
A été inauguré le VIII octobre MDCCCLXXXI.

Le boulevard du Huit-Octobre occupe une partie des Pépinières. Il portait primitivement le nom de boulevard du Midi.

Dans la séance du 2 octobre 1876, le Conseil municipal a voté le prolongement de ce boulevard jusqu'à la rue de Mulhouse.

Rue, Buerie et Impasse des Islots

La rue des Islots commence sur le boulevard Victor Hugo près de l'usine à gaz, conduit à l'ancienne buerie des Islots, et de là dans la rue du Vieux-Port.

L'impasse des Islots se trouve à l'entrée de la rue de Paris du côte gauche.

Le nom des *Islots* rappelle l'époque où les terrains qui se trouvent entre le boulevard Victor Hugo, le Vieux-Port et la rue qui porte ce nom étaient couverts en grande partie par des fossés remplis d'eau au milieu desquels s'élevaient de côté et d'autre des parcelles de terre plantées d'arbrisseaux ou servant au jardinage.

Dans les premières années du 19e siècle, une buerie fondée par M. Dupuis, ancien maire de Saint-Quentin, se trouvait dans un établissement qui existe encore en face du Vieux-Port.

Rue d'Issenghien

Rue très étroite qui commence dans la rue d'Isle en face de l'ancienne abbaye et conduit dans la rue Sainte-Anne.

« Tire-t-elle son nom, demande M. Ch. Gomart, du général flamand Issengheim ou de Jérôme d'Issenghein, bourgeois de St-Quentin ? Nous ne le pensons pas, car elle est nommée d'Issenghein dès le XIIIe siècle, et le général flamand et le bourgeois de Saint-Quentin vivaient bien postérieurement. Je crois avec plus de vraisemblance qu'elle a porté le nom d'*Isangrin*, personnage si connu du *roman du Renard*. Parmi les personnages qui figurent dans ce roman, un des principaux est Isangrin, représenté par un loup, qui figure un brigand des plus endurcis, larronnant le jour et la nuit. A cette époque, XIIIe siècle, et lorsque les esprits étaient sous les impressions du roman du Renard, n'a-t-on pas pu appeler rue d'Isangrin la rue où demeurait un usurier ou un personnage peu estimé ? »

Ajoutons qu'au 14e siècle cette rue portait le nom de *rue des Fromages*, et qu'elle a été désignée aussi sous le nom de *rue des Indiens*.

Au 13e siècle, la rue d'Issenghien faisait partie de la 10e Enseigne désignée sous le nom d'Enseigne de la *Gréance*.

Rue des Jacobins

Cette rue commence dans la rue du Gouvernement et conduit sur la place de Cepy, la place Lafayette, la rue des Etats-Généraux et aux rues de Cambrai et du Cateau.

Les convois mortuaires, à l'exception de ceux des fonctionnaires publics, anciens maires, adjoints, conseillers municipaux, magistrats consulaires, etc., passent dans cette rue en quittant la Basilique pour se rendre au cimetière de la rue du Cateau.

Le nom de rue des Jacobins lui vient d'un couvent de dominicains qui y fut fondé en 1221 par Jean de Barastre, doyen de Saint-Quentin, sur un vaste terrain qui servait alors de cimetière aux paroisses de Saint-Remy et de Notre-Dame de Labon. A la fin du 13e siècle, les religieux y étaient si nombreux qu'on le nommait le *Couvent des cent pères*.

Il faut croire que ces religieux étaient, au commencement du 14e siècle, très recherchés des fidèles. « Les frères prêcheurs (Jacobins) de la Ville de Saint-Quentin s'estoient, dit Colliette, ingéré de faire des conférences en leur église, à l'heure à laquelle les chanoines chantaient les matines de Noël dans la leur, et les curés en leurs paroisses. Ils avaient causé, par ces exercices, une diversion irrégulière et scandaleuse. L'autorité et l'Ordinaire, dont le Chapitre était en possession, remédia à cet abus. Il imposa sérieusement silence aux Dominicains discoles ; et les brebis revinrent à leurs bercails. »

Le couvent fut vendu en 1793 et démoli ensuite.

Au 14e siècle, il y avait dans cette rue l'hôpital des Lorges, fondé en faveur de femmes malades ou infirmes.

La partie de cette rue qui va de la rue de la Fosse à la place de Cepy, a porté le nom de rue des *Rosiers* ou des Rotiers.

En l'an VIII, la rue des Jacobins a été appelée rue de la *Marseillaise*.

Lors de l'ouverture des rues d'Alsace et de Lorraine, M. J. Malézieux, architecte, a trouvé sur l'emplacement de l'ancien couvent des Jacobins, des objets divers dont il a donné les dessins dans le *Vermandois*. Nous citerons notamment un sceau en bronze, indiquant la présence à St-Quentin d'un Inquisiteur du XVIe siècle, des inscriptions tumulaires, des fragments d'écussons sculptés, peints et dorés, des poteries et des squelettes.

La propriété de M. Sarazin-Dehollain, dont l'entrée se trouve dans la rue des Jacobins, en face de la rue de la Fosse, occupe une partie de l'ancien couvent des Jacobins. On voit encore aujourd'hui dans le jardin, en passant dans la rue de Lorraine, des tronçons de colonnes de l'église de ce couvent.

Au 13e siècle, la rue des Jacobins faisait partie de la 7e Enseigne, celle dite de Saint-Jean.

Rue Jacques Lescot

—

Cette rue a été ouverte vers l'année 1820 après la démolition des fortifications. Elle conduit de l'avenue Faidherbe à l'extrémité de la rue Antoine Lécuyer, sur le boulevard Henri-Martin, dans les rues de la Pomme-Rouge et de Bagatelle.

Jacques Lescot, avocat, mayeur de Saint-Quentin en 1740, et seigneur en partie d'Etreillers, a légué, à la date du 30 octobre 1744, une somme de vingt mille livres pour être employée à fonder à Saint-Quentin un établissement « pour retirer les pauvres hommes veufs et garçons, hors d'état de gagner leur vie, et qui seront âgés au moins de cinquante ans ». Une partie de cette somme devait être employée « pour acheter un endroit dans l'étendue de la paroisse Saint-Jean, pour loger lesdits pauvres, et le reste employé à l'acquisition d'un fonds ».

Un autre Jacques Lescot, probablement l'un des ancêtres du mayeur de Saint-Quentin en 1740, né à Saint-Quentin en 1594, était docteur de la « Maison et Société de la Sorbonne » en 1622. Il fut principal du Collège de Danville et appelé ensuite au siège épiscopal de Chartres. Un de ses neveux, nommé aussi Jacques Lescot, épousa Françoise Colliette « la plus belle femme de tout Saint-Quentin », d'après ce que nous apprend Paul Colliette dans ses Mémoires pour servir à l'Histoire du Vermandois.

La rue Jacques Lescot a porté primitivement le nom de rue d'Enghien, en 1830 le nom de rue Joinville, et après 1848, le nom de rue Marceau.

Elle a été pavée en 1834, et elle aurait grandement besoin d'être repavée aujourd'hui.

On y trouve l'important établissement de construction de M. Mariolle-Pinguet, ancien membre de la Commission municipale de 1870-71, ancien maire de Saint-Quentin et conseiller général de ce canton.

Rue Jeanne-d'Arc

—

Rue ouverte il y a une dizaine d'années dans les jardins du quartier de Bellevue, sur le boulevard Gambetta, en face la grande allée des Champs-Elysées.

Le nom de Jeanne d'Arc lui a été donné pour honorer la mémoire de la jeune femme héroïque qui porte dans l'histoire le nom de Pucelle d'Orléans.

Jeanne d'Arc naquit en 1410 à Domremy, village de Lorraine, de parents pauvres. Son père était jardinier. Toute jeune encore, elle fut frappée des malheurs de la France, dont elle entendait faire le récit tous les jours. A cette époque, les Anglais régnaient en maîtres sur une grande partie de notre pays, et y commettaient toutes sortes de déprédations.

Jeanne crut entendre des voix venant du ciel qui lui ordonnaient de quitter Domremy pour aller au secours de la France. Elle se rendit à Bourges où se trouvait le roi Charles VII. Elle se présenta à lui et parvint à relever son courage. Le roi l'autorisa à se mettre à la tête de l'armée, et bientôt elle fit lever le siège d'Orléans, et conduisit le roi de victoire en victoire. Malheureusement, elle fut prise au siège de Compiègne, conduite dans le château-fort de Beaurevoir, canton du Catelet, arrondissement de Saint-Quentin, d'où elle tenta de s'échapper. C'est de là qu'elle fut dirigée sur Rouen où les Anglais la firent brûler, en 1431, après l'avoir fait condamner comme sorcière par leur complice, l'évêque Cauchon.

Rue Jean-de-Caulaincourt

La rue Jean-de-Caulaincourt commence sur le boulevard Henri Martin, au carrefour formé par les rues Chantrelle, Montmorency et d'Orléans. Elle conduit dans les rues de Vermand, de Fayet, Pontoile et de la Pomme-Rouge.

Cette rue, qui a été tracée vers l'année 1850, dans des terrains en culture, n'a été entièrement bâtie que vers l'année 1865. Elle a été d'abord macadamisée et pavée ensuite.

Son nom lui a été donné en souvenir de Jean V de Caulaincourt, marié le 5 août 1531 à Françoise de Biez. Lors du siège de Saint-Quentin, en 1557, ce seigneur commandait une des compagnies de bourgeois qui avaient été organisées pour la défense de cette place, et se comporta avec beaucoup de bravoure. En récompense de sa belle conduite, le roi Henri II lui accorda, le 19 novembre de la même année 1557, le droit de faire entrer et sortir du royaume, ses blés, ses *vins*, etc., sans payer de droit. Sa famille jouit de cette franchise jusqu'en 1725.

Caulaincourt est un petit village situé sur la rive droite de l'Omignon, à 15 kilomètres à l'ouest de Saint-Quentin et à 4 kilomètres de Vermand. Le château actuel des ducs de Caulaincourt est bâti sur le bord de la rivière. L'ancien, détruit en 1557, se trouvait plus haut, vers Beauvois.

Une fabrique de mousseline, protégée par les ducs de Caulaincourt, fut établie dans ce village, en 1766, par la maison Fourquin, Allut et Cie. Il s'agissait d'imiter les mousselines fabriquées en Suisse, qui jouissaient alors d'une grande renommée. Malheureusement, la mort du directeur Allut amena la décadence de cette industrie, et l'on fut obligé de demander des fonds au gouvernement pour soutenir la manufacture, qui ne tarda pas, d'ailleurs, à être abandonnée.

La famille des ducs de Caulaincourt est une des plus illustres de la Picardie et de l'ancien Vermandois.

Les membres de cette famille avaient pour devise : « Fais ce que dois, advienne que pourra. »

Gabriel-Louis de Caulaincourt, né le 15 novembre 1740, fut comte de l'Empire, sénateur, membre de la Légion d'honneur, membre du collège électoral du département de l'Aisne. Il mourut à Paris, le 28 octobre 1808. Son corps fut transporté au Panthéon le 21 du même mois.

Un autre membre de cette famille, Auguste-Jean-Gabriel, comte de Caulaincourt, général de division, commandeur de la Légion d'honneur, né le 16 septembre 1777, fut tué à la bataille de la Moskova, le 7 septembre 1812.

M. Armand-Augustin-Louis, marquis de Caulaincourt, duc de Vicence, lieutenant-général, grand-croix de la Légion d'honneur, des ordres de Saint-André de Russie, fut ministre et ambassadeur sous le premier Empire.

On trouve dans les bois d'Holnon, sur l'emplacement de l'église de Là-Haut, une pierre tumulaire sculptée, placée au XVIe siècle sur la tombe d'un membre de la famille des Caulaincourt.

Le château, où les visiteurs sont toujours accueillis avec la plus grande bienveillance, mérite d'être vu.

M. le duc de Vicence, si honorablement connu dans notre région, a fait de ce château, de son parc et de tout ce qui l'entoure, un des endroits les plus remarquables de nos environs.

Rue Jean-Lafontaine

Cette rue conduit de la place du Lycée Henri Martin au boulevard Richelieu et, de là, dans la rue de Chateaudun. Ouverte vers 1857, après la construction du lycée, elle longe le côté ouest de cet établissement et occupe une partie de l'ancien Champ-de-Mars.

Son nom lui a été donné en l'honneur de notre grand fabuliste Jean Lafontaine, né à Château-Thierry, le 8 juillet 1621, et mort à Paris, le 15 avril 1695.

La première maison de la rue Jean-Lafontaine, sur la place du Lycée, est celle de M. Mariolle-Pinguet, membre du Conseil général de l'Aisne, et ancien maire de Saint-Quentin.

Rue Jean Papillon

—

Petite rue située au faubourg d'Isle et conduisant de la rue de la Raffinerie au grand étang. Elle longe le côté gauche du chemin de fer. Elle a été établie par la Compagnie du chemin de fer du Nord, en remplacement d'un sentier sur lequel la voie ferrée est construite.

Jean Papillon, né à Saint-Quentin, est un célèbre graveur sur bois du XVIIe siècle et l'auteur de l'application de l'impression aux papiers peints.

Rue et petite rue du Jeu de Battoir

La rue du Jeu de Battoir commence sur la rue de La Fère, à l'entrée de la rue de Guise, et aboutit à la vieille rue de La Fère. La petite rue qui porte aussi ce nom se trouve dans cette même rue.

Leur nom rappelle un ancien jeu de battoir qui se trouvait en cet endroit et qui a été supprimé vers 1810, lors du tracé de la nouvelle rue de La Fère.

Rue du Jeu de Paume

Rue ouverte après la démolition des fortifications. Elle commence sur le côté gauche de l'Avenue Faidherbe et conduit sur le boulevard Victor Hugo. Son nom lui vient d'un jeu de paume qui existait encore en 1830 dans les fossés des fortifications, entre cette rue et la rue de Vauban.

Rue Joséphine

Elle est située sur le bord de la rue de Guise et conduit de la rue aux Grenouilles vers des terrains vagues en traversant la rue Martigny et le chemin des Marais.

Le nom de Joséphine rappelle le souvenir de l'impératrice Joséphine de Bauharnais, première femme de Napoléon Ier.

On sait que Napoléon fit prononcer son divorce avec Joséphine pour épouser Marie-Louise, archiduchesse d'Autriche.

Rue Jules César

Rue nouvelle qui commence dans la rue de La Fère et aboutit à la rue d'Ostende. Le nom de Jules César lui a été donné en souvenir du célèbre général romain, dictateur perpétuel, né à Rome, 100 ans avant J. C. Proscrit dans sa jeunesse par Sylvia, il revint à Rome après la mort de ce dictateur, et forma avec Pompée et Crassus le fameux triumvirat si connu dans l'histoire de Rome.

On sait que César fit la conquête des Gaules et qu'il vint dans nos contrées où il combattit et vainquit les Véromandues, les Suessones et les peuples de la Gaule belgique.

Il nous a laissé un livre, les commentaires sur la guerre des Gaules que tout le monde lit encore aujourd'hui.

Mis en demeure de se démettre de son commandement, il passa les Alpes, franchit le Rubicon, entra dans Rome en triomphateur et se fit nommer dictateur perpétuel.

Bientôt le Sénat l'accusa d'aspirer à la royauté et de chercher à attenter aux libertés du peuple romain. A la suite d'une conspiration ourdie contre lui, il fut tué en plein Sénat par des hommes qu'il considérait comme ses amis. Il était âgé de 56 ans.

Rue Jumentier

—

Rue ouverte en 1842 dans l'enclos attenant au couvent des Capucins. Elle s'ouvre sur la place de ce nom et se dirige dans la petite rue St-Martin, en faisant un coude en face d'une école municipale établie dans la rue Jumentier en 1845.

On y trouve deux établissements de bains : les bains Jumentier et les bains St-Prix.

Bernard Jumentier, maître de chapelle à la basilique de St-Quentin en 1776, a composé un grand nombre de morceaux de musique religieuse, dont les manuscrits sont conservés à la bibliothèque de la Ville.

Nous avons dit, en parlant de la rue des Capucins, qu'une quinzaine de maisons qui se trouvaient entre l'église des Capucins, (aujourd'hui Temple protestant), et la petite rue St-Martin, avaient été détruites, en 1691, par un incendie, et que le sol fut cédé aux Capucins qui en firent un enclos attenant à leur église et à leur couvent.

Rue Labbey de Pompières

Cette rue ouverte en 1842, commence dans la rue Croix-Belle-Porte, et conduit, en longeant le Marché-Couvert, dans les rues du Wé et du Petit-Origny.

Elle occupe une partie de l'ancien Arsenal, et l'emplacement de la maison Piot, receveur des finances pendant de longues années à St-Quentin.

Au moment de l'ouverture de cette rue, on pouvait parcourir les bâtiments de l'Arsenal, la cour au milieu de laquelle se trouvait un puits, et les belles et longues caves voûtées en pierre, dont la plupart ont été conservées, croyons-nous, pour l'usage des marchands bouchers qui viennent s'installer sur le Marché-Couvert.

Guillaume-Xavier Labbey de Pompières a été député de l'Aisne de 1819 à 1830.

Rue de Labon

—

La rue de Labon conduit de la rue du Gouvernement à une porte du bas-côté de la nef de la Basilique, et de là à la place Saint-André. Son nom lui vient d'une ancienne église qui se trouvait près de la sacristie de la Basilique. On l'appelait église *Notre-Dame-la-Bonne*. Le nom de *Labon* lui a été donné par abréviation. C'était la paroisse des anciens comtes du Vermandois. Plusieurs y furent enterrés, notamment le comte Hébert II qui retint le roi Charles-le-Simple prisonnier dans son château situé sur les hauteurs de Saint-Prix au faubourg Saint-Martin, et qui, pour ce fait, fut pendu plus tard sur une colline nommée le Mont-Fendu. La famille d'Hébert ayant obtenu l'autorisation de ramener son corps à Saint-Quentin, elle le fit inhumer dans l'église de Notre-Dame-la-Bonne.

Ce dramatique évènement eut lieu en 943.

On voyait encore au milieu du siècle dernier la sépulture d'Hébert. La tombe était recouverte d'une pierre blanche sur laquelle il était représenté avec une corde autour du cou.

Le Conseil municipal a voté, en 1890, l'élargissement de la rue de Labon et un crédit de 100.000 francs pour les dépenses d'acquisition des immeubles, de pavage, de trottoirs et de reconstruction du magasin des pompes à incendie qui se trouve dans cette rue. Les travaux de démolition ont été exécutés au commencement de 1891. On aurait peut-être mieux fait de dépenser le double et de continuer la rue Saint-Jean jusqu'au devant du portail de la Basilique.

Place Lafayette

Six rues aboutissent à cette place sur laquelle se trouvait autrefois la porte Saint-Jean. Ce sont les rues Saint-Jean, Royale (Antoine Lécuyer) de Théligny, des Etats-Généraux, des Vieux-Hommes et des Jacobins en traversant la place de Cepy.

À cause de sa forme circulaire, la place Lafayette est généralement encore désignée sous le nom de place ronde, nom qu'elle a porté quelque temps après la Révolution de Juillet 1830. On l'appelait précédemment *Place du duc de Bordeaux*.

Un puits s'y trouvait anciennement et portait le nom de puits de l'*Arche Belle-Porte*.

Les cirques de passage à Saint-Quentin s'établissent ordinairement sur cette place.

Gilbert Mortier, marquis de La Fayette naquit à Chavagnac, près de Brioude, en Auvergne, en 1747, et mourut à Paris le 20 mai 1834.—Il fut un des restaurateurs de la liberté américaine et un défenseur zélé des droits du peuple français en 1789. Prisonnier des Autrichiens, il fut enfermé pendant la Révolution dans les cachots d'Olmutz. Revenu en France, il resta, sous le pouvoir despotique de Napoléon Ier, sous Louis XVIII et Charles X, un dévoué partisan des principes libéraux. Il fut l'un des principaux auteurs de la Révolution de 1830.

Rue de La Fère

La rue de La Fère commence sur la place du Huit-Octobre et se continue jusque sur la route de ce nom, en traversant le Canal et la Somme.

On trouve sur la droite de cette rue le bassin du Canal, le Port, la digue de Gauchy, la Gare du Nord, les rues Saint-Eloy, Mayeure, Jules - César, Sainte-Eusébie, Bignon, Maillefer, Saint-Ladre, Saint-Claude et la route de Chauny.

Sur le côté gauche se trouvent l'écluse, les digues d'Omissy et de Rouvroy, l'endroit où Sainte-Eusébie aurait trouvé le corps de Saint-Quentin, en face la place occupée autrefois par l'Abbaye de Saint-Quentin en l'Isle, puis les rues de la Raffinerie et de la Source, la place de l'Eglise Saint-Eloy, les rues de Guise, du Jeu-de-Battoir, Philippe-de-Girard, de Neuville et le vieux chemin d'Itancourt.

La rue de La Fère a été redressée au commencement du 19e siècle, lors de la construction de la route nationale n° 44, qui conduit à La Fère et à Laon.

C'est par cette rue que les Prussiens, venant de Laon, ont tenté d'entrer dans Saint-Quentin le 8 octobre 1870, et qu'ils sont revenus pour occuper cette ville, pendant deux jours seulement, le 21 octobre suivant.

C'est également sur la route de La Fère, dans une des maisons situées du côté gauche, au-delà du chemin d'Itancourt, que dans la journée du 21 octobre 1870, au moment d'entrer à Saint-Quentin, le colonel de Kalden, commandant des troupes prussiennes, fit conduire les membres de la Commission municipale pour leur annoncer qu'ils étaient prisonniers de guerre et qu'ils seraient probablement envoyés en Allemagne.

C'est aussi par la rue de La Fère qu'aux mois de février 1814 et au mois de juin 1815, les soldats de l'Europe coalisée contre la France entrèrent dans la ville de Saint-Quentin. La ville était alors, par suite de la démolition d'une grande partie de ses fortifications, ouverte à l'ennemi. Le 13 février 1814, le maire avait été sommé de livrer la ville aux troupes russes, commandées par Wenzingerode. Mais l'officier russe n'avait avec lui que 66 cosaques, et il fut contraint de se retirer. Un mois plus tard, le 11 mars, à 4 heures du matin, 800 hussards et cosaques se présentèrent au faubourg d'Isle et annoncèrent l'intention de s'emparer de Saint-Quentin par la force. On parlementa et, devant des forces supérieures en marche sur la ville, on laissa entrer le détachement. Le lendemain, 40,000 hommes bivouaquaient dans la ville, et l'aigle russe remplaçait à Saint-Quentin l'aigle impériale. Les *Kalmouks* et les *Baskirs* campèrent sur nos remparts.

L'année suivante, le 24 juin 1815, après le désastre de Waterloo, une colonne prussienne, venant du côté de Mesnil-Saint-Laurent, entrait encore à Saint-Quentin par la rue de La Fère. Le lendemain, un nouveau corps de 10,000 Prussiens, avec Blücher en tête, pénétrait dans notre ville par la même voie. Des contributions de guerre furent imposées aux habitants, des réquisitions de toutes sortes furent faites, la ville fut menacée, les postes doublés, la cavalerie déployée sur les places publiques et les principales rues, les canons pointés sur les lieux de rassemblements, et les plus riches citoyens menacés d'être enlevés.

L'occupation dura jusqu'au 15 décembre.

Les mauvais trottoirs d'une partie de la rue de La Fère ont été remplacés, il y a quatre ans, par de beaux trottoirs en asphalte.

De même que la rue d'Isle, la rue de La Fère, est une des rues les plus fréquentées de la Ville. Pendant les beaux dimanches de l'automne, de l'hiver et du printemps la foule se porte dans ces rues qui deviennent de véritables promenades publiques.

Vieille route de La Fère

Elle commence rue de Guise et aboutit sur les routes de Neuville-Saint-Amand et de La Fère.

Des rues nouvelles devant déboucher sur la rue de Guise sont projetées dans ce quartier où l'on trouve déjà les rues du Jeu-de-Battoir, du Moulin, Philippe-de-Girard, de l'Industrie et de Neuville.

Avant la construction, au commencement du 19° siècle, de la route nationale sur laquelle se trouve la rue de La Fère, la vieille rue qui porte ce nom, était la route qui conduisait à Saint-Quentin, en passant par la rue de la Raffinerie, sur l'emplacement du moulin de M. Beau-frère, de la maison et de l'atelier de construction de MM. Denis et Cie. Le canal n'existait pas à cette époque, et l'on arrivait dans le bas de la rue d'Isle en passant sur les terrains de la rue Crétet au-devant de la maison de M. Derome.

Impasse De La Fons

Cette impasse se trouve près de la Basilique entre la rue Saint-André et la rue Croix-Belle-Porte. Son nom lui vient de Quentin De La Fons, né à St-Quentin en 1591, curé en 1616 de l'église Saint-André de cette ville, et ensuite chanoine des églises de Saint-Quentin et de Sainte-Pécinne.

Quentin De La Fons a écrit l'*Histoire de l'Eglise de Saint-Quentin* et l'*Histoire particulière de la Ville de Saint-Quentin*.

Ces deux ouvrages ont été publiés par M. Ch. Gomart en 1854 et en 1856. Quentin De La Fons a écrit en outre l'*Histoire de Sainte-Benoîte*, abbesse d'Origny. La bibliothèque de Saint-

Quentin possède neuf manuscrits du même auteur sur des questions théologiques. On trouve aussi dans la bibliothèque de la Basilique un manuscrit de Quentin De La Fons, in-f° de 434 pages, relié en veau, et concernant cette Basilique.

Impasse Lallier

L'impasse Lallier est située à l'extrémité de la rue des Jacobins, sur la place de Cepy. Son nom lui vient de Catherine Lallier, veuve de Louis Varlet, seigneur de Gibercourt, et mayeur de St-Quentin, en 1557.

Catherine Lallier a fondé à St-Quentin des institutions de bienfaisance, notamment un béguinage pour des filles ou veuves âgées de trente ans au moins. Etabli d'abord dans la rue du Petit-Origny, ce béguinage a été transféré ensuite avec d'autres dans le quartier de la rue des Vieux-Hommes, c'est-à-dire à l'extrémité de l'impasse Lallier.

En 1570, Catherine Lallier a fait don à l'hôpital de Gibercourt situé à St-Quentin, d'une maison, jardin, lieu et pourpris, de 66 setiers de terre et de trois mancauds de bois, le tout situé à Holnon. En faisant cette donation, elle déclarait que le receveur ne pourrait changer le blé fourni par le fermier à titre de redevance, attendu que le blé récolté sur le terroir d'Holnon est *de meilleure qualité que celui des autres terroirs.*

On sait que c'est dans une plaine située entre Gibercourt, Essigny-le-Grand et Montescourt-Lizerolles, que le 10 août 1557, jour de la Saint-Laurent, le connétable de Montmorency perdit la bataille qui fut suivi du siège et de l'investissement de la ville de Saint-Quentin. Catherine Lallier consacra à la sépulture des soldats tués sur le champ de bataille, une pièce de terre qu'elle possédait en cet endroit désigné sous le nom du *Vieux-Moutier* et qui fut appelé, après l'année 1557, *Cimetière-le-Piteux.*

Impasse Lambais

Cette impasse se trouve au milieu de la rue d'Isle, à gauche en allant sur la place du Huit-Octobre. Son nom rappelle celui d'Anselme de Lambais, bourgeois de Saint-Quentin qui fonda un hôpital à Bellicourt, en 1340, et lui donna la maison qu'il habitait à Saint-Quentin, rue d'Isle, à l'endroit où s'ouvre l'impasse qui a conservé son nom.

Rue Laurent de Lyonne

Commence à l'Est du Marché-Franc, et se dirige sur les terrains du petit étang.
Laurent de Lyonne était le neveu de l'ingénieur Laurent qui avait conçu, en même temps que l'ingénieur de Vicq, le projet de construction du canal de Saint-

Quentin avec le grand souterrain de Riqueval.

Laurent de Lyonne obtint en 1783 de continuer les travaux du canal ; mais le Parlement refusa d'enregistrer les lettres patentes qu'il avait obtenues du roi, et les travaux furent interrompus jusqu'au mois de juillet 1802, époque où le projet de Vicq fut définitivement adopté et mis à exécution.

Les travaux du canal souterrain durèrent huit années et coûtèrent près de onze millions.

Rue Le Cat

Cette rue se trouve dans le quartier du Coupement, près de l'abattoir actuel. Elle s'ouvre sur la rue de Crimée et conduit à la rue Hordret, et à la cour Lenglet, en traversant la rue Poiret.

Le nom de Le Cat rappelle le souvenir d'une famille saint-quentinoise dont les membres ont rempli, dès le XIIe siècle, les premières charges dans notre ville.

Une demoiselle Marie Le Cat, dont on a conservé la pierre tombale, se fit béguine en 1320.

Un père Le Cat, gardien de la communauté des Cordeliers, « homme docte et consommé en piété, ancien définiteur de sa province » était né à Saint-Quentin.

Rue Antoine Lécuyer

Le nom d'Antoine Lécuyer a été donné à la rue Royale dans la séance du Conseil municipal du 12 janvier 1891.

Elle commence à la place La Fayette et aboutit au carrefour formé par le boulevard Henri Martin, les rues Jacques Lescot, Pomme-Rouge et de Bagatelle.

Cette rue se trouve sur l'emplacement des fortifications. En 1830, on y voyait seulement quelques maisons du côté de la place La Fayette. Les rues Le Serrurier, des frères Desains, du Palais de Justice, la place du Lycée Henri Martin, les rues Longueville, Montmorency et d'Orléans débouchent sur cette rue. En 1848, on lui donna le nom de rue Dorigny.

M. Jules Leproux, député à l'assemblée constituante de 1848, a habité la rue Lécuyer.

La maison de M. Theillier-Desjardins et de sa famille se trouve également dans cette rue à l'angle de la rue des frères Desains.

Celle de Mme Deprez-Joube qui est à l'angle de la rue Longueville, du côté du Lycée, a été occupée pendant 18 ans par la Sous-Préfecture. C'est dans cette maison que Louis-Napoléon a couché quand il est venu à Saint-Quentin le 9 juin 1850 pour l'inauguration du chemin de fer du Nord. On voit encore aujourd'hui les anneaux placés dans le mur du jardin de M. Hibon, sur la rue Longueville, et qui servirent à attacher les chevaux des gendarmes installés tout près de la Sous-Préfecture.

M. Antoine Lécuyer est un des bienfaiteurs de la ville de Saint-Quentin. Non-seulement il lui a donné la belle maison qui porte le nom de Musée Lécuyer et qui se trouve dans la rue à laquelle le conseil municipal a donné le nom du généreux donateur, mais il lui a encore fait le don suivant ;

La propriété de 250 actions du Chemin de fer du Nord, à la charge d'en distribuer annuellement les produits comme suit :

1º Aux Petites Sœurs des Pauvres . . . . 1.000 fr.

2º A la Société de secours mutuels fondée par M. Huet-Jacquemin, ancien maire de Saint-Quentin 1.000

3º A la Société de secours mutuels fondés par M. Jules Lehoult 1.000

4º Au Bureau de bienfaisance de la Ville . . . 2.000

5º A la Caisse d'Epargne pour la délivrance annuelle de 70 livrets de 50 à 70 ouvriers ou ouvrières employés dans les établissements industriels de Saint-Quentin 3.500

6º Aux sœurs dites de la Charité, pour les pauvres . . 1.000

7º A l'école de Dessin fondée par De La Tour, pour la délivrance de deux prix, l'un de 300 fr. et l'autre de 200 fr. 500

8º A l'école de Dessin industriel, pour la délivrance de deux prix, l'un de 300 et l'autre de 200 fr. 500

9º Au Lycée de St-Quentin: 900 fr. pour la remise d'une bourse entière en faveur de l'élève qui sera choisi par l'administration municipale et 600 fr. en achat d'ouvrages de littérature 1.500

10º Enfin à la personne qui, dans l'année, se sera distinguée par une action d'éclat ou par une découverte importante dans l'industrie ou dans l'agriculture, considérée par la Chambre de Commerce comme un progrès remarquable méritant d'être récompensé . . 2.000

Dans le cas où il n'y aurait pas lieu, pendant plusieurs années, de décerner cette somme, elle doit être employée en achat de chauffage, l'hiver, pour être distribué aux indigents, par le Bureau de bienfaisance.

A la Société dite des Adultes, M. Lécuyer a légué 300 fr. de rente 3 % sur l'Etat et à la Société dite des Asiles, 300 francs de la même rente.

M. Antoine Lécuyer était un enfant du peuple. Il avait débuté dans la vie du travailleur en qualité de compositeur typographe.

Rue Charles Lemaire

Rue ouverte il y a une dizaine d'années au faubourg Saint-Jean, à l'extrémité de la rue Mulot. Elle prend naissance dans la rue du Quatre-Septembre, et se dirige vers un endroit appelé le Chalet et dans lequel des fêtes et des bals avaient lieu autrefois.

Le nom de Charles Lemaire rappelle le souvenir d'un homme dont la démocratie saint-quentinoise est toujours fière.

Sous la monarchie de Juillet, M. Ch. Lemaire servit avec dévouement la cause libérale à côté des hommes de notre ville dont les républicains honorent toujours la mémoire.

Conseiller municipal en 1840, M. Ch. Lemaire a rempli longtemps, en cette qualité, les fonctions de maire de St-Quentin.

En 1848, il fut nommé préfet de la Meuse.

Il a publié un important ouvrage de philosophie intitulé : *Initiation à la philosophie de la liberté*. C'est l'œuvre d'un penseur profond et l'exposition, à un point de vue tout personnel, des doctrines panthéistes.

M. Ch. Lemaire était l'aïeul de notre honorable concitoyen, M. Eug. Touron.

Rue Lenain

Petite rue étroite, allant de la rue de la Pomme-Rouge à la rue de Bagatelle.

Lenain était un ingénieur militaire qui fit travailler aux fortifications de la ville de 1634 à 1660. On a de lui une petite brochure ayant pour titre : *Antiquités de l'Auguste de Vermandois, à présent dite de Saint-Quentin.*

Dans cette brochure, publiée en 1671, l'auteur fait connaître les trouvailles qu'il a faites au cours de ses travaux et les remarques qu'elles lui ont suggérées.

D'après Lenain, la partie supérieure de la rue Saint-Thomas, depuis la rue des Canonniers jusqu'à la place Campion, portait autrefois le nom de Froid-Mantel ou Froid-Manteau, et il y avait alors en cet endroit, au coin de la rue des Canonniers, du côté de la rue d'Aumale, une maison désignée sous le nom du *Grand-Cerf*, et dans laquelle se trouvait un très ancien souterrain, d'une vaste étendue et d'une belle conservation, qui aurait servi de temple aux premiers chrétiens.

Ce souterrain existait encore il y a cinquante ans.

D'après M. Bora, qui l'a visité en 1836, il consistait en une salle de 7 mètres de large sur 16^{m}25 de long, dont la voûte en ogives était soutenue par trois colonnes romanes ; cette salle était entourée par un couloir de 2^{m}10 centimètres de large, dont le sol était d'environ 2 mètres plus bas que celui de la salle principale. A cette époque, il était partagé en trois parties qui servaient de caves à autant de maisons des rues Saint-Thomas et des Canonniers.

L'ingénieur Lenain nous apprend qu'en 1636, en travaillant à l'agrandissement du bastion Saint-Jean, on découvrit une grande quantité de médailles et autres objets, entre autres « une urne singulière; elle était enfermée dans une pierre de taille carrée, d'environ douze pouces, au milieu de laquelle on avait fait un trou en rondeur, dans lequel cette urne était logée et, tout autour, quantité de petits trous où étaient enfermés des lacrymatoires. L'entrée de cette urne, couverte d'une grande médaille d'or, qui avait, sur l'une de ses faces, la figure d'une fille et, de l'autre, une inscription dont on ne put déchiffrer que deux mots, à cause de la vieillesse des caractères, jetés en sable et mal imprimés : l'un desquels disait *Filia* et l'autre *Germanicus*.

Le tout était recouvert d'une autre pierre de moindre grandeur et de moindre épaisseur. » On croit que cette pierre a été donnée au cardinal Richelieu.

La brochure de Lenain nous apprend encore qu'en 1639, on a découvert, entre les bastions de Richelieu et de Longueville, sous les fondations d'une vieille muraille, ruinée par son antiquité, les débris de maisons incendiées, parmi lesquels on trouva une grande quantité de blé carbonisé et, au-dessous de ces traces d'incendie, des tombes desquelles on retira beaucoup d'ossements. Il résulte, en outre, des renseignements de l'ingénieur Lenain, que la demi-lune de Cavin, qui était entre les bastions de Longueville et du Coulombié, était presque entièrement formée d'une grande quantité d'ossements humains.

Rue Longueville

Elle commence sur la place des Capucins et aboutit au rond-point des marronniers, près de la Maison d'arrêt, à la convergence des boulevards Henri Martin et Richelieu et de la rue Calixte Souplet.

Elle tire son nom du bastion de Longueville sur l'emplacement duquel elle a été tracée.

Ouverte en 1823, elle s'arrêtait à la rue Chantrelle. C'est vers l'année 1862 qu'elle a été prolongée jusqu'au rond-point des marronniers, en passant sur l'emplacement du jardin de M. Demamet.

Ce jardin se trouvait alors dans des bas-fonds qu'on a dû combler pour niveler le terrain.

En 1855, des écoles communales protestantes, garçons et filles, ont été bâties dans cette rue. Depuis quelques années ces écoles ont été transformées en une seule école laïque de garçons. L'école laïque de filles se trouve dans la rue Clotaire II.

A l'époque de la construction de cette

école, les terrains et ceux qui se trouvent en face de la Maison d'arrêt depuis la rue Longueville jusqu'à la rue Montmorency, étaient cultivés par des ouvriers qui y plantaient des pommes de terre.

La famille des Longueville descendait du comte de Dunois, fils bâtard de Louis, duc d'Orléans, frère de Charles VI. Un duc de Longueville, Henri II, s'enrôla dans le parti de la Fronde et fut fait prisonnier en 1650 avec les princes de Condé et de Conti. C'est lui qui a donné son nom au bastion qui se trouvait à l'entrée de la rue de Longueville.

Rue de Lorraine

La rue de Lorraine commence rue des Jacobins près de la rue de la Fosse, et aboutit à la rue de Baudreuil et aux Champs-Elysées en traversant la rue d'Alsace. Elle occupe une partie de l'emplacement de l'ancien couvent des Jacobins et une partie du jardin de l'Hôtel du Gouverneur de Saint-Quentin, devenu longtemps avant l'ouverture de rues dans ce quartier, la propriété de M. Tausin.

La rue de Lorraine a été ouverte en 1871. Son nom rappelle, comme celui de la rue d'Alsace, le souvenir d'une de ces deux provinces de l'Est que l'Allemagne, mettant en pratique la maxime barbare : « la force prime le droit », a enlevé à la France en 1870.

A l'angle de cette rue et de la rue de Baudreuil, du côté gauche, se trouve la maison et le beau jardin de M. Edmond Testart, l'un des principaux industriels de notre ville. De l'autre côté, faisant face à la rue de Baudreuil, on voit la maison de M. Vivien, l'un des plus distingués chimistes de notre région. Celle de M. François Hugues, maire de Saint-Quentin, est à l'angle de cette rue et du côté droit de la rue d'Alsace, en allant sur la rue du Gouvernement.

Rue Le Serurier

—

C'est l'ancienne rue des Fossés-Saint-Jean. Elle commence dans la rue St-Jean et aboutit au boulevard Richelieu. Elle a été percée après la démolition des fortifications. On y voyait encore à cette époque un escalier nommé la *Montée Bidet* conduisant sur le rempart. La rue occupe la partie gauche du bastion Saint-Jean et du fossé qui l'entourait, d'où lui est venu son nom primitif.

Les frères Josias et Félix Le Serurier sont deux bienfaiteurs de la ville de Saint-Quentin. En 1880, ils ont fait don aux Hospices civils d'une somme de 145 mille francs pour la fondation de lits de malades, de places de vieillards, d'un vieux ménage et de cinq béguinages ; ils ont en outre donné à la Ville leur bibliothèque, leurs manuscrits, leur collection de tableaux, d'objets d'arts et de curiosité, etc.

Précédemment, ils avaient fait don à la Ville de divers manuscrits intéressant l'histoire locale, du portrait de Robert-Pierre Dorigny, président en l'élection de St-Quentin, de la liste complète des mayeurs de la ville depuis Varlet de Gibercourt, un des héros de 1557 jusqu'à Néret, le mayeur en fonctions au moment de la Révolution. L'épée offerte par la Ville au mayeur Néret au moment de son entrée en fonctions a été également donnée à la Ville. — Le tableau et l'épée sont à l'Hôtel-de-Ville dans le cabinet du Maire.

On sait que notre Musée comprend des salles particulières pour le Musée des frères Le Serurier.

Josias Le Serurier avait été chef au ministère des Finances ; il était Chevalier de la Légion d'honneur. Félix Le Serurier avait été Conseiller à la Cour de Cassation. Il était Commandeur de la Légion d'honneur et Officier de l'Instruction publique. Il est mort au mois de février 1880, et son frère, qui était devenu aveugle, deux ans plus tard.

La maison habitée à St-Quentin par les frères Le Serurier existe encore dans la rue du Palais-de-Justice. Elle porte actuellement le n° 15.

Rue Libergier

Rue nouvellement ouverte dans des terrains de culture entre la route de Cambrai et le chemin de Gricourt.

Libergier rappelle le nom de l'architecte qui cons'ruisit, au XIIIe siècle, une des plus belles églises de Reims, celle de Saint-Nicaise qui fut détruite à la Révolution.

Place de la Liberté

Cette place borde le quai du Canal et le boulevard du Huit-Octobre. Elle est située en face des rues St-Thomas, des Patriotes et du Petit-Pont.

Le nom de *place de la Liberté* lui a été donné en 1870, au moment de la guerre franco-allemande. Elle portait auparavant le nom de *place Napoléon*. Toujours à l'état de sol naturel, elle sert au déchargement des grés, des pierres, des cailloux amenés à St-Quentin par le canal.

Elle appartient à la Ville, mais on assure qu'elle est grevée d'une servitude au profit de l'Etat pour les déchargements que nous venons d'indiquer.

Il a été quelquefois question d'y établir le Marché-Franc.

Rue de Lunéville

Rue nouvellement ouverte le long des jardins qui se trouvent à l'extrémité de la rue Camille Desmoulins, du côté du chemin de Rouvroy. Elle se dirige sur le chemin de Morcourt vers le cimetière Saint-Jean.

Lunéville rappelle le nom d'un chef-lieu d'arrondissement du département de Meurthe-et-Moselle qui n'a pas été enlevé à la France en 1871, par les Allemands.

Place du Lycée

—

Cette place se trouve au devant du Lycée Henri Martin, en face la rue du Palais-de-Justice. Elle est traversée par la rue Antoine Lécuyer, anciennement rue Royale.

Le Lycée a été construit de 1855 à 1857 sur les plans de M. Pinguet-Védie, architecte municipal.

Avant l'année 1848, le terrain formait un beau gazon qui s'étendait de la rue Antoine Lécuyer au boulevard Richelieu, et de la rue des Frères Desains jusqu'à l'emplacement des fossés du bastion de Longueville.

Cet endroit portait, avant la construction du Lycée, le nom de *Champ-de-Mars*. Sous la Restauration, on lui donna le nom de place *Charles X* et, après 1830, celui de place *Louis-Philippe*. Les feux d'artifice des fêtes nationales furent quelquefois tirés sur cette place.

Après la Révolution de Février 1848, une grande partie du sol fut mise en culture par des ouvriers qui y plantèrent des pommes de terre et d'autres légumes.

Les bâtiments du Lycée Henri Martin et le jardin occupent la partie principale du Champ-de-Mars.

Avant l'érection de la statue d'Henri Martin, au mois de juillet 1887, il y avait sur la place du Lycée deux squares avec des fleurs et des arbrisseaux.

Les squares étaient fermés par une grille.

Rue des Maçons

La rue des Maçons commence sur le boulevard Henri Martin et aboutit à la rue de la Pomme-Rouge. Elle se trouve entre les rues de Bovelle et d'Amerval, qui commencent également sur le boulevard Henri Martin et finissent aussi à la rue de la Pomme-Rouge.

Elle a été pavée en 1884.

Son nom lui vient de ce que les premières maisons qui y ont été bâties furent occupées par des ouvriers maçons.

Rue Maillefert

—

Rue moderne, ouverte en haut de la rue de La Fère et conduisant de cette rue à la rue d'Ostende. Elle a porté d'abord le nom de rue de *Rivoli*. Celui de *Maillefert* lui a été donné par le Conseil municipal, sur la proposition de M. Bénard, dans la séance du 18 décembre 1880.

Le nom de Maillefert rappelle le souvenir d'un jeune paysan des environs de St-Quentin qui, ayant vu au mois de septembre 1486, un corps ennemi marcher sur Saint-Quentin, accourut dans la Ville informer les habitants du péril dont ils étaient menacés. Déjà dans le courant de l'été de la même année 1486, le 26 juin, la Ville avait été attaquée par le comte Frédéric de Horn, frère de l'évêque de Liège, et seigneur de Montigny-Carotte.

Paul Colliette nous donne sur cet évènement et celui qui eut lieu au mois de septembre les renseignements suivants :

« Accompagné de bons et courageux généraux, les sieurs de Lasserans et de Montfaucon, de Frédéric de Noyelle, de

Robinet-Ruffin, de Henri Divor, de Bertrand du Chastellier et autres, Frédéric de Horn à la tête de cent-cinquante lances et de neuf cents fantassins, partit de Valenciennes et descendit dans le Vermandois.

» Un misérable transfuge du pays avait insinué au sieur de Montigny et entretenu dans son cœur les projets auxquels ce seigneur se livrait. Ce perfide compatriote avait demeuré longtemps dans St-Quentin ; il en savait tous les *êtres* ; il promit au général de le faire entrer secrètement dans le centre de la Ville par des routes cachées et pratiquées sur les étangs. De Montigny était d'ailleurs très expert dans les finesses de la guerre. Il arriva devant la Ville le 26 de juin. On n'était qu'à la quatrième veille, et le jour ne pointait pas encore. Sa cavalerie l'avait devancé de quelques heures parce qu'il s'était fourvoyé dans l'obscurité de la nuit ; il la rejoignit près de l'Abbiette et, persuadé que son infanterie n'était pas loin de lui, il se mit à suivre le guide qui s'était engagé de le conduire. Sa petite armée venait après lui. Quelques-uns en périrent dans les eaux de la Somme, parce qu'il leur était très difficile de poser un pied assuré sur le gazon étroit et croulant sur des marais. Mais enfin, la plus grande partie parvint aux fossés de la Ville. Le mur en était ouvert du côté où les ennemis avaient abordé. De Montigny, de Lasserans et une vingtaine d'autres le montèrent ; ils croyaient que leurs soldats les suivaient ; ils s'emparèrent de la rue d'Isle. L'émeute se fit dans la Ville à leur aspect, et l'on n'y entendit bientôt après qu'une seule voix parmi les citoyens. Tous criaient aux armes. On jeta sur le carreau trois des compagnons du sieur de Montigny ; plusieurs autres de sa suite furent blessés ; ceux qu'on put arrêter, on les pendit sur l'heure.

» ... Le roi des Romains, Maximilien, duc de Bourgogne par son épouse Marie, ne put supporter l'ignominie qui rejaillissait sur ses premières armes, de la mauvaise réussite du seigneur de Montigny. Saint-Quentin d'ailleurs lui tenait au cœur; il jura de subjuguer cette Ville. En effet, elle fut réduite encore à deux doigts de sa perte. Maximilien s'en était approché, quelques mois après, à la tête d'une brillante noblesse et d'une courageuse armée; c'était aussi dans le silence d'une nuit obscure. Il y mit les échelles et l'allait escalader. Heureusement, un jeune enfant accourut de la campagne, et avertit à propos les citoyens du danger qu'ils couraient. La nouvelle portée à Colard de Moï, châtelain de la Ville, il assembla bientôt ses troupes ; et, pour épouvanter l'ennemi même par l'appareil trompeur de plusieurs détachements, il fit allumer des feux dans toutes les rues, dans les corps-de-gardes, et jusques dans les fossés Maximilien se crut plus près du péril qu'il ne l'était. Il se retira couvert d'une confusion nouvelle, et la rage dans le cœur. Il était de la prudence de ne pas trop irriter cet ennemi si formidable. Le sage de Moï imposa silence à tous ses gens, et on ne leur entendit pas proférer la moindre parole qui pût faire peine à l'agresseur. — La mort de Montigny suivit de près la honte qu'il avait remportée à l'assaut manqué de la capitale du Vermandois »

La rue Maillefert a été communalisée en 1873.

Le Marais Chantraine

Cet endroit se trouve entre le Chemin de fer du Nord, le canal et le chemin de Gauchy, tout près de la gare.

Converti successivement en terrains de jardinages depuis l'année 1850, on y trouve en ce moment une dizaine de jardiniers et un petit châlet dans lequel est établi un débit de boissons.

Avant la construction du Chemin de fer du Nord, le Marais Chantraine était couvert de plantes aquatiques et d'arbrisseaux qui en faisaient une petite forêt au milieu de laquelle voltigaient pendant le printemps, l'été et l'automne, un grand nombre d'oiseaux qui remplissaient l'air de leurs chants mélodieux. Quelquefois, le matin et le soir, le son de la cloche de Gauchy se mêlait au chant des oiseaux, et le promeneur penché sur les pierres du pont de la Somme qui se trouve sur la rue de La Fère, écoutait ces voix diverses qui remplissaient son cœur et son âme d'une douce émotion.

Depuis plusieurs années déjà, des légumes croissent sur ces terrains autrefois marécageux qui étaient une cause d'insalubrité permanente pour le faubourg d'Isle. Depuis le desséchement du marais Chantraine, les fièvres qui frappaient périodiquement les habitants du faubourg d'Isle ont disparu, et ce quartier ne laisserait bientôt plus rien à désirer au point de vue de l'hygiène, si le Conseil municipal n'avait eu la malheureuse idée d'y faire transférer prochainement l'Abattoir.

Le marais Chantraine est traversé par les chemins de fer du Nord, de Guise et de Vélu-Bertincourt pour se raccorder à la gare du Nord.

En 1849, lors des travaux de construction du chemin de fer du Nord on fut obligé de faire des remblais considérables dans les terrains traversés par la voie. La terre s'enfonçait, disparaissait dans la vase, et l'on vit, par l'effet de la pression, la tourbe changer de place et entraîner avec elle les arbres qui se trouvaient dans ces terrains mouvants.

Le nom donné à ce marais lui vient de son dernier propriétaire, M. Chantraine, qui en a commencé le desséchement.

Place du Marché-Franc

La place du Marché-Franc se trouve en face de l'hôtel de la gendarmerie édifiée il y a trois ans sur l'ancienne place du Marché aux lins.

Elle a été établie en 1840, sur l'emplacement du Coupement. Elle forme un rectangle bordé par le boulevard Gambetta, les rues de l'Abattoir, de la Toussaint et de l'Etang.

Comme son nom l'indique, elle sert toujours au marché aux bestiaux qui a lieu dans cet endroit le neuf de chaque mois.

Les arbres qui s'y trouvaient depuis longues années ont été coupés il y a deux ans, et aujourd'hui la place est parfaitement nivelée.

On sait qu'au mois d'octobre pendant la foire de la Saint-Denis, un grand nombre de baladins et de marchands forains s'établissent sur le Marché-Franc et sur le boulevard Gambetta.

Rue Martigny

Elle commence sur la rue de Guise et se dirige dans les terrains bordant le chemin de fer du Nord, après avoir traversé la rue Joséphine. Son nom lui vient sans doute de l'un des propriétaires des terrains sur lesquels elle est ouverte.

Rue Mayeure

Elle fait face à la rue de Guise et aboutit à la rue d'Ostende, en face d'une propriété appartenant à M. Waïsse-Cordier, et dans laquelle se trouvait la maison où sont morts MM. Clovis, Gustave et Frédéric Cordier.

C'est dans cette propriété que M. Pluchart-Brabant, beau-père de M. Clovis Cordier, est venu de Valenciennes, au commencement du XIXᵉ siècle, établir la blanchisserie d'Ostende qui existe encore.

La maison vient d'être démolie ; les arbres et les arbrisseaux qui couvraient le sol sur le bord de la route de Gauchy, ont été coupés et les terrains sont mis en vente.

L'an dernier, le Conseil municipal a décidé, d'accord avec M. Waïsse-Cordier, qu'un boulevard, rejoignant la route de Gauchy, vers le chemin de fer de Guise, serait ouvert sur ces terrains, et continué jusque sur la rue de La Fère.

La rue Mayeure paraît être une des plus anciennes rues de la ville. Elle est mentionnée dans des documents portant la date de 1295. Une porte désignée sous le nom de porte *Mayeure* ou *Mairesse*, se trouvait, à cette époque, en cet endroit.

Une école de garçons et une école de filles ont été construites, en 1875, à l'entrée de cette rue, sur la route de La Fère.

Rue de Metz

—

De même que les rues d'Alsace et de Lorraine, la rue de Metz se trouve dans les terrains occupés autrefois par le jardin de M. Tausin, apprêteur, et dépendant anciennement de l'hôtel de la Monnaie et de l'hôtel du gouverneur de Saint-Quentin.

Ouverte en 1882, elle était entièrement bâtie en 1888.

On y trouve un des plus beaux établissements d'instruction publique des environs, le Collège municipal de filles, qui sera probablement transformé prochainement en Lycée.

La rue de Metz commence à la rue d'Alsace et conduit à la rue de Baudreuil et aux Champs-Elysées.

Le nom de Metz lui à été donné pour rappeler celui de cette ville, de la Lorraine si française et si patriote que les allemands ont enlevée à la France en 1870-71.

La ville de Metz une des mieux fortifiées de nos frontières de l'Est, a été livrée aux Allemands le 28 octobre 1870 par un maréchal de l'empire de Napoléon III, le traître Bazaine, condamné à mort pour ce crime par le Conseil de guerre de Trianon.

Dans sa brochure sur l'affaire Bazaine, M. Dalsème s'exprime ainsi au sujet de cette honteuse capitulation :

« Au camp, la journée du 28 s'acheva au milieu des imprécations ; à la ville elle finit dans les larmes. Le 29 octobre au matin la capitulation s'exécutait. Le jour s'était levé sombre et mélancolique sur la cité en deuil ; il semblait que le ciel s'associât à ses funérailles. De lourds nuages, poussés par un vent furieux tourbillonnaient dans l'espace, secouant leurs masses aqueuses sur le sol transformé en lac.

« Aux premières lueurs de l'aube, le clairon avait retenti pour la dernière fois. Quelques bataillons qui n'avaient pas été désarmés la veille, achevaient de rendre leurs armes. Les soldats immobiles, pâles d'angoisse, attendaient, sac au dos, le signal du départ. Tous les visages expriment l'abattement, le désespoir, la douleur la plus affreuse ; les yeux sont voilés de pleurs, et les mains qui se cherchent se rencontrent dans une muette étreinte.

« A dix heures, pendant que les premiers officiers prussiens apparaissent à la porte des forts, nos troupes s'acheminent à travers la brume, vers les directions qui leur ont été marquées. Les officiers accompagnent leurs hommes, calmes, résignés, la mort dans l'âme; les adieux s'échangent dans les lignes ennemies, pleins de tristesse et de déchirements.. »

Par le fait de la trahison d'un maréchal de France, créature du régime despotique de l'Empire, l'armée de Metz, de Rézonville et de Saint-Privat, était prisonnière, et Bazaine livrait aux Allemands:

1,665 bouches à feu, dont 1,136 rayées;
8,922 affuts de voitures ;
3,239,225 projectiles ;
419,285 kilos de poudre ;
13,288,096 cartouches de divers modèles ;
124,137 fusils Chassepot ;
154,152 fusils de divers modèles ;
Et 53 drapeaux.

Nos soldats étaient conduits en Allemagne où ils endurèrent des maux de toutes sortes. Onze mille d'entre eux succombèrent aux souffrances de la captivité !!

Metz, autrefois capitale des Médiomedixes devint en 510 capitale du royaume d'Austrasie et en 844, celle de la Lorraine. En 923, elle passa sous la domination de l'Allemagne, se donna à la France en 1552 à laquelle elle fut définitivement réunie en 1648 par le traité de Munster.

Cour des Miracles

—

Cette cour se trouve sur la place du Palais-de-Justice, tout près des fortifications démolies il y a 70 ans. Depuis l'abaissement du sol de la place, on y arrive par un escalier de quatre ou cinq marches. Elle se dirige sur la rue Antoine Lécuyer, mais elle n'y a pas d'issue.

On croit que le nom de *Cour des Miracles* lui a été donné à cause des malheureux qui l'ont habitée pendant de longues années.

Sous le règne de Louis XIV, il y avait encore à Paris une Cour des Miracles, véritable repaire de voleurs, de brigands, d'êtres sans aveu, contre lesquels La Reynie sévit avec énergie.

Y avait-il, au siècle dernier, quelque analogie entre la Cour des Miracles de la place du Palais-de Justice de St-Quentin et celle de Paris à la fin du 15e siècle, telle que l'a dépeinte Victor Hugo, dans *Notre-Dame de Paris*, ou de celle qui existait encore sous Louis XIV ?

Nous ne le pensons pas. Il ne s'agissait probablement que de malheureux mendiants qui se réfugiaient la nuit dans cette cour pour y trouver un abri.

Rue du Moine de Beauvais

Elle commence à la rue des Prêtres, près du Mont-de-Piété, et conduit dans la rue Fréreuse.

Paul Colliette nous apprend qu'à la mort du comte Hugues de Vermandois, arrivée en 1102, Adèle, sa veuve, abandonna à l'abbaye de Beauvais une prébende canoniale qu'elle possédait dans l'église de St-Quentin, et qu'un savant religieux, nommé Raimbert, fut désigné le premier pour remplir cette prébende. La maison canoniale de ce religieux se trouvait dans le district du cloître, et la rue qui conduisait à cette maison a été appelée depuis la rue du *Moine de Beauvais*. C'est la maison dans laquelle le Mont-de-Piété a été établi en 1843.

Raimbert a réuni dans un manuscrit, connu sous le nom de l'*Authentique*, les actes de la passion de saint Quentin et les miracles attribués à ce saint. Ce manuscrit est orné de majuscules et de trente peintures à la gouache sur parchemin. Il se trouve dans le trésor de la basilique.

Avant l'établissement du Mont-de-Piété, la maison du Moine de Beauvais était occupée par les Sœurs de Charité, qui y tenaient leurs classes.

En l'an VIII, cette rue porta le nom de rue de la Réforme.

Rue de Monplaisir

Rue moderne qui commence sur la rue de Fayet, presque en face de la rue Thiers et aboutit à la rue d'Epargnemaille, tout près d'une propriété appelée *Monplaisir*, et située dans la vallée qui entoure la ville depuis la Somme en passant par les quartiers du Vieux-Port, de Bagatelle, de la vallée aux Oisons et de celle du Blanc-Mont.

La maison de Monplaisir fait face à la rue de Vermand et au chemin de Noirmont.

Il y a en face de cette maison une autre belle propriété désignée sous le nom de Villa de *Monplaisir* et dont le propriétaire est M. L. Gonnier.

Le nom de *Monplaisir*, donné à cet endroit, vient de la réponse que le propriétaire primitif de la maison qui fait face à la rue de Vermand et au chemin de Noirmont, fit à une personne qui lui demandait pour quels motifs il faisait construire une habitation en cet endroit. « C'est *mon plaisir* », répondit-il. — L'interlocuteur se le tint pour dit, et depuis ce jour la propriété a porté le nom de *Monplaisir*.

Rue Montmorency

Cette rue commence à la rue des Capucins et à l'entrée de la rue Clotaire II. Elle traverse la rue Antoine Lécuyer et aboutit au carrefour de la rue Chantrelle, du boulevard Henri Martin, des rues d'Orléans et Jean de Caulaincourt.

Son nom rappelle une des plus anciennes familles de France. Un des membres de cette famille, Anne de Montmorency, partagea la captivité de François Ier, et mourut en 1567 à l'âge de 74 ans. Un autre Montmorency, condamné à mort pour rébellion, mourut sur l'échafaud en 1632, à l'âge de 38 ans. Un autre, Mathieu-Jean-Félicité, duc de Montmorency, celui dont on a sans doute voulu rappeler le souvenir, mourut en 1826, à l'âge de 59 ans. En 1789, il embrassa les principes de la Révolution, proposa l'abolition des titres de noblesse et se fit le défenseur de la liberté politique. Il quitta la France après la proclamation de la République et n'y rentra qu'après le 9 Thermidor. Sous la Restauration, il oublia les principes qu'il avait défendus dans sa jeunesse.

Rue de Morcourt

La rue ou chemin de Morcourt fait suite à la rue Bailleux et commence à la rue Camille-Desmoulins. On y trouve, en face de la rue du Château-d'Eau, le réservoir dans lequel les eaux prises au Grosnard sont envoyées au moyen de machines élévatoires pour de là être distribuées dans toute la ville. La conduite se trouve sous le boulevard du Huit-Octobre, la place de ce nom, le boulevard Gambetta, la grande allée des Champs-Elysées et la rue Bailleux.

Le chemin de Morcourt passe tout près du cimetière, conduit au lieudit le Moulin-Brûlé, traverse le canal et la Somme, longe le champ de Courses et arrive à Morcourt.

On sait que Morcourt est situé sur la rive droite de la Somme et qu'il est traversé par le chemin de fer du Nord.

Ce village est très ancien. Il a appartenu d'abord à l'abbaye d'Homblières, et ensuite à l'abbaye d'Isle et au prince Camille de Rohan.

Calixte de la Croix, curé de Landevin, député aux Etats-Généraux de 1789 pour le bailliage de Péronne, est né à Morcourt.

Rue du Moulin

—

C'est une des anciennes rues de la Ville. Elle commence dans la rue des Jacobins et aboutit comme les rues d'Alsace et de Metz à la rue de Baudreuil et aux Champs-Elysées.

Au 13e siècle elle faisait partie de la septième enseigne dite Saint-Jean.

Son nom lui vient d'un moulin à vent qui était établi au 16e siècle sur le rempart, vis-à-vis de cette rue.

On sait que c'est au bout de la rue du Moulin que Coligny fut fait prisonnier lors du siège de 1557, par un espagnol nommé Francisque Dias.

Cette rue portait au 16e siècle le nom de rue des *Grénetiers*, et au 15e siècle le nom de rue du *Billon*. Le puits qui s'y trouvait autrefois était désigné sous le nom de puits du *Billon*.

Chemin du Moulin-Brûlé

—

Ce chemin s'ouvre à la convergence des rues de Remicourt, Camille-Desmoulins et de Rouvroy. Il a été tracé en 1870 et planté d'arbres il y a six ans. Son nom lui vient d'un moulin qui se trouvait autrefois dans cette direction du côté de Morcourt et qui a été détruit par un incendie. En 1155, ce moulin portait le nom de Luvegnies.

Le chemin du Moulin-Brûlé est un beau chemin carrossable qui sera beaucoup fréquenté par les promeneurs lorsque les arbres auront atteint le développement nécessaire pour dérober en été les rayons du soleil.

Il conduit à un estaminet très fréquenté pendant les jours d'été, et de là au champ de Courses et à Morcourt.

Rue et place de Mulhouse

La rue de Mulhouse a été ouverte en 1871. Elle commence à la rue Camille-Desmoulins, à l'extrémité du boulevard du Nord, et se dirige en ligne droite sur le canal en traversant le pont Tordeux.

La place se trouve au milieu de la rue, à la convergence des rues Neuve de Remicourt (aujourd'hui rue Ch. Picard), de Bellevue et de Condorcet.

Mulhouse est une ville de l'Alsace que les Allemands nous ont enlevée en 1871. Elle s'était incorporée volontairement à la France en 1798, et en 1871 elle manifesta la plus vive opposition au traité qui la livrait à la Prusse. Une grande partie de sa population émigra ou opta pour la nationalité française.

Ville de 70,000 habitants, Mulhouse est un centre industriel de premier ordre. On y trouve un grand nombre de filatures et de tissages de coton, des fabriques de papiers et de produits chimiques, des ateliers d'impression sur coton et sur laine, des teintureries, des filatures de laine et de fil à coudre, des fonderies de fer, de cuivre et de plomb, des ateliers de construction, de machines à vapeur, etc. Le nombre des ouvriers employés dans les fabriques de cette ville est de plus de 20,000.

On y a fondé, en 1853, des Cités ouvrières qui sont de véritables modèles pour les entreprises de ce genre ; elles consistent en de petites maisons avec jardins, dans le genre de celles élevées à Saint-Quentin dans la rue de Ham. Les ouvriers en deviennent propriétaires après en avoir payé le loyer pendant 14 ans. Elles comptent plus de 1,000 maisons et plus de 7,000 habitants.

On trouve au bout de la rue de Mulhouse, vers la rue Camille-Desmoulins, l'important établissement industriel de MM. De Rossignol et Hamelin. On y trouve également l'établissement de broderies mécaniques de M. Paul Trocmé.

Rue Mulot

Située dans le faubourg Saint-Jean, elle commence dans la rue du Cateau et se dirige, en faisant quelques sinuosités, vers le bas de la rue de Cambrai. La partie qui aboutit à cette dernière rue n'est pas encore bâtie.

La rue Mulot est un peu étroite. Elle date d'une cinquantaine d'années et n'a été complètement pavée, dans la partie aujourd'hui construite, que vers l'année 1882.

Son nom lui vient d'un de ses anciens habitants.

Les rues Emile Malézieux et de Flavigny, qui s'ouvrent sur la rue de Cambrai, conduisent dans cette rue.

Rue de Nancy

—

Rue nouvellement ouverte dans le quartier de la ville qui se trouve après le boulevard Gambetta, au nord-est des Champs-Elysées. Elle s'ouvre sur la rue Richard-Lenoir et se dirige dans des terrains particuliers. Elle n'est pas encore communalisée.

Nancy est le chef-lieu du département de la Meurthe, et l'ancienne capitale de la Lorraine.

Rue de la Nef-d'Or

—

Ancienne petite rue qui commence dans la rue Croix-Belle-Porte et aboutit aux rues du Wé, du Petit-Origny, de Labbey de Pompières et au Marché-Couvert.

Au 13ᵉ siècle, elle s'appelait rue Nigaudin, à cause du nom donné à un puits qui se trouvait dans cette rue. Elle a porté ensuite le nom de rue du *Moulinet*.

Son nom lui vient d'une maison qui se trouvait, au 16e siècle, à l'angle de cette rue et de la rue Croix-Belle-Porte, et qui avait pris pour enseigne *A la Nef-d'Or*.

Elle faisait partie, au 13e siècle, de la cinquième enseigne désignée sous le nom du *Touquet*.

Rue de Neuville

Cette rue se trouve au bout de l'ancienne rue de La Fère et se dirige sur la commune de Neuville-Saint-Amand en traversant le chemin Ribaudois.

On trouve à gauche de cette rue un groupe scolaire municipal composé d'une école de garçons, d'une école de filles et d'une école maternelle.

Une église bâtie, il y a une quinzaine d'années se trouve également à gauche de cette rue près du groupe scolaire.

Le nom de Neuville lui vient de la commune de Neuville-Saint-Amand, dont le Petit-Neuville annexé à Saint-Quentin, en 1881, faisait autrefois partie.

Rue de Noirmont

Cette rue se trouve sur la rue de Vermand en face de Montplaisir, d'où elle conduit sur l'ancienne chaussée romaine et au tir du Vermandois. Elle est située dans la vallée aux Oisons, et on y fait des remblais depuis quelques années. Le poste d'octroi du quartier de Vermand y a été établi tout récemment à l'entrée, près de Montplaisir.

Le tracé de la rue a été changé il y a quelques années. On l'a rapproché dans les champs pour lui donner une ligne plus droite.

Il y a quarante ans on y voyait encore une ferme composée de plusieurs bâtiments couverts en chaume.

Le nom de Noirmont donné à la rue vient sans doute d'un des propriétaires de cette ferme.

Boulevard du Nord

—

Ce boulevard commence à la place Crommelin et aboutit aujourd'hui à la rue de Mulhouse et à la rue Camille Desmoulins. Il y a une dizaine d'années, il s'arrêtait au boulevard Gambetta. Dans la pensée du Conseil municipal qui a voté son prolongement jusqu'à la rue de Mulhouse et les ressources nécessaires à l'acquisition des terrains, il devait être continué jusqu'aux chemins du Moulin-Brûlé et de Rouvroy. Il y a cinq ans, les terrains qui longent la rue Camille Desmoulins depuis la rue de Mulhouse jusqu'au Chemin-Brûlé étaient libres, et il n'y avait pas de constructions et le prolongement du boulevard était des plus faciles. Il suffisait de voter l'acquisition des terrains et les crédits nécessaires pour le paiement. Mais les anciens conseillers municipaux étaient remplacés et le projet de prolongement a été malheureusement abandonné.

Le boulevard du Nord longe l'extrémité des champs-Elysées, et donne ouverture, sur sa gauche, à l'impasse de la Guinguette, aux rues Guillermin, Bailleux, et au chemin des Coutures. La rue des Ormeaux qui s'ouvre sur le boulevard Gambetta aboutit sur le boulevard du Nord.

Rue Notre-Dame

Petite rue étroite et très ancienne. Elle commence en haut de la rue d'Isle et conduit dans la rue de la Sous-Préfecture, en faisant de petits coudes.

Au 13e siècle, elle faisait partie de la 10e Enseigne désignée sous le nom de la *Gréance*.

Son nom lui vient de l'ancienne église Notre-Dame de l'*Agréance* dont on a fait par corruption la *Gréance*. Cette église se trouvait du côté gauche de la rue à l'angle de la rue d'Isle.

D'après M. Ch. Gomart, *Gréance* viendrait du mot *in Grinchia*, sur la montagne.

La rue Notre-Dame conduisait au cimetière de la paroisse de l'église de la *Gréance*.

En 1220 on y trouvait un four qui portait le nom de Hastin. Il appartenait au Chapitre, et les bourgeois le rachetèrent moyennant une redevance annuelle.

En l'an XIII, cette rue a porté le nom de *Petite rue du District.*

Après la révolution de février 1848, un club politique a été tenu dans la maison qui occupe l'emplacement de l'ancienne église, à l'angle des rues d'Isle et de Notre-Dame. Précédemment un bal public avait lieu tous les dimanches et les lundis dans la grande salle où se tenait le club.

Rue Oberkampf

Rue moderne qui commence rue Calixte-Souplet et aboutit à la rue de Fayet.

Son nom rappelle le souvenir d'Oberkampf (Christophe-Philippe), fondateur de l'industrie des toiles peintes et de la filature du coton en France.

Né le 11 juin 1738 à Weissenbach, et mort à Paris le 4 octobre 1815, Oberkampf était le fils d'un teinturier ; il se rendit à

Paris à l'âge de 19 ans, et deux ans après, n'ayant qu'un petit capital de 600 fr., il s'établit dans une chaumière de la vallée de Jouy, où il commença ses essais, se chargeant seul du dessin, de la gravure, de l'impression et de la teinture des toiles. Bientôt ces toiles, connues sous le nom « d'indiennes », devinrent de mode, et son établissement prit une extension considérable. Il fit la richesse du pays.

Oberkampf éleva en France, à Essonne, la première filature de coton. Louis XVI lui donna des lettres de noblesse ; Napoléon le décora de sa main, et lui offrit une place au Sénat, qu'il eut la modestie de refuser.

Un des fils d'Oberkampf a été, pendant plusieurs années, associé à la maison Samuel Joly, de Saint-Quentin.

Rue de l'Official

La rue de l'*Official* est une petite rue qui fait suite à la place des Enfants-de-Chœur et conduit à la rue de Vesoul. Son nom lui vient de la demeure de l'officier chargé de veiller autrefois à l'observance de la discipline ecclésiastique dans le Chapitre.

En l'an VIII, elle portait le nom de rue Desilles.

Dans ces dernières années, le Vicariat, maison habitée par les vicaires de la Basilique, se trouvait dans cette rue.

Cette maison, qui se trouve à l'angle de la rue de l'Official et de la rue des Prêtres est occupée maintenant par la Recette des finances.

Rue des Oiselets

—

Elle a porté autrefois les noms de rue de la *Grenouille* et de rue du *Blanc-Pignon*. Elle commence dans la rue de l'Evêché et finit rue de la Grange.

Au 13e siècle, elle faisait partie de la 4e Enseigne, celle qui était désignée sous le nom *de la Fontaine*.

L'apprêt de M. Dufour-Denelle, que nous avons confondu avec celui de M. Lecomte-Guenou, situé dans la rue des Patriotes, se trouvait en partie sur la rue des Oiselets et sur la rue de l'Evêché.

Rue d'Orléans

—

C'est une des plus importantes rues de la ville. Elle commence à la place Foy et aboutit au boulevard Henri-Martin, à la convergence des rues Chantrelle, Montmorency et Jean de Caulaincourt.

La rue d'Orléans occupe l'emplacement du rempart Saint-Martin.

Les constructions ont été commencées vers l'année 1830, et continuées rapidement à partir de 1840.

On voit encore dans la partie qui avoisine la place Foy, entre cette rue et la rue Saint-Louis, des jardins ouverts en contre-bas des maisons à une assez grande profondeur, et qui rappellent la situation du sol avant la démolition des fortifications.

La rue d'Orléans est traversée par la rue Antoine Lécuyer et la place Henri IV. On trouve à droite, en venant par la place Foy, les rues des Bouloirs, Saint-Martin et Clotaire II ; à gauche, la rue Wallon-Montigny, l'avenue Faidherbe et la rue du Colombet.

Cette rue fut pavée en 1830 et en 1847. Une partie fut repavée en 1853. On la repave en ce moment en chaussée avec des trottoirs en asphalte.

Avant la Révolution de juillet 1830, elle portait le nom de rue Bourbon.

Le nom qu'elle porte actuellement lui a été donné en l'honneur du duc d'Orléans, fils aîné du roi Louis-Philippe, un prince qui a laissé les meilleurs souvenirs dans le cœur des Français, et qui est mort accidentellement au mois de juillet 1842.

Le duc et la duchesse d'Orléans étaient venus à Saint-Quentin, le 4 septembre 1837, ou ils furent parfaitement accueillis par les habitants.

Une petite rue appelée rue *Rigaude* ou *Ribaude* se trouvait tout près de la rue d'Orléans avant la démolition des remparts.

Rue des Ormeaux

Petite rue non bâtie située à l'extrémité du boulevard Gambetta où elle commence pour se diriger sur le boulevard du Nord.

Son nom lui vient d'un jardin planté d'ormes qui se trouvait en cet endroit et dans lequel se réunissait encore il y a cinquante ans, une société de saint-quentinois.

Pendant les beaux jours d'été on dansait dans ce jardin.

Rue d'Ostende

La rue d'Ostende se trouve au faubourg d'Isle à peu de distance de la gare du chemin de fer du Nord. Elle commence rue Mayeure et aboutit à la rue Saint-Claude. Elle longe sur sa droite la buerie d'Ostende à laquelle elle doit son nom, et l'établissement industriel de M. Gabreau. La route de Gauchy se trouve entre la buerie d'Ostende (propriété de M. Vaisse-Cordier) et l'usine de M. Gabreau. Le chemin Clastrois se trouve tout près de cette usine. Il est traversé par le chemin de fer de Guise, et aboutit à la route de Grugies, en passant au pied du moulin de Tous-Vents.

On trouve sur le côté gauche de cette rue, les rues Jules César, Sainte-Eusébie, Bignon, Maillefer et Saint-Lazare.

La buerie d'Ostende près de laquelle se trouvaient de nombreux bâtiments et une belle maison qui vient d'être démolie, a appartenu à MM. Pluchart, Dubosc et Pigeaux, et ensuite à M. Cordier-Pluchart et à M. Gustave Cordier, ancien conseiller municipal et membre de la commission provisoire de 1870-71.

Rue et Place du Palais-de-Justice

La rue du Palais-de-Justice commence dans la rue St-Martin tout près de la place de l'Hôtel-de-Ville et aboutit à la rue Autoine Lécuyer, en face du Lycée Henri Martin.

On y trouve à droite les rues du Petit-Origny, des Bouchers et des Arbalétriers. Au côté gauche s'ouvre la rue des Capucins sur la place du Palais-de-Justice, en face du monument de ce nom, et aujourd'hui en ruines.

La rue du Palais-de-Justice a porté autrefois les noms de *Hurtebise*, *Vieux-Marché*, *Sainte-Marguerite* et *Fervaques*.

Il y a trente ans, on voyait dans cette rue, près de celle des Arbalétriers, un puits qui portait le nom de puits *Malbrasse*. C'était, paraît-il, le plus vieux des puits de la Ville.

Au 13e siècle, cette rue faisait partie de la 12e Enseigne, dite du *Vieux-Marché*. A cette époque, il y avait tout près de la place du Palais-de-Justice une porte désignée sous ce nom.

Le nom de rue *Sainte-Marguerite*, par lequel on désigne encore quelquefois aujourd'hui la rue du Palais-de-Justice, vient d'une église bâtie au 12e siècle à l'angle droit de cette rue et de la rue du Petit-Origny.

Fervaques est le nom par lequel on désigne souvent encore le Palais de Justice.

Le mot *palais* n'est plus prononcé aujourd'hui que par ironie. Le bâtiment tombe en ruines et fait honte à la ville de St-Quentin. Ceux qui ont vu autrefois la façade monumentale de la Chapelle et qui connaissent l'état de délabrement dans lequel elle se trouve, sont toujours attristés, et se demandent si le Conseil général de l'Aisne et le Conseil municipal de Saint-Quentin se décideront bientôt à faire réédifier ce monument d'une façon digne du département de l'Aisne et de la ville de St-Quentin.

Le département doit contribuer aux dépenses de reconstruction en raison des ressources qu'il prélève chaque année sur la ville de St-Quentin, voilà ce que personne ne doit oublier.

On sait ce que rappelle l'Abbaye de Fervaques établie à St-Quentin en l'année 1648.

Fondée vers 1140, par St-Bernard, tout près des sources de la Somme, à peu de distance du chemin de fer du Nord, l'abbaye de Fervaques fut ravagée en 1557 par les Espagnols.

« L'abbaye des Bernardines de Fervaques, qui, trois siècles après sa fondation étoit si brillante, si riche, si florissante, dit Colliette, que, par un décret du 20 mars 1319, Mathieu, abbé de Clairvaux, l'avoit jugée suffisante à nourrir cinquante religieuses... Fervaques, en 1557, n'avoit plus aucune religieuse. Tout y étoit détruit et rasé. Des titres, on avoit formé la mèche avec laquelle on avoit allumé une partie de ses bâtiments.

» La communauté se releva cependant de ses cendres, mais avec lenteur, et dans l'espace de bien des années. Quelques dames réunies ensemble avoient commencé de rétablir leur solitude en 1580. Le duc d'Anjou, lors de la prise de Cambrai, la détruisit de nouveau. Elles éprouvèrent encore le même malheur en 1595. Marie de Mont-Luc, leur digne abbesse, tenta de les rebâtir, et en étoit venue à bout en 1632. Nouvelle désolation pour elle et ses chères filles ! Trois ans après, elles furent chassées de leurs cellules par l'Espagnol. Un fauxbourg de Paris (le Roule) leur prêta alors un hospice pressant. Peu après, avec la permission du Roi et de l'abbé de Clairvaux, elles se placèrent dans le fauxbourg St-Germain de cette capitale. Mais enfin leur air natal, pour ainsi parler, les rappelant toujours à la solitude même que leur avoit tracée saint Bernard leur patriarche, elles vinrent à St-Quentin en 1648 et s'y fixèrent à jamais. Leur maison, commencée dans cette ville sur un petit terrain, s'y agrandit avec les années, s'y orna ; et, sous l'administration de ces sages Abbesses, est devenue, au temps où nous écrivons, (1770), une des plus belles abbayes de France. »

Rien ne prouve mieux, dit de son côté M. Bona, l'instabilité des choses humaines que les changements de destination qu'éprouva l'établissement de l'abbaye de Fervaques à St-Quentin.

« Construite en 1648 par des religieuses Bernadines, elles y restèrent paisiblement jusqu'à la Révolution de 93 ; abandonné à cette époque, cet établissement fut converti en hôpital miliaire ; évacué de ses malades, il servit de magasins, bureaux, etc., au génie militaire, ensuite de logements particuliers, de filature, et enfin de Palais-de-Justice. Toutefois, l'étendue de ses bâtiments permît encore d'y joindre une très belle salle de danse qui occupe précisément la partie supérieure de l'église, la bibliothèque de la Ville, l'école de dessin, l'école d'enseignement primaire supérieur, un musée naissant, un local destiné aux réunions de la Société académique, et la gendarmerie qui en a été retirée il y a quelques années. » (Publié en 1838.)

Ajoutons que la belle salle qui se trouve au-dessus de la Chapelle a servi pendant de longues années pour les Cérémonies publiques.

Vers la fin du 16e siècle, les religieuses de Fervaques achetèrent à un seigneur d'Holnon, un terrain donnant sur la rue des Suzannes, où elles établirent une maison qui prit le nom de *Petit-Fervaques*.

Au 15e siècle, les seigneurs de Jeancourt avaient un hôtel dans la rue du Palais-de-Justice. C'est dans cet hôtel, qui existait encore en 1791, que demeurait le comte de Pardieu, député.

On sait que le baron d'Amerval habitait encore cette rue en 1861.

Malgré l'état de vétusté dans lequel se trouve le Palais de Justice, le Parquet, le Tribunal civil, le Tribunal de Commerce, la Justice de Paix, le Conseil des Prud'hommes, la Chambre de Commerce, la Société académique y siègent toujours.

La Bibliothèque de la Ville, fondée en quelque sorte en 1697, par Claude Bendier, ancien curé de la paroisse Saint-André et chanoine de Saint-Quentin, se trouve encore dans les bâtiments de Fervaques. Elle se compose d'au moins 20.000 volumes. On y trouve quelques manuscrits et quelques livres anciens très curieux.

M. Bona rapporte dans le *Mémorial Saint-Quentinois,* que l'on conserve dans la Bibliothèque de Saint-Quentin, la peau d'un nommé Desarbres Claude, dit Belarbre, rompu vif le samedi 29 octobre 1768 sur la grande place de St-Quentin.

Desarbres était né à Clairfontaine, près Vervins, en 1740. Condamné en 1768 aux galères à perpétuité pour un grand nombre de vols, il fut enfermé provisoirement dans la prison de Saint-Quentin, après avoir été marqué et fouetté dans tous les carrefours de la ville. Il tua un guichetier nommé François Mitel, et parvint à s'échapper. Il fut repris et condamné à mort.

La place du Palais-de-Justice est située à peu près au milieu de la rue. Elle est en face la principale entrée du Palais. Des maisons élevées sur cette place ont été achetées par la Ville et démolies en 1857.

On trouve dans cette rue: la Banque Hacquart-Née et Cie, la librairie Lagnier-Roze, l'Hôtel du Commerce tenu par M. Ch. Prévot, et les études de MM. Paul Mornard et Chadeffaud, avoués.

Rue des Patriotes

—

La rue des Patriotes commence près de la place de l'Hôtel de Ville à l'entrée de la rue des Canonniers. Elle est un peu étroite et se dirige en ligne droite vers la rue Dachery où elle aboutit à peu de distance du port Gayant et du canal. Elle a porté autrefois les noms de rue du *Four Lambin*, du *Dieu d'Amour*, du *Petit Paradis*, des *Juifs*, des *Fontaines*, et des *Cordelières*.

Le nom de *Dieu d'Amour*, a été donné seulement à la partie de la rue qui va de la rue des Canonniers, à la rue de la Prison (aujourd'hui rue de la *Caisse d'Epargne*.)

Le nom de rue des *Juifs* a été donné à la partie de la rue des *Patriotes* qui va de la rue de la *Caisse d'Epargne* à la rue des *Agaces*, et celui des *Fontaines* à la partie de cette rue qui se trouve vers la rue Dachery.

Le nom de rue des Cordelières vient de ce qu'en 1223, un couvent de sœurs *Clarisses* ou *Cordelières* a été fondé dans cette rue tout près de l'école de la Charité. Le couvent eut pour bienfaiteur les seigneurs de Moy et de Sissy. Il a été fermé en 1793. Il a servi ensuite de magasin, d'apprêt et de fabrique de tulle.

A droite de cette rue, vers le milieu, existait autrefois un puits désigné sous le nom de *Puits Perdu.*

La maison de Bornival, donnée en 1590 par Quentin-Barré, se trouve dans cette rue. On y entre par la rue des Agaces. Elle est connue aujourd'hui sous le nom d'école de la Charité. Des sœurs de Saint-Vincent de Paul, y instruisent des jeunes filles, parmi lesquelles on compte un grand nombre de jeunes filles pauvres et orphelines, élevées dans l'établissement.

L'école de la Charité est communale, et les sœurs reçoivent un traitement de la ville.

On voit sur le bord de la rue une chapelle construite en 1855. Les sœurs font bâtir, en ce moment, juste en face de cette chapelle, un préau destiné aux récréations des jeunes filles de l'école et des persévérantes.

En 1855, une société alimentaire ayant pour objet la vente d'aliments à prix réduits a fondé un établissement dans cette rue.

On trouve à droite de la rue des Patriotes, la place Campion et la rue des Agaces : à gauche, la rue de l'Ancienne Prison et la rue des Plates-Pierres.

Le nom de rue des Patriotes lui a été donné en l'an VIII, après la Révolution de 1848 et en 1870.

Au 13e siècle, cette rue faisait partie de la 3e Enseigne, dite de la rue Neuve.

Rue de Paris

La rue de Paris se trouve à l'ouest de la ville, dans le faubourg Saint-Martin. Elle commence à la place Dufour-Denelle et conduit à Rocourt, Oëstres et sur la route de Paris.

On trouve à sa droite la rue de l'ancienne Chaussée romaine, à l'angle de laquelle on voit un bâtiment qui servait de poste aux chevaux avant l'établissement du chemin de fer du Nord. On trouve également sur le même côté les rues de Flandre et de Picardie, et la gare du chemin de fer de Velu-Bertincourt près de Rocourt.

A gauche, on trouve l'impasse des Islots,

la rue du Vieux-Port, le couvent des Sœurs Franciscaines, une briqueterie et le chemin de Saint-Prix.

La rue de Paris a porté d'abord le nom de route de Ham et ensuite celui de route de Paris.

Le coulant Garand passe sous cette rue à l'entrée de la rue de l'ancienne Chaussée romaine. Un pont se trouvait autrefois en cet endroit. Il portait le nom de *Pont de la Plume*.

Une montée assez raide, qu'on appelait la montée de la Chasse, existait encore il y a une douzaine d'années dans cette rue entre le chemin de fer de Velu-Bertincourt et la rue du Vieux-Port. Elle commençait un peu plus bas que le couvent des Franciscaines et se continuait au-delà de l'école Theillier-Desjardins.

En 1880, le Conseil municipal, sur la proposition d'un de ses membres, M. Guénot, ingénieur à l'usine de Rocourt, vota l'abaissement de cette montée. Les dépenses s'élevèrent à 92,641 fr. 53 c., dans lesquelles l'Etat participa pour 25,000 fr. et le Chemin de fer de Velu-Bertincourt pour 20,000 fr.

C'est par la rue de Paris que le duc et la duchesse d'Orléans firent leur entrée à Saint-Quentin au mois de septembre 1837.

Le 25 mai 1846, Louis-Napoléon qui

s'était échappé du fort de Ham, déguisé en plafonneur, arrivait à Saint-Quentin par la route de Paris et s'arrêtait, vers 10 heures du matin, à la poste aux chevaux où un relai était préparé. Il traversait ensuite Saint-Quentin en passant par la rue Royale (aujourd'hui rue Antoine Lécuyer). La Sous-Préfecture occupait alors la maison de M™e Déprez-Joube, située dans cette rue à l'angle de la rue Longueville. Au moment où le fugitif passait devant cette maison, le préfet, qui se trouvait à Saint-Quentin, se promenait sur le trottoir avec le sous-préfet. De Saint-Quentin, Louis-Napoléon se dirigea sur Cambrai et de là sur Valenciennes, d'où il passa en Belgique et ensuite en Angleterre.

Rue du Parvis Saint-Martin

Rue neuve, non encore bâtie, tracée sur un grand terrain tenant d'un bout à la rue de Paris et de l'autre à la rue de Ham, entre les rues de la Chaussée romaine et de Picardie. Elle conduit de la rue de Paris au portail principal de l'église en construction dédiée à saint Martin ; au-devant de ce portail est ménagée une place triangulaire sous le nom de place du Parvis Saint-Martin, à laquelle doivent aboutir la rue Xavier Aubryet prolongée et deux autres rues neuves longeant l'église sur ses deux côtés parallèles, et conduisant à la rue de Ham.

Rue du Petit-Butin

Cette rue commence à la rue Saint-Martin, près de la place de l'Hôtel-de-Ville et de l'hôtel du Cygne, et conduit sur la place de Coligny. Autrefois, elle tournait derrière cette place qui était alors entourée de murs et qui servait de jardin à l'Hôtel de Ville.

Des lieux publics se trouvaient alors dans cette rue du côté qui conduisait dans la rue Croix-Belle-Porte et sur l'ancien Marché-aux-Volailles.

La partie de cette rue qui va de l'hôtel du Cygne à la place Coligny, a porté le nom de *rue du Foin*. En 1404, on l'appelait ruelle de la *Petite-Putain*.

Rue du Petit-Origny

Elle commence dans la rue du Palais-de-Justice et conduit dans cet édifice par une grille placée au-devant de la cour sur la rue du Petit-Origny même. Elle aboutit ensuite au Marché-Couvert, et aux rues du Wé, de la Nef-d'Or et de Labbey-de-Pompières.

A droite de cette rue se trouvait une usine dans laquelle était établi un découpage mécanique. Le bâtiment ayant été acheté par la Ville, moyennant 75.000 fr., dans le but de dégager les abords de l'Hôtel de Ville depuis la place de Coligny, jusqu'à la rue du Petit-Origny, ce bâtiment vient d'être démoli. D'autres maisons voisines seront achetées pour être démolies également afin d'établir sur l'emplacement qui s'étend du Marché-Couvert à la rue du Palais-de-Justice, et de la place Coligny à la rue du Petit-Origny, les Halles centrales votées l'an dernier par le Conseil municipal.

Le nom de rue du Petit-Origny lui vient de la maison de refuge que l'abbaye d'Origny-Sainte-Benoîte y possédait au XVIIe siècle.

Cette maison, située en face du Marché-Couvert, et dans laquelle est né Henri Martin, a été occupée longtemps par un pensionnat de jeunes filles. On y fait en ce moment des travaux pour y installer un commerce de faïences, de poteries, etc.

En 1390, la rue du Petit-Origny portait le nom de petite rue *Sainte-Marguerite*, et en 1590, le nom de rue du *Grenier au sel* à cause du magasin de sel qui s'y trouvait à cette époque. En l'an VIII on lui donna le nom de rue des *Droits de l'Homme* et ensuite celui de *Mirabeau*.

M. Gomart nous apprend que M. Fouquier-Cholet, procureur du roi sous la Restauration, et auteur de quelques ouvrages sur la ville de Saint-Quentin, habitait cette rue.

Un béguinage portant le nom de Sainte-Marguerite existait anciennement dans la rue du Petit-Origny.

On raconte que Sainte-Benoîte, patronne d'Origny était la fille d'un sénateur romain et qu'elle vint, vers le milieu du IVe siècle, avec douze autres jeunes filles, évangéliser les peuples des bords de l'Oise aux environs d'Origny. Elle aurait été martyrisée en l'an 362, sous le règne de Julien l'apostat.

L'abbaye d'Origny-Sainte-Benoîte a été fondée vers l'an 860. C'était un des plus riches monastères de France et l'abbesse appartenait souvent aux plus grandes familles du pays.

En 1414, l'abbaye avait une maison de refuge à Saint-Quentin, rue de la Grange, en 1418, rue de la Gréance, en 1559, rue du *Cerf*, aujourd'hui rue Saint-Thomas, et en 1637, rue du Grenier-au-sel, aujourd'hui rue du Petit-Origny. Le 14 octobre 1654, Louis XIV entendit la messe dans la chapelle de cette maison, avec Mazarin et autres personnages de sa suite.

En 1792, l'abbaye d'Origny-Sainte-Benoîte renfermait vingt-cinq religieuses professes et quinze sœurs converses. Deux ans plus tard, l'abbesse, Mme de Narbonne, fut arrêtée et emprisonnée à St-Quentin. Le corps de l'abbesse précédente, Mme Hélène de Sabran fut arraché de son cercueil et traîné dans les rues d'Origny. Le monastère fut vendu et démoli, et il n'en reste plus rien aujourd'hui.

Avant la Révolution, on y trouvait une boulangerie, une blanchisserie, une brasserie, une boucherie, une glacière, une basse-cour, un colombier, des écuries, des bergeries, des hangars et des granges.

Le cloître se composait de quatre galeries symétriquement disposées autour d'un préau qui servait de cimetière pour les religieuses. C'était sous ces galeries, dit M. Ch. Gomart, que se trouvaient les portes communiquant à l'église, à la sacristie, à une vaste chambre où les dames du chœur tenaient leurs assemblées capitulaires, aux cuisines, à la dépense, et un magnifique dortoir où, sous le même comble, se trouvaient quarante-deux chambres de plein-pied.

C'est en l'année 876 que les reliques de Sainte-Benoîte furent transférés dans l'abbaye d'Origny.

Le monastère fut ruiné et incendié en 1339 par les Anglais, en 1414 par les Bourguignons, en 1552 par l'armée de Marie d'Autriche, en 1557 et 1595 par les Espagnols. En 1642, presque tous les bâtiments furent détruits par l'incendie. Mais chaque fois ce monastère se releva de ses ruines.

Rue de Phalsbourg

Cette rue, non bâtie encore, se trouve au nord de la Caserne Saint-Hilaire. Elle est en ligne parallèle avec la rue du Blanc-Mont.

Phalsbourg appartenait au département de la Meurthe. Les Allemands l'ont pris à la France en 1870, après un siège de quatre mois. Ils l'ont déclassé ensuite et détruit ses remparts.

C'est la patrie du maréchal Mouton, comte de Lobau, du colonel Charras et du général Uhrich, défenseur de Strasbourg en 1870.

Phalsbourg, fondé, en 1570, par un comte palatin qui en fit une place de guerre, fut cédé à la France par le duc de Lorraine en 1661.

Rue du Petit-Paris

La rue du Petit-Paris commence dans la rue des Toiles, près la place St-Quentin, et aboutit aux rues St-Nicolas et de Vesoul. D'après M. Ch. Gomart, le nom de rue du Petit Paris lui vient d'une maison qui y était située autrefois et qui portait ce nom. Il y avait anciennement dans cette rue un puits qu'on appelait le *puits du Jeu-de-Paume*, une maison près de ce puits désignée sous le nom de le *Grand-Comble* et une autre appelée l'*Herminette*.

Au 13e siècle, cette rue faisait partie de la 6e Enseigne, dite du *Castel*.

Notre savant concitoyen M. Emmanuel Lemaire, à qui nous devons les belles et utiles publications du *Livre Rouge* et des *Archives* de l'Hôtel de Ville, demeure dans la rue du Petit-Paris.

Rue du Petit-Pont

Cette rue se trouve entre la rue des Patriotes et la rue d'Isle. Elle commence dans la rue des Plates-Pierres, aboutit dans la rue Dachery, et de là à la place de la Liberté et au port Gayant. Son nom lui vient d'un pont qui se trouvait autrefois à son extrémité sur un bras de la Somme et sur lequel on passait pour aller au faubourg d'Isle.

En 1349, un nommé Jacques du Petit-Pont, bourgeois de Saint-Quentin, assigna à l'église des chanoines de cette ville, cinq muids de froment à percevoir au village de Contescourt. Colliette croit que ce Jacques du Petit-Pont était le père de Gilles de Lorris, évêque de Noyon en 1352, qui fonda à Saint-Quentin en 1370, un hôpital pour les pauvres malades. « Il en donna, dit Colliette, le gouvernement à quelques religieuses Augustines, sous la conduite d'une supérieure. Cette maison fut appelée dès alors du nom de son père, le *Prieuré du Petit-Pont*, et surtout à cause de sa situation, parce que près de cet endroit, il étoit un petit pont par lequel on communiquoit de la ville au faubourg d'Isle. L'autel de l'église fut consacré à la sainte vierge : l'on devoit tous les jours y réciter l'office de cette mère de Dieu, et y célébrer la sainte messe tous les dimanches. Certains lots de terres situés aux villages de Clâtres, de Nouroy, de Sissy, de Bovincourt, d'Essigny-le-Grand, etc, furent les premiers fonds que le pieux évêque affecta à son établissement. Ils augmentèrent ; et sous la conduite des successeurs de Gilles de Lorris, qui s'étoit réservé pour lui et pour eux la suprême intendance sur tout le couvent, cet établissement devint florissant dans le cour des siècles qui ont suivi son érection. L'hospitalité en avoit été retranchée, et le Petit-Pont n'étoit plus qu'une simple communauté de religieuses, au commencement du dix-huitième siècle : on craignit alors qu'elle ne tombât à la charge du public ; elle fut mise dans le nombre des maisons que le roi avoit ordonné d'être supprimées ; et elle le fut. »

L'hôpital de la rue du Petit-Pont était situé à droite de cette rue en descendant ; une partie des bâtiments était encore occupée il y a une vingtaine d'années par les ateliers de MM. Combronne frères.

Les temps sont bien changés. Aujourd'hui, au lieu de religieuses, on trouve, dans une partie de cette rue, des vierges folles contre lesquelles la police est par trop souvent obligée de sévir.

Au 13e siècle, la rue du Petit-Pont faisait partie de la 3e Enseigne désignée sous le nom de la *rue Neuve*.

Rue Philippe de Girard

Petite rue ouverte il y a une douzaine d'années dans le haut du faubourg d'Isle, entre la rue de La Fère et la vieille rue qui porte ce même nom. On lui donna d'abord le nom de rue Hubert, qui était celui du propriétaire des terrains.

Philippe de Girard est un des hommes qui ont rendu le plus de services à l'industrie française.

« Ce qui frappe le plus d'admiration dans l'œuvre de Philippe de Girard, dit Mme Gustave Demoulin, dans la notice qu'elle a consacrée à cet illustre inventeur, c'est la diversité de ses travaux. Son génie, vraiment universel, s'est appliqué à tous les ordres d'idées, à tous les genres d'industrie, aux choses les plus dissemblables. Il lui suffisait de reconnaître un défaut dans telle machine, une imperfection dans tel travail, pour qu'il trouvât aussitôt le remède ou l'amélioration. « Il n'avait, dit Arago, qu'à regarder pour inventer. »

» Le génie inventif de Philippe se révéla de bonne heure. Tout enfant, il construisait de petites *roues hydrauliques* que faisait tourner le ruisselet de son jardin.

»…. Un matin du mois de mai 1810, la famille de Girard était réunie, à l'heure du déjeuner, dans la salle à manger de la famille paternelle à Lourmarin. Henri de Girard parcourait des yeux le *Moniteur*; il y lut un décret impérial qui promettait « *un prix d'un million de francs à l'inventeur, de quelque nation qu'il puisse être, de la meilleure machine propre à filer le lin* » Le père passa le journal à Philippe, lui montra du doigt le décret inséré à la partie officielle, en disant : « Tiens, voilà qui te regarde ».

» Philippe lut et devint songeur. Il eut sans doute comme une révélation, comme une promesse de son génie. Il s'esquiva sans mot dire, erra quelque temps dans le jardin, pour s'enfermer, pour méditer. Il avait accepté le défi. — Le lendemain matin, il se jetait au cou de son père en s'écriant : « Le million est à moi ! il est à nous ! Il me reste à faire avec une machine ce que je fais avec mes doigts, et la machine est trouvée. »

Les événements politiques obligèrent Philippe de Girard à s'éloigner de la France, et le million dû à son invention ne lui fut pas payé.

« L'exposition de l'industrie de 1844, dit encore Mme Gustave Demoulin, fut pour Philippe de Girard une réhabilitation glorieuse, un véritable triomphe. Il y était représenté par les inventions les plus importantes appliquées à l'éclairage, à la presse, aux arts, à la fabrication du sucre, aux machines à vapeur, à l'industrie linière. Cette dernière partie de son exposition fut surtout appréciée et admirée. Ce fut désormais un fait bien établi *que la filature mécanique du lin était due à l'initiative de Philippe de Girard.* »

Né en 1775, à Lourmarin, dans le département de Vaucluse, il mourut en 1845.

Le 9 mai 1853, le corps législatif votait à l'unanimité, à titre de récompense nationale, une pension aux héritiers de Philippe de Girard.

Les villes d'Amiens, de Lille, de Paris, ont rendu hommage à son génie en donnant son nom à des rues, à des places, et en l'inscrivant au fronton des édifices publics.

Le 7 mai 1882, la ville d'Avignon, a inauguré, en grande pompe, la statue de Philippe de Girard.

Rue de Picardie

Rue moderne située au faubourg Saint-Martin entre la rue de Paris et la rue Hilaire Cordier. Elle commence dans cette dernière rue et aboutit à la rue de Paris, en face de la Chapelle des Sœurs franciscaines. Elle traverse les rues de Ham et de Xavier Aubryet.

La filature de MM. Hugues frères se trouve à l'entrée de cette rue en face de la rue Hilaire Cordier. Elle a été construite en 1876. Dans une autre rue de Picardie, qui existait autrefois à Saint-Quentin, se trouvait un héritage frappé d'un droit de surcens au profit de l'église Ste-Pécinne.

Rue Charles Picard

—

Cette rue commence au boulevard Gambetta, à la suite de l'avenue de Remicourt (Champs-Elysées) et finit place de Mulhouse. Elle portait récemment encore le nom de rue Neuve-de-Remicourt. C'est dans la séance du 12 janvier 1891, que le Conseil municipal lui a donné le nom de Charles Picard.

Ce nom rappelle celui d'un bienfaiteur de la ville.

M. Charles Picard, décédé le 15 janvier 1883, a légué, en effet, à la ville de Saint-Quentin, une somme de cent mille francs pour l'érection sur la place de l'Hôtel-de-Ville d'un monument commémoratif de la défense de Saint-Quentin contre les Espagnols en 1557. Il a donné, en outre aux Hospices civils de la ville, une somme de deux cent mille francs ; à la Ville, cinquante mille francs pour distribution de livrets de Caisse d'épargne aux meilleurs élèves des écoles communales, de l'école de dessin fondée par De La Tour, et des cours de la Société industrielle. Il a donné également mille francs à l'œuvre des Asiles et à la ville la collection des rapports du Conseil général de l'Aisne et tous les ouvrages de sa bibliothèque concernant Saint-Quentin.

M. Ch. Picard a été maire de Saint-Quentin, président du Tribunal et de la Chambre de commerce, membre du Conseil général de l'Aisne, administrateur du chemin de fer du Nord, et membre du Conseil général des Manufactures et du Jury international à l'Exposition de 1855. Il a publié en 1857, un ouvrage en deux volumes intitulé : Saint-Quentin, de son commerce et de ses industries. On trouve dans cet ouvrage très instructif des vues photographiées de la ville de Saint-Quentin, l'une au 15e siècle et l'autre au 19e siècle.

Rue des Plates-Pierres

Cette rue commence dans le milieu de la rue des Patriotes en descendant vers la rue Dachery et conduit dans la rue du Petit-Pont et dans la rue de la Truie-qui-file.

Elle a porté autrefois les noms de rue de *La Coignée*, de rue du *Puits-à-Part* (1401), du *Bout du Monde* et des *Etuves*.

Le nom de rue de la *Coignée* lui venait d'une maison qui avait pour enseigne, en 1292, une *Coignée*

Le nom des *Plates-Pierres* lui vient des pierres dont elle était pavée autrefois.

D'après M. Bona, c'est en cet endroit que commençait le quartier anciennement appelé le *Détroit d'Aoust*, qui formait à peu près le centre de l'ancienne ville d'Auguste, dont *Aoust* est une corruption.

Rue Poiret

La rue Poiret commence boulevard Gambetta et aboutit à la rue Bénézet, dans le quartier de l'abattoir actuel.

Le nom de Poiret lui a été donné pour rappeler le souvenir de Jean-Louis Poiret, né à Saint-Quentin le 11 juin 1755.

Poiret visita le nord de l'Afrique en 1785-86, et publia le récit de son voyage en 1789, sous le titre : *Voyage en Barbarie* ou *Lettres écrites de l'ancienne Numidie sur la religion, les coutumes, les mœurs des Maures et des Arabes*. Il publia ensuite sur diverses branches de l'histoire naturelle, des ouvrages estimés, notamment *Leçons de Flore* et *Histoire des plantes usuelles de l'Europe*.

Poiret a rédigé en outre, avec Lamarck, le *Dictionnaire de Botanique de l'Encyclopédie méthodique*.

Rue de la Pomme-Rouge

Cette rue commence sur le boulevard Henri Martin, à la convergence des rues Antoine Lécuyer, Jacques Lescot et de Bagatelle. Elle aboutit sur la place de l'ancien octroi de Vermand, à la convergence des rues Jean de Caulaincourt, Pontoile, de Fayet et des Glacis.

On trouve à droite, en descendant vers la rue de Vermand, les rues de Bovelle, des Maçons et d'Amerval, et à gauche les rues Ulysse Butin et Lenain.

Son nom lui vient d'une auberge qui se trouvait encore dans cette rue il y a cinquante ans, et qui avait pour enseigne une *Pomme rouge*.

Il est souvent question de la rue de la Pomme-Rouge dans les lettres picardes que Pierre-Louis Gosseu, paysan de Vermand, a publiées dans le *Guetteur*, de 1839 à 1846.

Dans une lettre du 17 décembre 1839, il s'exprime ainsi :

« L'rue dè l'Pomme'Rouge ch'est eine rue d'leuarou pour chés treus et pour chés bourbes, et pi pour chés geins qui z'y pass'tent comme mi à vir goutte... Pour v'nir seulemeint ed'puis ch'queufour èd' qu'à l'Pomme'Rouge, jé l'y ai été fin r'cran, et pis coère èq'j'ai meinqué pus d'cheint fois dé m'y araquier pire qu'un viux g'vau ! Jé l'y ai queu d'sur mein dos, jé l'y ai queu d'sur m'peinche, et q'j'étois foèt d'bourbe comme ein kien ouyé en arrivant à ch'chfourbou, par bonheur qui n'faisoit pus ni ciel ni terre. »

La rue de la Pomme-Rouge était en effet, il y a cinquante ans, un véritable chemin rural, absolument impraticable pendant le mauvais temps et les jours pluvieux de l'hiver.

Elle fut pavée en 1842, et repavée en chaussée il y a dix ans.

Rue Pontoile

La rue Pontoile commence près de la rue de la Pomme-Rouge, au carrefour où aboutissent les rues Jean de Caulaincourt, de Vermand, de Fayet et des Glacis. Elle conduit à la rue de la Chaussée romaine, en passant près du domaine de Bagatelle, et en traversant le coulant Garant.

On trouve à droite de cette rue la cour Carlier, l'impasse Bocquillon, les rues Félix Davin et Dumas ; la rue de Bagatelle se trouve à gauche.

Au 13e siècle, elle faisait partie de la 14e Enseigne, composée du faubourg Saint-Martin, et désignée sous le nom de *Pontoilles*.

En 1166, on construisit dans ce quartier un hôpital qui porta le nom d'*hôpital de Pontoilles*.

D'après Quentin de la Fons, cet hôpital serait le même que celui désigné plus tard sous le nom de Saint-Nicaise, et dont il est question dans le testament de Simon-le-Tonnelier, de l'année 1356.

Un ancien acte passé devant le corps-de-ville et les moines de Saint-Prix, fait mention de cet hôpital, ainsi qu'un testament d'un nommé Gilles Frémont, de l'an 1487.

M. Ch. Gomart croit que le nom de *Pontoiles* a été donné à ce quartier à cause du blanchissage des toiles qui s'y pratiquait au 13e siècle.

Il y avait à cette époque une porte vers la rue Pontoile, et par laquelle on passait pour arriver à la porte Saint-Martin. En 1290, on l'appelait la porte de *Pontelevo*.

Vers l'année 1530, le quartier de Pontoiles et de Saint-Nicaise fut séparé de la ville et défendu par un ouvrage extérieur consistant en une espèce de muraille au bas du rempart, qui l'entourait et joignait par ses deux bouts le rempart de la tour Sainte-Catherine, et la grosse tour qui se trouvait du côté du bastion de Longueville.

Avant l'établissement de l'égout placé sous les boulevards Richelieu et Henri Martin, la rue Pontoile recevait les eaux pluviales et industrielles du quartier Saint-Jean. Ces eaux s'écoulaient dans la Somme par le coulant Garant, en traversant l'aqueduc-syphon placé dans le canal près du Vieux-Port.

Lors du violent orage du 17 juillet 1865,

nous avons vu la rue Pontoile transformée en un véritable lac qu'on n'aurait pu traverser qu'au moyen d'une barque.

Rue Porte d'Amiens

Rue neuve longeant l'église St-Martin, partant de la place du Parvis-St-Martin, pour aboutir à la rue de Ham. La nouvelle église a, sur cette rue, un portail latéral dans le fronton duquel sera représentée la scène qui donne son nom à la rue. On sait que Saint-Martin, évêque de Tours, vivait au IVe siècle. Avant d'entrer dans les ordres, il avait été soldat, jeune et brillant officier dans les armées romaines. Envoyé en Gaule, il arrive un jour à Amiens ; c'était l'hiver ; il rencontre à la porte de la ville un vieux pauvre demi-nu ; aussitôt, avec son glaive, il coupe en deux son manteau, et en donne la moitié à ce malheureux. C'est ce trait populaire qui sera représenté sur la façade du portail de la rue de la Porte d'Amiens.

Rue du Port

—

Petite rue qui fait suite au côté sud de la place du Huit-Octobre, et conduit au bassin du canal en traversant le boulevard du *Huit-Octobre*, autrefois appelé boulevard du Midi.

Port Gayant

—

C'est la partie du canal de St.-Quentin qui s'étend de la rue du Port à la rue de Tour-Y-Val.

Son nom lui vient d'un des ingénieurs chargés de la construction de ce canal et particulièrement du port.

On sait que le canal de Saint-Quentin met en communication la Somme, l'Escaut et l'Oise. Les travaux, entrepris en 1768, suspendus en 1775 et repris en 1802, furent terminés en 1810. Le canal fut aussitôt livré à la navigation

La partie qui fut construite la première, portait primitivement le nom de canal Crozat. C'est celle qui s'étend de Saint-Quentin à Chauny. Sa longueur est de 41.551 m., et sa pente totale de 31 m. Les eaux y sont retenues par 13 écluses.

La seconde partie communique de St-Quentin à Cambrai. « Dans cette partie, dit M. Bona, se trouve un point de partage qui commence à l'écluse de Lesdins, et se termine à celle du Bosquet. Sa longueur totale est de plus de 50.000 m. ; sa pente du point de partage de St-Quentin, est de 10 mètres 12 centimètres, et du point de partage jusqu'à Cambrai de plus de 57 mètres, la différence du niveau de l'Escaut à la Somme étant de plus de 27 mètres.

» De Saint-Quentin jusqu'au point de partage, la longueur est de 6.625 mètres ; il s'y trouve quatre écluses. Celle du bief de partage est de 20.177 mètres, et du bief de partage jusqu'à Cambrai, de 24.984 m. ; dans cette dernière partie, il y a encore 17 écluses. »

Le port a 500 mètres de long ; il occupe toute la longueur du bassin.

« Le canal coupe cinq fois la route de Saint-Quentin à Cambrai ; trois fois à ciel ouvert, sous des ponts, et deux fois dans la partie souterraine. Dans la partie qui mène à Cambrai, l'Escaut passe deux fois sous le canal, à Noyelles et à St-Wast. »

On sait que le petit souterrain commence auprès du Tronquoy, qu'il est voûté sur toute son étendue et qu'il est aéré par dix-huit puits.

Le grand souterrain commence près de Riqueval, à Bellicourt. La hauteur de la percée, depuis le fond du canal jusqu'à l'intrados de la voûte, est de 8 mètres, la largeur est également de 8 mètres. De chaque côté existe une banquette de un mètre 30 centimètres pour le halage des bateaux. On y a construit des voûtes en briques sur une longueur d'environ 2.000 mètres. Le reste percé dans le roc, a paru avoir assez de solidité pour ne présenter aucun danger.

Ce souterrain eut d'abord 54 puits à 100 mètres de distance ; plus tard il en fut percé 22 autres, dont quelques-uns ont jusqu'à 66 mètres de profondeur.

« Les bateliers flamands, dit M. Bona, qui naviguèrent les premiers sur le canal de Saint-Quentin, n'avaient jusque-là parcouru que l'Escaut ; parvenus à l'entrée du grand souterrain, ils furent intimidés à l'aspect de ce passage, et on ne put les déterminer à le franchir qu'en promettant une exemption de droits pour le bateau qui le franchirait le premier. »

Un décret du 13 décembre 1810, dispensa en effet de tout droit de navigation le bateau qui fraya la route aux autres. Ce bateau fut nommé le *Grand Souterrain*. Il appartenait à M. Félix Dufour.

Les travaux commencés en 1802, furent presqu'entièrement exécutés par des déserteurs condamnés et des prisonniers de guerre de toutes les nations.

On sait qu'à la fin du mois d'avril 1810 Napoléon, accompagné de sa famille et d'une partie de sa cour, visita le canal de Saint-Quentin et les souterrains.

Les entrées et les sorties des souterrains méritent d'être visitées pendant l'été.

Rue de la Poterne

Cette rue conduit de la place du général Foy à la rue Sainte-Catherine. Elle portait autrefois le nom de rue du *Colombet*. Au 13e siècle, elle faisait partie de la 4e enseigne, désignée sous le nom de *la Fontaine*.

Son nom lui vient d'une poterne qui se trouvait en cet endroit et conduisait du rempart à la place d'Armes-Saint-Louis.

Rue des Prêtres

Cette rue se trouve près de la Basilique; elle fait suite à la rue de La Tour et conduit rue du Moine de Beauvais.

Il y a une dizaine d'années, le presbytère, c'est-à-dire la maison occupée par l'Archiprêtre de Saint-Quentin se trouvait au n° 8 de cette rue. La maison appartient à la ville, elle est occupée aujourd'hui par une partie du Mont-de-Piété.

Le nom de *Rue des Prêtres* lui vient du logement des curés et vicaires qui se trouvait tout près de cette rue.

Rue de l'Ancienne-Prison

(Aujourd'hui rue de la Caisse d'Épargne)

Cette rue commence dans la rue de la Sellerie en haut de la rue d'Isle et aboutit à la rue des Patriotes.

En 1406, elle portait le nom de *Rue des Brebis*.

Le nom de rue de la Caisse d'Épargne lui a été donné par le Conseil municipal dans la séance du 12 janvier 1891. Celui de rue de l'Ancienne-Prison lui venait d'un bâtiment à usage de prison qui se trouvait en face de la rue St-Jacques et datait du 16e siècle. Ce bâtiment fut vendu et démoli en 1847.

La maison des dames de la Croix, transférée depuis l'année 1841 dans la rue du Gouvernement, se trouvait alors dans cette rue.

Au 15ᵉ siècle, il y avait dans la rue de l'Ancienne Prison, la maison de la *Chaise* et une autre maison désignée sous le nom de la *Verte-Maison*.

L'hôtel de la Caisse d'Épargne occupe le nᵒ 4 de cette rue.

Au 13ᵉ siècle, la rue de l'Ancienne-Prison faisait partie de la 2ᵉ Enseigne désignée sous le nom de la *Sellerie*.

La rue du Quatre-Septembre

Rue ouverte il y a une douzaine d'années dans le bas et à droite de la rue Mulot, tout près de terrains encore en culture. Elle se dirige du côté du Nord-Est, entre les lieuxdits la *Voie de la Claie* et le *Chalet*.

Le Quatre-Septembre rappelle la chute de l'Empire de Napoléon III après le désastre de Sedan, et la proclamation de la République dans toute la France.

Rue Quentin Barré

—

Elle commence sur le boulevard Gambetta à l'extrémité sud des Champs-Elysées, et aboutit à la rue de Mulhouse.

La synagogue dans laquelle les Juifs célèbrent les cérémonies de leur culte, se trouve près de l'entrée de cette rue.

Quentin Barré est le nom d'un ancien mayeur de Saint-Quentin (1572 et 1576), qui fut en même temps un bienfaiteur des pauvres.

« Cet ancien mayeur, dit Paul Colliette, attendri sur le sort malheureux des enfants qui, dès le bas-âge, privés de leurs pères et mères, sont exposés aux inconvénients les plus déplorables de la misère et de l'inéducation, donna au Corps-de-Ville sa maison appelé le *Bornival*, près de l'Eglise Saint-Thomas, pour y recevoir les orphelins de l'un et de l'autre sexe, et leur y faire apprendre un métier. Cette institution, acceptée et bien cultivée, attira la compassion d'une infinité d'autres personnes touchées des mêmes objets que le fondateur avoit en vue : elles léguèrent à la maison de Bornival toutes sortes de biens; et depuis cette première époque, elle est devenue très-riche et très-accommodée. L'attention, le zèle et le désintéressement avec lesquels se fait l'administration de cet hôpital, en font surtout la ressource intarissable, malgré ses excessives dépenses ».

Rue Racine

Cette rue se trouve à droite du Lycée Henri Martin et se dirige sur la rue Emmeré. Elle occupe une partie des terrains de l'ancien Champ de Mars.

Sonnom lui a été donné en l'honneur de notre grand poète tragique Jean Racine, né en 1639, dans le département de l'Aisne, à La Ferté-Milon, et mort en 1699.

Racine était fils d'un contrôleur du grenier à sel de sa ville natale. Il resta orphelin à l'âge de quatre ans. Elevé à Port-Royal, il y puisa le goût de la littérature classique. A peine âgé de 20 ans, il s'attira les bonnes grâces de la cour de Louis XIV par une ode qu'il composa pour le mariage de ce roi, et qu'il intitula la *Nymphe de la Seine*. Il fit successivement la *Thébaïde, Alexandre, Andromaque*, les *Plaideurs, Britannicus, Bérénice, Bajazet, Mithridate, Iphigénie, Phèdre* et *Athalie*.

Sur la demande de Mme de Maintenon, il rédigea, en 1697, un *Mémoire* sur la misère du peuple. Cet écrit étant tombé entre les mains de Louis XIV, le roi despote s'en offensa et s'exprima en termes très durs contre l'auteur. Racine fut si vivement affecté d'avoir déplu au maître qui l'avait comblé de faveurs, qu'il succomba deux ans après à une maladie dont il était atteint depuis quelque temps déjà.

Les librairies de Firmin-Didot et de Garnier frères ont publié de belles éditions des Œuvres complètes de Racine.

Rue de la Raffinerie

—

Cette rue commence à la rue de La Fère en face de la gare du Nord et conduit à la rue de Guise, en traversant le chemin de fer, et en passant près d'une Ecole maternelle qui s'y trouve depuis 1860 et qui doit être transférée prochainement dans la rue de La Fère.

L'église Saint-Eloi, dont une partie est construite depuis 1875, borde cette rue près de la rue de Guise.

Au siècle dernier, la rue de la Raffinerie était encore l'ancienne chaussée qui conduisait aux routes de Guise et de La Fère.

Au commencement du 19e siècle, une filature, qui porta longtemps le nom de *Fabrique Rouge*, se trouvait dans cette rue. Elle fut convertie vers 1830 en une Raffinerie qui fut démolie en 1844, et c'est à cet établissement que la rue doit le nom qu'elle porte aujourd'hui.

Rue et Avenue de Remicourt

La rue de Remicourt commence dans la rue du Gouvernement, à l'est de la Basilique et tout près de la rue Fréreuse. Elle aboutit à la rue de Baudreuil et sur les Champs-Elysées. L'avenue de Remicourt fait suite à la rue de ce nom ; elle traverse les Champs-Flysées et aboutit au boulevard Gambetta, en face de la rue Charles Picard.

Au XIVe siècle, la rue de Remicourt aboutissait à une porte désignée sous le nom de porte de Remicourt. Elle se trouvait tout près de la rue de Baudreuil. En 1408, elle fut interdite aux voitures et devint la poterne de Remicourt jusqu'en 1598, époque où elle fut supprimée par suite de la construction d'un bastion qui porta le nom de la rue.

La ville avait alors six portes : la porte *Saint-Martin*, la porte du *Vieux-Marché*, à l'extrémité de la rue du Palais-de-Justice, la porte *Saint-Jean* anciennement nommée la « Belle-Porte », la porte de *Remicourt*, la porte d'*Isle* et la porte *Mayeure*.

Au XVIe siècle, on voyait encore à l'entrée de la rue de Remicourt, à l'angle de la rue du Gouvernement, une espèce de tour qui portait le nom de *Tour de Guise*.

D'après de La Fons, les seigneurs de Thenelles avaient un hôtel dans cette rue au XVe siècle.

L'Avenue de Remicourt a été ouverte vers l'année 1856, au moment où les Champs-Elysées furent disposés dans l'état où ils se trouvent aujourd'hui.

Remicourt est une petite banlieue de Saint-Quentin, située entre le chemin de Rouvroy et le chemin du Moulin-Brûlé.

Il y a quatre cents ans, cet endroit était planté de vignes.

Rue Richard-Lenoir

C'est une rue moderne qui s'ouvre sur le boulevard Gambetta presqu'en face du kiosque des Champs-Elysées, traverse la rue de Mulhouse et aboutit presqu'à l'extrémité de la rue Camille-Desmoulins.

Le nom de Richard-Lenoir est celui d'un grand industriel, né en 1765 à Epinaysur-Odon (Calvados), d'une famille de paysans. A l'âge de 17 ans, il quitta son village, et se fit porte-balle. Il alla à Paris, y fit le commerce de toiles de coton, et devint bientôt l'un des plus riches commerçants de l'époque. En 1797, il s'associa avec un autre négociant nommé Lenoir, et les deux noms n'en firent plus qu'un. Napoléon encouragea les deux négociants et bientôt ils eurent plusieurs manufactures sur divers points de la France, notamment à Saint-Quentin.

Richard-Lenoir fut décoré de la main même de Napoléon.

Une ordonnance du 23 avril 1814, rendue par le comte d'Artois, ayant supprimé les droits sur les marchandises anglaises et particulièrement sur les étoffes de coton, Richard-Lenoir, dont la fortune s'élevait à plusieurs millions, fut subitement ruiné. Il mourut dans la gêne en 1849.

En 1862, son nom a été donné à un des nouveaux boulevards de Paris.

Boulevard Richelieu

Ce boulevard s'étend depuis la place Crommelin et la convergence des rues des Etats-Généraux, de Cambrai, du Cateau et du boulevard du Nord jusqu'au rond-point des Marronniers, sur le boulevard Henri Martin. Il occupe une partie des glacis des anciennes fortifications.

Le nom de Richelieu lui a été donné pour rappeler le souvenir du célèbre ministre de Louis XIII, né à Paris en 1585, et mort en 1642.

A peine âgé de 22 ans, Richelieu fut sacré évêque de Luçon et appelé, à l'âge de 31 ans, par Marie de Médicis, au poste de secrétaire d'Etat. En 1619, il obtenait le chapeau de cardinal. En 1623, la reine le fit entrer au Conseil.

Malgré les actes de cruauté que l'histoire lui reprochera toujours, on peut dire que Richelieu fut un des plus grands ministres qui aient gouverné la France. Il eut de grandes vues et en poursuivit l'exécution avec une fermeté inébranlable. Sa politique peut se résumer ainsi : « Unité de la France et du pouvoir royal par l'oppression et l'affaiblissement de la noblesse ».

Il rétablit l'ordre dans les finances, donna une marine à la France, favorisa son expansion coloniale, fit occuper le Canada, le Sénégal, les Antilles, la Guyane, etc.

Il aimait et favorisait les lettres, et fonda l'Académie française.

Il lutta constamment contre les grands et déjoua toutes leurs cabales. Ministre omnipotent, il ne laissa à Louis XIII que l'ombre de la royauté.

Il fit trancher la tête à Cinq-Mars, favori du roi, et au jeune de Thou parce qu'il n'avait pas révélé le complot de son ami. Il poursuivit Urbain Grandier de sa haine, le fit condamner et brûler vif à Loudun.

Son testament politique, dont l'authenticité fut contestée par Voltaire, renferme d'utiles leçons pour les hommes d'Etat.

Chemin de Rouvroy

Ce chemin se trouve à l'extrémité de la rue de Bellevue, à la convergence de cette rue, de la rue Camille Desmoulins et du chemin du Moulin-Brûlé. Il conduit à Rouvroy en passant près de la fabrique de guipures de M. Sébastien-Cœuilte, et en traversant le fossé Saint-Claude, le canal et la Somme.

Rouvroy, petit village de 256 habitants, est la patrie de Jean de Rouvroy qui accompagna Philippe Auguste dans la conquête de la Normandie.

Ce village est cité dans une charte de 983, par laquelle Albert, le Pieux, fils du comte Héribert II, et abbé de St-Quentin-en-l'Isle, céda à cette abbaye les eaux et marais depuis Harly jusqu'à Rouvroy.

Pendant longtemps la fête de ce village, qui tombe le dimanche après le 4 juillet, attira de Saint-Quentin, une grande foule de promeneurs, de danseurs et de danseuses.

Rue Sainte-Anne

Cette rue commence dans la rue de la Sous-Préfecture, anciennement rue du Collége, et aboutit à la place du Huit-Octobre.

On trouve à sa gauche la rue Brûlée, une Ecole maternelle et une Ecole primaire fondée comme Ecole mutuelle par M. Brunel en 1823. A droite se trouvent les rues d'Issenghien, des Cordeliers, Wager, et un important Béguinage, récemment reconstruit, et qui date de l'année 1334. Il fut fondé par un bourgeois de Saint-Quentin, nommé Gérard d'Esquehéries, et par un nommé Robert de Suzannes, qui avait fondé, dix ans auparavant, un autre béguinage portant son nom.

A la fin du 18e siècle, le béguinage Sainte-Anne jouissait d'une redevance de quatre setiers de blé provenant de trente setiers de terre de surcens situés au terroir d'Essigny-le-Grand; de cent vingt-cinq setiers de blé pour vingt-quatre muids, un setier, 69 verges de muyage situés au terroir d'Happencourt ; d'une livre d'argent pour une masure située entre Tugny et Fluquières ; de quarante setiers de blé pour vingt-cinq setiers de muyages situés à Vaux et à Etreillers; de quinze setiers de blé pour dix setiers de muyages à Fayet ; de trois setiers de blé, sept livres d'argent, et 450 fagots pour vingt-et-un setiers de terre labourable et plantés en bois aux terroirs d'Attilly et d'Holnon, et cent dix-huit setiers de blé pour des terres et bois aux terroirs de Remicourt, Regny et Homblières.

Jacques Chantrel contribua, en 1664, à enrichir ce béguinage dans lequel il fit construire une chapelle qu'il dédia à Sainte-Anne. C'est depuis cette époque que le béguinage et la rue ont porté le nom de Sainte-Anne. Précédemment, la rue s'appelait rue des *Flamands*, à cause des habitants de ce pays qui vinrent s'y établir sous le règne de Philippe d'Alsace, comte de Flandre et de Vermandois, en 1156.

Un autre béguinage, portant le nom de béguinage Saint-Jacques, se trouvait également dans la rue Sainte-Anne. Il a été supprimé en 1845 et transféré rue des Vieux-Hommes.

Au 15e siècle, il y avait dans cette rue une maison désignée sous le nom d'hôtel de *Saint-Simon*.

Au 13e siècle, la rue Sainte-Anne faisait

partie de la neuvième Enseigne, désignée sous le nom d'Enseigne de la *ronde Chapelle*, à cause d'une tour très ancienne qui avait été construite tout près de cette rue.

Rue Sainte-Catherine

Elle se trouve au sud de la ville, et conduit de la rue de l'Evêché à la place du général Foy. Son nom lui vient de l'église Sainte-Catherine située en cet endroit et qui a été démolie en 1796. Avant la démolition des fortifications il y avait, tout près de cette rue une tour qui portait le nom de tour Sainte-Catherine.

En 1624 on fit construire une demi-lune dans ce quartier. En 1635, Louis XIII étant venu à Saint-Quentin avec sa Cour et le conseil, « il décida, dit Colliette, de fortifier davantage la ville de ce côté-là : pourquoi on fit deux bastions, l'un entre la porte Saint-Martin, l'autre entre la tour Sainte-Catherine ; la porte étant au milieu. »

Au 18e siècle une partie de la rue Sainte-Catherine était désignée sous le nom de rue aux *Grenouilles* à cause de sa proximité avec les marais de Tour-y-Val. En l'an VIII on lui donna le nom de *Malfuson* en même temps qu'à la rue de l'Evêché.

Malfuson, né dans cette dernière rue, était parti de Saint-Quentin comme volontaire en 1792. Ils fut tué d'un boulet de canon dans la plaine de Rocoux en face de la ville de Liège, le 27 octobre 1792.

Le puits qui se trouvait dans cette rue avant l'établissement des fontaines publiques, se nommait le *Puits-Neuf*.

Au 13e siècle, la rue Sainte-Catherine était comprise dans la quatrième Enseigne désignée sous le nom d'Enseigne de la *Fontaine*.

Rue et Place Saint-André

La rue Saint-André conduit directement de la place de l'Hôtel-de-Ville au grand portail de la Basilique. Son nom lui vient de l'église Saint-André qui se trouvait à gauche de cette rue. Elle fut vendue en 1794 et démolie en 1796.

Au moment de la Révolution, la ville de Saint-Quentin possédait douze églises y compris la Basilique, savoir : les églises Saint-André, Saint-Jacques, Saint-Jean desservie à cette époque par l'abbé Marolles, qui fut nommé évêque constitutionnel du département de l'Aisne, Saint-Martin, Saint-Thomas, Sainte-Pécinne, Sainte-Marguerite, Sainte-Catherine, St-Remy, Notre-Dame de la Gréance et Saint-Éloi. Longtemps avant la Révolution une église dédiée à Saint-Nicaise, se trouvait dans le quartier Saint-Martin, tout près de la rue Saint-Nicaise.

Un beffroi se trouvait autrefois à gauche de la rue Saint-André, près de la place de l'Hôtel-de-Ville. C'était une ancienne tour carrée, lourde et informe, dont les étages inférieurs, construits en grès et servant de prison de ville, étaient surmontés d'une immense charpente couverte en ardoises. Elle a été détruite en 1803.

Dans un rapport fait au Conseil des anciens par J.-J.-L. Bosquillon (de l'Oise), au mois de fructidor, an VII, au sujet de l'église Saint-Jacques dont la ville sollicitait l'abandon à son profit pour y établir un nouveau beffroi et une halle aux grains, nous trouvons les lignes suivantes, relatives au beffroi de la rue St-André :

« Le beffroi de la commune de Saint-Quentin, édifice antique, s'écroule sensiblement de lui-même par sa vétusté ; plusieurs visites faites par des ingénieurs et architectes habiles, dès le 25 janvier 1792, réitérées dans les années 4 et 5, la dernière le 9 brumaire an 7, dont les rapports sont joins aux pièces remises à votre Commission, justifient les rapides progrès de sa décadence, et annoncent sa chute totale comme prochaine et capable de nuire, tant aux citoyens qu'aux habitations et propriétés qui l'avoisinent. »

Une autre tour semblable à celle du beffroi de la rue Saint-André, et dont on a retrouvé les fondements, se trouvait de l'autre côté de la rue. Elle aurait servi anciennement à défendre l'entrée du moustier ou château de Saint-Quentin.

On sait que ce château comprenait l'espace entouré par les rues du Gouvernement, de la Sous-Préfecture et la place de l'Hôtel-de-Ville.

La principale porte du château donnait sur *la voie de Saint-Quentin*, aujourd'hui rue Saint-André. Elle était défendue, paraît-il, par deux énormes tours dont l'une échappée aux Huns et aux Normands, aurait servi plus tard de beffroi.

Des vestiges des anciennes constructions du château ont été retrouvés autrefois en divers endroits de son enceinte. En 1819, on trouva à l'angle de la rue Saint-Nicolas et de la rue de la Sous-Préfecture, à 7 mètres au-dessous du niveau du sol, un ancien souterrain dans lequel était le squelette à moitié carbonisé d'un soldat encore revêtu de sa cuirasse et de son casque ; dans le même endroit on trouva aussi un fer de mulet, une serrure et plusieurs débris d'armes. On trouva également, en cet endroit, un vaste puits parfaitement maçonné en grès, de 70 pieds de profondeur.

On sait que c'est seulement au 9e siècle que le château fut réuni à la ville qui s'étendait alors vers les quartiers Saint-Thomas, Saint-Martin, Saint-Nicaise et Pontoiles.

La ville prit à cette époque le nom de St-

Quentin, et fut entourée de fortifications qui lui donnèrent la forme qu'elle a conservée jusqu'au 17e siècle.

Le 2 septembre 1257, le roi Louis IX vint à Saint-Quentin avec ses deux fils, des prélats et des seigneurs, à l'occasion d'une cérémonie religieuse, et logea dans une maison de la rue Saint-André qui prit plus tard le nom de maison de Saint-Louis.

Il y avait autrefois dans cette rue, avec le beffroi et la maison que nous venons d'indiquer, celles de la *Bastille*, du *Chat*, du *Chef de Saint-Quentin*, de l'*Espée*, du *Mouton blanc*, de *Saint-Germain*, de *Saint-Martin*, de *Sainte-Catherine*, et de la *Licorne*. Cette dernière maison était habitée en 1660, par Lequeux, imprimeur.

La rue Saint-André a porté autrefois le nom de rue *Saint-Quentin*, le nom de rue du *Beffroi*, et en l'an VIII, celui de rue de l'*Egalité*.

La place Saint-André se trouve à gauche du grand portail de la Basilique.

En 1350, il y avait sur la place Saint-André, une maison habitée par un chanoine du nom de Robert Pourcelet qui a donné son nom à un passage aboutissant de cette place à la rue Croix-Belle-Porte et de là à la rue de la Nef-d'Or. Ce passage se trouvait à l'endroit où s'élève la maison de la rue Croix-Belle-Porte, portant le nº 38.

Au 13ᵉ siècle, cette place et la rue du même nom faisaient partie de la sixième enseigne désignée sous le nom de *Du Castel*.

Il y avait autrefois un puits sur la place qui portait le nom de puits Saint-André.

On sait que Saint-André était le frère de Saint-Pierre, apôtre de J. C. D'après la tradition, il fut crucifié à Patras. Dans les premiers siècles de l'église un évangile a été répandu sous son nom dans le public.

Rue Saint-Eloi

Située à droite de la rue de La Fère, un peu au-delà du chemin de fer du Nord, cette rue aboutit dans la rue d'Ostende.

Saint Eloi, né à Chatelat, dans le Limousin, en 588, fut d'abord orfèvre et trésorier du roi Dagobert Iᵉʳ. Il fut ensuite évêque de Noyon.

Tous les corps de métiers qui travaillent les métaux, l'ont pris pour leur patron.

On sait que le bon roi Dagobert lui ayant donné de l'or pour faire un trône, saint Eloi lui en fit deux.

Saint Eloi servit son roi avec beaucoup de dévouement. Il amena Judicaël, duc de Bretagne, à se retirer dans un monastère, et à abdiquer en faveur de Dagobert.

C'est en l'année 640 qu'il fut nommé évêque de Noyon. A partir de cette époque, il consacra sa vie en prédications et en bonnes œuvres.

Autrefois, aux environs de Noyon, on conduisait les chevaux malades à l'abbaye de Saint-Eloi pour les guérir. Dans le Santerre, il existe encore, dans quelques villages, des grès appelés pierres de saint Eloi, autour desquels les cultivateurs font faire trois fois le tour à leurs chevaux, dans le but de les préserver de certaines maladies.

En même temps qu'il était évêque de Noyon, saint Eloi l'était également de Tournay. Il fut consacré à Rouen. On peut lire dans l'Histoire de Tournay, de Jean Cousin, imprimée à Douai en 1619, de longs récits sur ce saint, sur sa mort et sur ses funérailles C'est lui, d'après saint Ouen et l'historien de Tournay, qui trouva le corps de saint Quentin, celui de saint Piat, à Seclin, de saint Crépin et de saint Crépinien à Soissons, et de saint Lucien à Beauvais.

Au 17e siècle l'église d'Holnon payait annuellement à l'église Saint-Eloi du faubourg d'Isle treize setiers de blé de surcens.

Le nom de la rue lui vient de cette église.

Rue Sainte-Eusébie

Cette rue se trouve à droite de la rue de La Fère, entre les rues Bignon et Jules César. Elle aboutit à la rue d'Ostende.

On sait ce que raconte l'histoire légendaire de sainte Eusébie : « En l'an 304, saint Quentin, qui était venu prêcher le christianisme à Amiens et dans le Vermandois, était martyrisé par Rictiovare qui lui fit trancher la tête, et jeter ensuite son corps dans les eaux de la Somme, en face de l'endroit où se trouvait autrefois l'Abbaye-en-l'Isle. Cinquante-quatre ans plus tard, Eusébie, noble dame romaine, aveugle depuis 9 ans, eut une révélation divine par laquelle il lui fut commandé de venir en la ville d'Auguste de Vermandois, où elle trouverait le corps de saint Quentin, et la guérison de sa cécité. Elle partit donc de Rome, sous la conduite d'un ange. Arrivée au pont d'Isle, elle pria un vieillard nommé Héraclin, qu'elle avait rencontré, de lui indiquer l'endroit où le chemin de Laon-le-Cloué traverse la Somme. Elle s'y rendit de suite et bientôt « le lieu où le sainct corps reposait souls les eauës, commença à s'esmouvoir de-soy-mesme, donnant une agréable espérance par les cercles crespez et ondoyans qui se formèrent ; et après par la grande vertu de Dieu, le corps du sainct parut s'eslever, et porté sur le dos de l'eauë, vint flottant avec estonnement iusques dans les mains de la bonne Eusébie. Le chef, sortant d'un autre endroit de l'eauë, est conduit par la même voye admirable au lieu où s'estoit rendu le corps.

» La vénérable dame, toute transportée de ioye, reçoit l'un et l'autre, et les tirant des eauës, les met dans les beaux et précieux linges qu'elle avoit apportés avec elle à cet effet. »

Eusébie, qui avait sans doute recouvré la vue en arrivant sur la Somme, voulut donner une sépulture honorable au corps du martyr. Son intention était de le transporter au camp de Vermand, où elle avait des amis, mais lorsque ceux qui portaient le corps furent arrivés au sommet de la colline qui dominait la ville d'Auguste, à l'endroit même où saint Quentin avait été décapité, il devint si pesant que, « ne pouvant plus bouger ny aller plus outre, ils furent contraints de s'arrêter. »— C'est là que se trouve l'église basilique de la ville de Saint-Quentin.

L'évènement que nous venons de rappeler, arriva, paraît-il, le 24 juin de l'année 358.

Rue Saint-Jacques

Petite rue qui commence sur la place de l'Hôtel-de-Ville, et conduit dans la rue de l'Ancienne-Prison, aujourd'hui rue de la Caisse d'Epargne.

Son nom lui vient de l'ancienne église St-Jacques, transformée, depuis l'année 1882, en Bourse de Commerce.

C'est sur cette rue que s'élève la grande tour St-Jacques qui sert de Beffroi depuis le commencement du 19e siècle. Cette tour existait depuis la construction de l'église en 1580. En 1802, on fit édifier sur sa terrasse la loge octogone qu'on y voit encore aujourd'hui, et dans laquelle un *guetteur* veille nuit et jour sur la ville et les environs. On découvre de là un immense horizon. On voit la cathédrale de Laon, les forêts de St-Gobain, de Compiègne, etc.

Le *guetteur* répète l'heure le jour et la nuit ; il annonce l'arrivée des troupes, il signale les incendies : par deux coups de cloche si le feu est hors de la banlieue, et à coups redoublés s'il est dans la ville. Avant la construction des chemins de fer, il faisait connaître l'arrivée des diligences.

On se souvient toujours avec quelle joie patriotique, celui qui se trouvait dans la loge le 8 octobre 1870, annonça la retraite des Prussiens qui avaient envahi le faubourg d'Isle. « Les v'là qui s'en vont, se mit-il à crier tout à coup en se tournant vers l'Hôtel de Ville... Y sont partis ! y sont partis ! y sont partis !!! » Le brave homme ne se doutait pas qu'ils reviendraient bientôt et que sa loge et le clocher de l'Hôtel de Ville serviraient de points de mire à leurs canons.

On sait qu'au 14e siècle le droit d'avoir un beffroi constituait un privilège pour les villes. En 1322, ce droit fut retiré à la ville de Laon pour la punir d'un sacrilège commis par ses habitants.

Au 15e siècle, la rue Saint-Jacques portait le nom de rue de la *Poterie*. En l'an VIII, on lui donna le nom de rue de la *Loi*.

Paul Colliette croit qu'un béguinage portant le nom de la *Poterie*, qui fut fondé par trois femmes veuves d'Etreillers, se trouvait dans cette rue en l'an 1550. Les béguines, au nombre de trois, devaient être veuves. Leurs biens consistaient en vingt-quatre setiers de terre situés à Bray-Saint-Christophe, en quatre setiers de blé fournis par le village de Dallon, et en trente-quatre livres 8 sous de rente pécuniaire.

Le 26 frimaire an II, les religieuses de l'abbaye d'Origny-Ste-Benoîte, ayant été mises en état d'arrestation à Ribemont, où elles s'étaient réfugiées, furent conduites à Saint-Quentin et enfermées dans l'église St-Jacques, et ensuite dans le couvent de la Croix.

Le 16 prairial an 7, le Conseil des Cinq-Cents avait, sur la demande de la Municipalité, concédé gratuitement à la Ville l'église St-Jacques pour en faire une halle aux grains et y établir le nouveau beffroi. Mais, comme nous l'avons dit, à propos du beffroi de la rue St-André, le Conseil des Anciens s'y opposa, et la Ville dut payer 7.500 fr. pour l'acquisition de l'immeuble.

M. Ch. Daudville a composé, sur la tour St-Jacques, une poésie qui a été insérée dans le volume du *Vermandois* de l'année

1873. Nous en détachons les deux strophes suivantes :

Des obus prussiens, toi, que mira l'attaque,
Quand planaient sur nos murs la ruine et l'effroi,
Pourrai-je t'oublier, vaillante tour Saint-Jacque
    Au svelte, à l'élégant beffroi ?

. . . .

Beffroi ! de la Cité ta double cloche est l'âme ;
Tout citoyen s'éveille à ton sublime chant,
Le patron, l'ouvrier que son travail réclame,
    Le maraîcher, puis le marchand.

Comme nous le rappelons plus haut, c'est en 1882 que l'ancienne église Saint-Jacques qui servait depuis 80 ans de halle aux grains, fut transformée en salle de Bourse de Commerce. Les travaux furent poussés activement jour et nuit pour y organiser, à l'occasion du Concours régional, une Exposition industrielle. Les dépenses s'élevèrent à 103.000 fr. dans lesquelles les fabricants de sucre de la région, et quelques autres industriels contribuèrent pour une somme de 10.000 fr.

C'est aujourd'hui un bel édifice qui a son entrée principale dans la rue de la Sellerie.

Rue et Impasse Saint-Jean

La rue commence à l'extrémité de la rue Croix-Belle-Porte et à l'entrée de la rue du Gouvernement, et se dirige sur la place Lafayette, en laissant en face d'elle la rue des Frères Desains, précédemment rue des Fossés-Saint-Jean.

On trouve à sa droite la rue de la Fosse et l'impasse Saint-Jean, près de la place Lafayette. La rue des Arbalétriers est à gauche.

Elle portait anciennement le nom de rue *Belle-Porte* à cause de la porte Saint-Jean qui se trouvait à l'extrémité de cette rue. En l'an VIII on lui donna le nom de rue *Lilloise*.

L'impasse Saint-Jean s'est appelée *Cul-de-sac Saint-Jean* et ensuite impasse de la *Trinité*. Dans certains actes, cette impasse est désignée sous le nom de rue du *Sac* ou du *Sac as bèles portes*. Une institution religieuse, dite « Sainte-Marie », se trouve à l'extrémité de cette impasse.

Le nom de rue Saint-Jean vient d'une église dédiée à Saint Jean-Baptiste, et qui se trouvait dans cette rue sur l'emplacement des locaux occupés par la Société industrielle.

En l'année 1213, le légat du pape qui était venu prêcher la croisade en France, ayant visité les églises du Vermandois, remarqua que la Basilique était trop petite pour contenir les Saint-Quentinois. En conséquence, il ordonna que la ville serait divisée en neuf paroisses. C'est donc de cette époque que datent les paroisses et les églises qui ont été supprimées à la Révolution. Les églises étaient précédemment de simples chapelles.

L'église Saint Jean-Baptiste a été démolie de 1795 à 1796.

Deux hôpitaux se trouvaient anciennement dans cette rue, l'un l'*hôpital Saint-Jacques*, en face de la rue de la Fosse, et l'autre à l'angle de cette dernière rue et de la rue Saint-Jean. On l'appelait l'*hôpital de la Charité des Pauvres*.

Les religieuses de Fervaques et les moines de l'abbaye du Mont-Saint-Martin avaient, au 14e siècle, une maison de refuge.

Il y avait en outre autrefois dans la rue Saint-Jean : l'hôtel de Gibercourt, la maison de *Philippe Grin*, la maison de l'*Ecu de France*, la maison du *Gant doré*, la maison des *Porchelets*, la maison des *Trois-Bourdons*, la maison du *Mouton-Noir*, la maison de *Sainte-Magdeleine*, la maison de l'*Attaque*, celle du *Panier fleuri* et l'hôtel de la *Hure*.

La rue Saint-Jean faisait partie au 13e siècle de la 7e Enseigne désignée sous le nom de Saint-Jean.

On trouve aujourd'hui dans cette rue, en face de la rue de la Fosse, sur l'emplacement occupé autrefois par l'hôpital Saint-Jacques, la Caisse commerciale Lécuyer et Ce, l'établissement de la Société industrielle sur l'emplacement de l'ancienne église Saint-Jean, et l'étude de Me Pascault, notaire.

Rue Sainte-Julie

Rue moderne ouverte dans le quartier de Remicourt, entre la rue de Bellevue et la rue Richard-Lenoir. Elle conduit de la rue de Mulhouse à la rue Pierre Ramus.

Le nom de Sainte-Julie lui a été donnée par le propriétaire des terrains.

On sait que Sainte-Julie est née en Syrie et qu'elle a été martyrisée en Corse en 439.

Chemin de Saint-Laurent

Ce chemin est situé à l'extrémité du faubourg Saint-Jean, vers Fayet, à gauche du chemin de Gricourt. Son nom lui vient d'une croix qui s'y trouvait anciennement et qui y avait été élevée en l'honneur de Saint-Laurent.

On en voyait plusieurs autrefois sur les chemins conduisant aux villages qui avoisinent Saint-Quentin.

On sait que le 10 août 1557 une bataille, dite de Saint-Laurent, eut lieu entre les troupes françaises et les troupes espagnoles et anglaises tout près d'Urvillers, Essigny-le-Grand et Montescourt.

Saint-Laurent naquit à Rome au 3e siècle. Il fut déchiré à coups de fouet par le bourreau, et attaché ensuite à un gril sous lequel se trouvaient des charbons ardents. Il y était si bien, dit la légende, qu'il pria ses bourreaux de le retourner sur le gril.

Rue Saint-Lazare

Cette rue, qui a été désignée autrefois sous le nom de rue Saint-Ladre, se trouve au faubourg d'Isle, après la rue Maillefer. Elle aboutit à la rue d'Ostende. Son nom lui vient du voisinage d'un hôpital nommé Saint-Lazare et qui se trouvait, dès l'année 1165, sur la route de La Fère.

Cet hôpital avait été fondé primitivement pour y recevoir les personnes atteintes de la lèpre, maladie assez commune à cette époque. On l'appelait alors l'hôpital la Maison des Lépreux.

Elle fut détruite par la foudre en 1621, le jour du Vendredi-Saint, et plus tard par un incendie occasionné par de la paille que l'on avait allumée dans la loge d'un soldat malade pour la désinfecter. En 1637 ses biens furent remis à l'aumône commune.

Une ferme et une fabrique de sucre, construite vers l'année 1835, occupent l'emplacement de l'ancienne maison de Saint-Lazare. Elles sont connues sous le nom de ferme et de fabrique de Saint-Ladre, et se trouvent sur le côté droit de la route de La Fère, à l'angle de la route de Chauny.

Les ruines de l'hôpital se voyaient encore en 1770.

On croit que cette maison fut fondée par *Oda*, veuve d'Hubert Coldetor. Ce qui résulte toutefois des récits des anciens historiens saint-quentinois, c'est que cette personne, qui s'appelait *Oda* ou *Odeline Coldetor*, la dota en 1155 et dans les années suivantes de quelques revenus, et qu'elle s'y retira pour y finir ses jours.

En 1155, Odeline établit un prêtre dans l'hôpital Saint-Lazare, et le dota de douze muids de blé à prendre sur le moulin de Luvegnies (moulin Brûlé). En 1167, elle fit une nouvelle donation à la maison des Lépreux.

En 1267, un nommé Colars, d'Holnon, vendit à la Léproserie de Saint-Lazare quatre setiers de terre tenant à une des rues du village, à la chaussée romaine et « au camp de Fervakes ». La femme de ce Colars se nommait Ode.

Ajoutons qu'un béguinage composé de plusieurs locaux séparés, pour de vieux ménages, fondé par des habitants de Saint-Quentin, a été construit, il y a quelques années, tout près de la ferme Saint-Ladre, vis-à-vis de l'établissement industriel de M. Basquin-Blériot.

En 1295, le maître de la Léproserie de Saint-Lazare était un nommé Nicholas Douay. Dans un écrit du mois de mai de la même année, les commissaires royaux attestent avoir reçu du maire et des jurés de Saint-Quentin la moitié de la somme de 35 livres 3 sous parisis à laquelle étaient tenus envers le roi les frères et sœurs de la maison de Saint-Ladre. La désignation des biens se trouve dans le premier volume des Archives de la ville de Saint-Quentin, publié par M. Emm. Lemaire.

Le 3 avril 1320, intervint une transaction entre Jehan, dit le borgne de Cramaibles, chevalier, seigneur d'Holnon, et le maître de la Léproserie de Saint-Lazare au sujet des terres que cette Léproserie possédait au terroir d'Holnon.

La Maladrerie de Saint-Ladre possédait, au 12e siècle, des biens à Gauchy, au Petit-Fresnoy, à Thorigny, au Tronquoy, à Lehaucourt, à Ramicourt, à Fieulaines, à Selency, à Gricourt, à Attily, à Sissy, à Regny, à Maissemy, etc.

Rue Saint-Louis

La rue Saint-Louis commence sur la place du général Foy et conduit dans l'avenue du général Faidherbe. Elle se trouve entre la rue d'Orléans et le boulevard Victor Hugo. Elle traverse les rues Wallon de Montigny et du Jeu de Paume et laisse à sa droite la rue de Vauban, et à sa gauche la rue des Fossés Saint-Martin.

Cette rue a été ouverte en 1823 sur l'emplacement de l'ancien bastion Saint-Louis.

Lors du siège de 1557, les fortifications de la ville ne comprenaient qu'un seul bastion, celui situé en face de la rue Saint-Jean. Sept autres ont été construits ensuite, savoir : le bastion *Saint-Louis*, en face la rue des Bouloirs ; le bastion de *Pienne*, au bas et à gauche de la rue d'Isle ; le bastion de la *Reine*, au bout de la rue des Suzannes ; le bastion du *Roi*, en face du kiosque des Champs-Elysées sur la rue de Baudreuil ; le bastion de *Richelieu*, entre la rue du Palais-de-Justice et la rue des Frères Desains ; le bastion de *Longueville*, au bout de la rue des Capucins, et le bastion du *Coulombié*, au bas et à droite de la rue Saint-Martin.

Place et Cour Saint-Louis

Cette place est située vers le milieu de la rue Sainte-Pécinne, à gauche en descendant, presque en face de la rue Brûlée.

Son nom lui vient d'une église qui se trouvait en cet endroit et qui fut détruite pendant le siège de 1557.

La rue Charlevoix, et la petite rue des Suzannes aboutissent tout près de cette place. Elle fut pavée en 1830 et repavée en 1858. Un puits appelé le puits *Boueux* se trouvait anciennement sur cette place.

Il y avait autrefois dans le voisinage de cette place un four banal qui appartenait aux Chanoines de la Basilique.

Il y eut aussi anciennement dans ce quartier une église dédiée à Saint-Mein et une rue qui portait ce nom.

Avant la division de la ville en quatorze paroisses, le cimetière commun se trouvait près de la place Saint-Louis.

En l'an VIII, cette place portait le nom de place de la *Carmagnole*.

Une cour portant le nom de St-Louis se trouve sur la rue de Cambrai, à gauche avant la rue du Blanc-Mont.

Sentier Sainte-Marguerite

Ce sentier se trouve à droite de la rue de Fayet, sur les hauteurs du Blanc-Mont. Il conduit de la rue Denfert-Rochereau à la rue de Phalsbourg et de là au carrefour formé par les rues de Fayet, d'Epargnemaille et du Blanc-Mont. Les terrains qui se trouvent entre ce sentier et la rue de Fayet ont été fouillés pour en retirer de la pierre à chaux. Un chauffour existe toujours en cet endroit.

Ce sentier traverse la rue Thiers.

Rue Saint-Martin

C'est une des plus anciennes rues de la Ville. Elle conduit de la place de l'Hôtel-de-Ville à la place Henri IV, et de là, dans l'avenue Faidherbe, anciennement rue Neuve-St-Martin.

On trouve à sa droite les rues du Palais-de-Justice, St-Prix, Petite rue St-Martin et de l'Hôtel-Dieu ; et à sa gauche, les rues de la Comédie et des Glatiniers.

Une partie de cette rue, celle qui s'étend de la place de l'Hôtel-de-Ville à la rue St-Prix, a porté autrefois les noms de rue de la *Boulangerie* et de la *Quêterie*.

En l'an VIII, elle porta le nom de rue de *Paris*.

Le nom de St-Martin lui vient de l'église dédiée à ce saint, laquelle fut édifiée dans cette rue, à l'angle de la petite rue Saint-Martin, après l'année 1214, au moment où la ville fut divisée en quatorze paroisses. Elle a été démolie de 1794 à 1796.

L'abbaye de St-Prix se trouvait du côté droit de la rue de ce nom, sur la rue St-Martin.

Les seigneurs de Villecholles, dont quelques-uns furent, avant la Révolution, les subdélégués de l'intendant de Picardie, avaient, au XVe siècle, un hôtel dans cette rue.

On y trouvait à cette époque la maison du *Chygne*, la maison du *Panier-Vert*, celle de l'*Espousée*, celle du *Pot-d'Etain*, aujourd'hui hôtel de France, le *Petit-Saint-Quentin*, faisant l'angle de la rue du Palais-de-Justice et de la rue Saint-Martin, du côté de la place de l'Hôtel-de-

Ville, et sur la façade de laquelle on voyait encore il y a vingt ans, une scène du martyre de St-Quentin sculptée dans la pierre. Il y avait également autrefois dans la rue St-Martin l'Hôtel de *Fayet*, la maison des *Trois-Maillets*, le *Faucon-Vert*, la maison *Saint-Jean*, le *Vert-Muguet*, la *Grosse-Tête*, *Saint-Georges*, le *Vert-Chevalier* et l'hôtel *Saint-Jacques*.

Dans la maison du *Petit-St-Quentin* se trouvait anciennement une fontaine miraculeuse comme celle de Marteville. On leur attribuait à l'une et à l'autre la même origine. La légende dit qu'une prison existait au temps de l'occupation romaine en ces endroits, et que saint Quentin y a été enfermé.

Deux puits étaient dans cette rue : le puits St-Prix à l'entrée de la rue des Glatiniers, et l'autre, près de la rue de l'Hôtel-Dieu.

Il y a dans la rue St-Martin, tout près de la rue St-Prix, vers la place de l'Hôtel-de-Ville, une école communale de filles. C'était, il y a quinze ans, une école de garçons dirigée par des frères de la doctrine chrétienne.

L'Hôtel-Dieu, autrement dit les Hospices civils de St-Quentin, occupent la plus grande partie de l'emplacement qui s'étend de la rue St-Martin à la rue Clotaire II, et de la rue de l'Hôtel-Dieu à la petite rue St-Martin. L'entrée principale se trouve sur la rue St-Martin.

Un hôpital fut fondé en cet endroit, en 1490, par Mathieu de Buridan et sa femme, riches bourgeois de St Quentin. Il devait servir à recueillir et à entretenir quelques femmes pauvres au service desquelles des religieuses, appelées sœurs *Buridanes*, étaient attachées.

En 1498, un autre bourgeois de Saint-Quentin, Pierre de Herdin, dota à son tour, cet hôpital Il lui donna des biens qu'il possédait à Urvillers et à Seraucourt.

Après la prise de St-Quentin par les Espagnols en 1557, l'hôpital de Buridan perdit son nom. Il servit d'hôpital général sous le nom d'Hôtel-Dieu. On y transféra les divers hôpitaux de la Ville avec leurs revenus, et l'administration en fut confiée un moment à trois bourgeois. Cela déplut au Chapitre, qui protesta. « Il se trouvait offensé, dit Paul Colliette, de voir cet Hôtel-Dieu, devenu purement *laïcale*. » Des contestations eurent lieu, et le Chapitre redevint le maître de l'Hospice général de la Ville jusqu'à la Révolution.

L'Hôtel-Dieu de Saint-Quentin est un établissement de bienfaisance des plus importants et des mieux disposés. De grandes améliorations y ont été apportées il y a cinquante ans, et aujourd'hui, on peut dire qu'avec l'Orphelinat Cordier la Ville possède, pour recueillir des malades pauvres et des vieillards, des établissements modèles qu'il importe cependant de compléter, pour éviter l'envoi à Montreuil des malheureux qui ne peuvent subvenir à leur existence par le travail.

Ajoutons qu'il est question d'établir en ce moment un égout dans la rue St-Martin pour rejoindre celui de l'avenue Faidherbe.

La partie haute de cette rue était comprise au 13e siècle dans la 12e Enseigne, dite du Vieux-Marché, et l'autre partie dans la 13e Enseigne, désignée sous le nom de la Boulangerie.

Petite rue Saint-Martin

—

Cette rue conduit de la rue St-Martin à la rue des Capucins. Elle est un peu étroite. Elle porta anciennement le nom de ruelle Saint-Martin. Elle conduisait directement à l'église de cette paroisse. — En l'an VIII, elle fut appelée rue *Jean-Jacques Rousseau*.

Une partie des bâtiments de l'Hôtel-Dieu bordent cette rue.

Les rues Jumentier et St-Prix y débouchent sur le côté droit, en allant vers la rue des Capucins.

Dans ces dernières années, on y voyait, à l'angle de la rue Jumentier, du côté opposé à l'établissement de bains qui se trouve dans cette rue, une salle de bals où des représentations théâtrales furent données très souvent. Cette salle servait aussi pour les distributions de prix des pensions de la ville, et quelquefois de salle pour des réunions publiques.

Démolie il y a trois ans, elle est aujourd'hui remplacée par de belles maisons d'habitation.

Rue Saint-Nicaise

—

Cette rue se trouve entre l'avenue Faidherbe, anciennement rue Neuve-Saint-Martin où elle commence, et la rue Antoine Lécuyer. Elle aboutit sur le boulevart Henri Martin, tout près de la place Dufour-Denelle. Son nom lui vient d'une église dédiée à Saint Nicaise, et qui s'élevait autrefois entre cette rue et l'avenue Faidherbe. Cette église fut vendue en 1793 et démolie deux ans plus tard.

Une rue de ce nom, qui n'existe plus, conduisait de la porte St-Martin à l'église Saint-Nicaise.

La paroisse Saint-Nicaise fut fondée en 1214; mais l'église ne fut achevée que vers l'année 1257.

En 1530, on remplaça les anciennes murailles de Saint-Quentin, et les quartiers de Saint-Nicaise et de Pontoille furent séparés de la ville et défendus par un ouvrage extérieur consistant en une espèce de bas rempart qui les entourait et joignait par ses deux bouts le rempart de la ville aux endroits nommés la tour Sainte-

Catherine et celle qui dominait le bastion de Longueville.

La rue Saint-Nicaise a été nivelée et pavée en 1829. Un puits se trouvait autrefois dans cette rue.

Rue Saint-Nicolas

Elle commence dans la rue de la Sous-Préfecture tout près de l'entrée de la rue d'Isle et conduit dans les rues du Petit-Paris et de Vesoul. Son nom lui vient d'une chapelle qui se trouvait déjà en cet endroit au 12e siècle. Elle appartenait aux seigneurs de Guise, qui la donnèrent en 1135 aux moines de Prémontré. Ceux-ci avaient obtenu précédemment des comtes du Vermandois et du Chapitre de Saint-Quentin, un emplacement dans la ville pour y bâtir une maison de refuge.

La petite chapelle dédiée à St-Nicolas fut l'objet de contestations entre les religieux et le chapitre. Le litige fut soumis au pape qui nomma trois commissaires pour juger l'affaire. Pour concilier les parties, les juges décidèrent que la chapelle appartiendrait par moitié aux Chanoines de Saint-Quentin et aux Prémontrés.

La maison des Prémontrés fut détruite vers 1728 et probablement avec elle, la chapelle qui en faisait partie.

En 1616 on voyait encore dans cette rue une tour dite de Prémontré qui avait été élevée en 1348 sur les fondations d'une des tours qui entouraient l'ancien *castellum*.

En 1819, en perçant une citerne, dans une maison de la rue Saint-Nicolas, on trouva, à 7 mètres de profondeur, un ancien souterrain dans lequel il y avait le squelette, à moitié carbonisé, d'un soldat encore revêtu de sa cuirasse et de son casque, un fer à mulet, une serrure et des débris d'armes.

Cette rue a été appelée anciennement rue du *Sacrifice* à cause d'une hôtellerie qui avait pour enseigne: *Hôtellerie du Sacrifice d'Abraham*. On l'a appelé aussi la rue du *Grenier-au-Sel* à cause du magasin à sel qui se trouvait à l'angle de la rue de Vesoul.

Rue Sainte-Pécinne

La rue Sainte-Pécinne commence au carrefour formé par les rues du Gouvernement, des Suzannes et de la Sous-Préfecture. Elle conduit dans le bas de la rue Sainte-Anne. Son nom lui vient d'une église dédiée à Sainte-Pécinne qui se trouvait dans ce quartier dès le commencement du 12e siècle.

Paul Colliette nous apprend qu'en 1170, le Chapitre de Saint-Quentin possédait dans la ville le droit d'exercer la justice temporelle dans un « canton particulier » appelé le *district de Sainte-Pécinne*, et que Philippe d'Alsace, marié à Elisabeth, comtesse du Vermandois, dès 1167, acheta ce district aux Chanoines, moyennant une redevance de 40 muids de froment que Hugues, abbé du monastère d'Isle, s'engagea, au nom de sa communauté, à leur payer à perpétuité sur le moulin du Grosnard qu'il tenait du comte du Vermandois, moyennant une redevance plus élevée.

Au 11e siècle, l'église Sainte-Pécinne

était dédiée à Saint-Pierre. Elle fut vendue en 1793 et démolie en 1795.

En 1334, Robert de Suzanne, fonda à Saint-Quentin un hôpital pour de pauvres filles ou femmes nécessiteuses. Il lui donna son nom, et le plaça dans sa maison située entre l'église Sainte-Pécinne et le rempart.

Un autre hôpital, portant le nom d'hôpital de la *Croix-d'Or*, fut fondé dans la rue Sainte-Pécinne, apès le siège de 1557, par Michel Chatelain, qui lui donna une maison située sur la Grande-Place et trois autres plus petites. Il subsista jusqu'en 1635, époque à laquelle il fut réuni à l'Hôtel-Dieu. La partie de la rue dans laquelle se trouvait cet hôpital portait le nom de rue *Bouttefour* à cause d'un four banal situé au bout de cette rue.

En 1138, le chapitre de Sainte-Pécinne, possédait le tiers des dîmes et l'autel de Gricourt.

En l'an VIII, la rue Sainte-Pécinne fut appelée rue *Nationale*.

Au 13e siècle, elle faisait partie de la 8e enseigne, dite de *Sainte-Pécinne*.

Rue Saint-Prix

—

Elle s'ouvre dans la rue Saint-Martin, sur la droite en descendant, entre les rues du Palais-de-Justice et la petite rue Saint-Martin. Elle fut ouverte en 1825, dans le jardin de l'ancienne abbaye de Saint-Prix. Son nom lui vient de cette abbaye et de l'église qui fut élevée en cet endroit vers l'an 1470. L'église fut vendue en 1793 et démolie en 1794.

La rue Saint-Prix conduit dans la petite rue Saint-Martin en faisant un coude.

L'abbaye de Saint-Prix fut fondée au 10e siècle au faubourg Saint-Martin, près de l'emplacement occupé par le Vieux-Port, et à l'endroit même où se trouvait encore, en 944, le palais des comtes du Vermandois.

Voici ce que Paul Colliette dit de ce palais et des motifs qui engagèrent Hébert II à y appeler des moines et à le transformer en abbaye :

« Les comtes du Vermandois avoient demeuré jusqu'alors un peu au-dessus des rives de la Somme, hors de la ville, capitale de leur gouvernement, près d'un lieu que nous appelons Rôcourt. Le lieu qu'ils habitoient s'appelloit en latin *Broïlus*, d'un nom dont la racine est inconnue, et semble aux savants signifier un endroit ombrageux et planté d'arbres ou de bois. C'est celui précisément où nous voyons maintenant (1770) bâties la chapelle et la ferme de Saint-Prix. La situation de leur palais, posé sur une petite éminence, en recevoit plus d'agrément ; et les eaux avec les bois, dont elle étoit bordée, en composoient un séjour délicieux. Le corps-de-logis étoit grand et vaste. Les cours, les jardins et les enclos étoient entourés de murailles, et défendus, selon l'usage de ces temps, par de petites tours dans lesquelles on posoit des troupes, pour interdire toute entrée dans les lieux de la demeure du Comte. C'étoit dans l'enceinte du palais de ces Seigneurs qu'eux et les Barons, leurs conseillers, décidoient les affaires qu'on leur déféroit..... Là étoient les prisons dans lesquelles on jettoit les criminels.

» Ce fut dans une de celles qui y étoient construites qu'Hébert II avoit fait enfermer Charles *le Simple*. La mémoire d'un traitement si barbare étoit odieuse à Albert, et lui avoit rendu insupportable le lieu qui avoit été autrefois le témoin des cris, des pleurs et des tourments de son roi. Il voulut quitter cette demeure qui rappelloit sans cesse à son esprit de si tristes images; mais il résolut, en l'abandonnant, de la consacrer à jamais par un pieux établissement qui lui en fit oublier, et aux siècles futurs, s'il étoit possible, toute la laideur et l'impureté. Il appella des moines de Saint-Bénoît, et les fixa dans son palais dont il leur fit présent. Il leur donna encore plusieurs autres biens dont le détail est renfermé dans la Charte qu'il fit expédier, en leur faveur, longtemps après qu'ils les eut établis dans la maison comtale. »

Le nouveau monastère prit le nom d'abbaye de Saint-Prix, du nom d'un évêque de Clermont, tué en 674 par un Saxon.

En l'an 1045, le comte Othon confirma à l'abbaye de Saint-Prix les donations faites par son aïeul Albert Ier, et y ajouta plusieurs biens situés en différents villages des environs.

Malgré l'abondance de ses biens, l'abbaye de Saint-Prix fut quelquefois placée dans une situation très pénible. Barthélemy, évêque de Laon en 1142, a tracé un portrait lamentable de la situation des moines de l'abbaye de Saint-Prix à cette époque.

En 1470, le roi Louis XI fit travailler

aux fortifications de la Ville. On reconnut alors qu'en cas d'attaque de la Ville, la maison de Saint-Prix offrait des dangers, l'ennemi pouvant s'en emparer et s'y retrancher. On résolut donc de la détruire. Les moines se retirèrent dans la maison abbatiale qu'ils possédaient dans la Ville depuis l'année 1353, et c'est à partir de cette époque que l'abbaye de Saint-Prix fut établie dans la rue Saint-Martin, à l'endroit où elle se trouvait encore en 1793.

En 1290, cette abbaye intenta un procès devant le Parlement au bailli et au sénéchal du Vermandois, ainsi qu'aux maire et jurés de Saint-Quentin, à l'effet de faire reconnaître qu'elle et ses hommes du quartier de Pontoiles, des villages de Rocourt, Oëstres, Happencourt, Omissy, Levergies et Francilly étaient exempts de payer le droit de vinage à Saint-Quentin.

Chemin de Saint-Prix

On appelle ainsi un chemin qui prend naissance à gauche de la rue de Paris, un peu avant la gare de Rocourt, et conduit aux fermes de Saint-Prix, sur l'emplacement du palais des comtes du Vermandois et de l'ancienne abbaye.

Ce chemin aboutit au Vieux-Port et à la rue qui porte ce nom.

Place Saint-Quentin

Cette place se trouve au sud de la Basilique. On y arrive par la rue Saint-André, la rue des Toiles, les rues Granville et De La Tour. A la fin du 18e siècle, elle était encore plantée d'arbres. Sa superficie est de 2,250 mètres.

Au mois de mai 1856, une statue a été

élevée sur cette place au peintre De La Tour.

Sur le piédestal on lit les inscriptions suivantes :

MAURICE-QUENTIN DE LA TOUR
né à Saint-Quentin le 5 Septembre 1704
mort le 17 Février 1788
Peintre de Louis XV, Conseiller de
l'Académie de Peinture et de Sculpture
Fondateur de l'Ecole gratuite de Dessin et
d'Instruction de bienfaisance.

Sur une couronne de bronze qui se trouve sur le piédestal on lit sur une des faces :

A MAURICE-QUENTIN DE LA TOUR
les Elèves de son Ecole — 1782-1882

Sur une plaque en bronze on lit ce qui suit :

Le 22 Mai 1882
a été célébré le Centenaire des Fondations
de MAURICE-QUENTIN DE LA TOUR

Administration de l'Ecole

SÉNÉCAL, Sous-Préfet, président.
MARIOLLE-PINGUET, Maire.
Pierre BÉNARD, Adjoint.
Paul BÉRANGER —
L. LE CAISNE. —
PAISANT, Président du Tribunal civil.
ROUSSEAU, Président du Tribunal de commerce.

Jules COUTANT, Vice-Président des Hospices.
E. de CHAUVENET, Administrateur.
LEROY-LE CAISNE   id.
PINGUET-VÉDIE   id.
Eugène LEBÉE   id.

Puis viennent les noms des Conseillers municipaux en exercice en 1882.

Comité d'organisation du Centenaire

D. LAUGÉE, artiste-peintre, président d'honneur ;

J. COUTANT, vice-président du Bureau de Bienfaisance, président ;

HACHET, conseiller municipal, administrateur du Bureau de Bienfaisance, vice-président :

AMASSE, commissaire du Bureau de Bienfaisance, trésorier ;

DELVIGNE, dessinateur, secrétaire ;

CAZIER, élève, vice-secrétaire.

Au-dessous de cette plaque, on a gravé dans la pierre, l'inscription suivante :

Cette Statue a été élevée au moyen de fonds laissés par le Conseil municipal et de souscripcriptions particulières, sous l'administration de M. Ch. Namuroy, maire, et de MM. Leroy-Le Caisne et Auguste Desains, adjoints, le 4 mai 1856.

———

On croit que le palais des comtes du Vermandois se trouvait sur cette place, et que ce fut là que le comte Héribert II retint prisonnier le roi Charles-le-Simple.

La place Saint-Quentin (autrefois désisignée sous le nom de petite place Saint-Quentin) est très ancienne. Elle existait au commencement du 13e siècle. Dans un arrangement conclu en 1354, entre Pierre de Lehautcourt, mayeur de Saint-Quentin et le Chapitre, on voit que ce dernier s'engage « à ne point souffrir que l'on expose en vente, que les dimanches et les fêtes, le pain sur la petite place Saint-Quentin, tant et si longtemps que le muid de bled n'excèdera pas la somme de cinquante sols ; dans le cas contraire, il permettra de le vendre tous les jours de la semaine ».

Au 18e siècle des contestations surgirent au sujet de cette place entre le Chapitre et le Corps de Ville. Ils prétendaient l'un et l'autre être propriétaires de la place. Un procès s'ensuivit Le Corps de Ville alléguait comme titre de propriété, une ordonnance du magistrat municipal de l'année 1640, relative à une plantation d'arbres sur la place et la défense faite par lui d'y déposer des immondices. Le Chapitre invoquait à l'appui de ses prétentions les témoignages de Claude Emméré et de Quentin De La Fons. Finalement, une transaction intervint en 1750, d'après laquelle la petite place Saint-Quentin fut reconnue comme propriété communale.

Au 12e siècle, il y avait sur la place

Saint-Quentin, près de la Basilique, un hôpital dit des *Enflés*. Il fut détruit au 14ᵉ siècle. Sur son emplacement des particuliers établirent des boutiques pour la vente des cierges aux pèlerins.

Un autre hôpital désigné sous le nom d'hôpital du *Cloître*, a été fondé également près de la Basilique, par un chanoine de Saint-Quentin, nommé Hildradus, vers l'année 858.

Le bâtiment qui est adhérent à la Basilique et qui communique à la place des Enfants-de-Chœur, portait autrefois le nom de Chapitre. Il sert de presbytère depuis 1884. Il a servi pendant longtemps de loge maçonnique et ensuite de maison de commerce.

En l'an VIII, la place Saint-Quentin fut nommé place de l'*Egalité*.

Elle sert actuellement de marché au beurre, au fromage et aux œufs, les mercredis et samedis.

L'imprimerie du *Journal de Saint-Quentin* se trouve sur cette place depuis l'année 1886.

Rue Saint-Remy

Petite rue très étroite qui conduit du grand portail de la Basilique par la place Saint-André à la rue du Gouvernement. Son nom lui vient d'une église qui fut bâtie en cet endroit vers le milieu du 11e siècle et qui était dédiée à Saint-Remy.

Cette église fut vendue à la Révolution et démolie en 1795.

C'est par cette rue que passent les convois mortuaires en quittant la Basilique pour se rendre au cimetière du faubourg Saint-Jean en suivant les rues du Gouvernement, des Jacobins, les places de Cepy, de Lafayette, les rues des Etats-Généraux et du Cateau.

Une petite barrière qui ne s'ouvre que pour le passage des convois mortuaires en ferme l'entrée aux voitures.

Au 13e siècle, elle faisait partie de la 6e Enseigne désignée sous le nom de *Du Castel*.

Rue Saint-Thomas

La rue Saint-Thomas commence dans la rue des Canonniers, près de la place de l'Hôtel-de-Ville et en face de la rue de la Comédie. Elle aboutit dans la rue Dachery et sur la place de la Liberté en traversant le boulevard du Huit-Octobre.

A gauche de la rue Saint-Thomas, en descendant vers la rue Dachery, on trouve la place des Campions, la rue des Agaces et l'impasse Bendier.

On rencontre à droite la rue Brassette-Saint-Thomas, où se trouve une des plus anciennes maisons de la ville, bien que la date de sa construction ne remonte pas plus haut que le commencement du XVIIe siècle. On sait qu'en effet, lorsqu'après sa prise et son sac en 1557 la ville se releva de ses ruines, il ne resta pas une seule des maisons d'avant le siège. Toutefois la plupart de leurs caves ont été préservées ; elles subsistent encore, et, par la beauté de leur construction, elles donnent une haute idée de ce que pouvaient être les habitations dont elles dépendaient. La maison de la rue Brassette date du temps de Louis XIII ; la manière dont le grès, la pierre et la brique y sont combinés, le genre de la décoration scupltée des portes et des fenêtres de sa façade, avec leurs figures représentant les membres de la famille qui la fit bâtir, chacune d'elles portant sa physionomie caractéristique, en font un curieux échantillon de l'art et de la mode de cette époque.

Après la rue Brassette-Saint-Thomas, on rencontre les rues de l'Evêché, de la Grange et des Faucons.

Les bureaux des postes et télégraphes se trouvent dans cette rue, ainsi que l'étude de M⁰ Lesueur, notaire.

La rue Saint-Thomas formait autrefois trois rues : la première depuis la rue des Canonniers jusqu'à la place des Campions était nommée rue du *Froid-Mantel* ou *Froid-Manteau*, et quelquefois par corruption *Fromentel*. Ce nom était donné à la partie supérieure de la rue Saint-Thomas à cause d'une maison ainsi dénommée et qui est celle faisant le coin de cette rue et de celle des Canonniers, du côté de la rue d'Aumale. Cette maison a porté ensuite le nom de *Grand-Cerf*. On y voit encore un ancien souterrain d'une vaste étendue qui paraît avoir servi de temple aux premiers chrétiens. L'ingénieur Lenain s'exprime ainsi à ce sujet dans ses Mémoires imprimés en 1671 : « Où au coing, il se voit en la cave ou cellier du Froid-Manteau, comme un temple des premiers chrestiens, qui les bastissoient en terre pour en oster la connoissance aux barbares.

« Ce souterrain, écrivait M. Bona, en 1838, ce souterrain que nous avons visité plusieurs fois, consiste en une salle de 7 mètres de large sur 16 mètres 25 centimètres de long, dont la voûte en ogives est soutenue par trois colonnes romanes ; cette salle est entourée d'un couloir de 2 mètres 10 centimètres de large, dont le sol est d'environ 2 mètres plus bas que celui de la salle principale. Ce souterrain est maintenant partagé en trois, et sert de caves à autant de maisons des rues Saint-Thomas et des Canonniers. »

Depuis la place des *Campions* jusqu'à la rue de l'*Evêché*, la rue Saint-Thomas portait autrefois le nom de rue aux *Cerfs*, et le nom de rue Saint-Thomas jusqu'au bas de la rue.

Le nom de rue Saint-Thomas lui vient de l'église dédiée à Saint-Thomas de Cantorbéry qui fut bâtie en 1182, à l'angle de la rue des *Agaces*. Cette église fut vendue et détruite après la Révolution.

Au XVe siècle les seigneurs de Moy, de Parpes et d'Holnon avaient un hôtel dans la rue Saint-Thomas. M. Ch. Gomart nous apprend que cet hôtel existait encore au milieu du XVIIIe siècle, et qu'il était occupé par M. Isaac de Brissac de Grand-Champ.

En 1799, M. Delhorme, maire et député, habitait une maison située près de l'endroit où se trouvent aujourd'hui la poste aux lettres et les bureaux du télégraphe. Cette maison, achetée par la Ville, a servi de sous-préfecture de 1816 à 1840. C'est dans cette maison que Charles X est descendu en 1827.

M. le général Paulet a habité la maison faisant l'angle de la rue Saint-Thomas et de la rue de l'Evêché, occupée en dernier lieu par M. Ch. Picard et qui vient d'être démolie.

M. Calixte Souplet a habité la maison de la rue Saint-Thomas qui porte le n° 33, et qui est occupée encore aujourd'hui par son frère, M. Henry Souplet.

Deux puits se trouvaient autrefois dans la rue Saint-Thomas, l'un appelé le puits *Caché*, à gauche, dans une encoignure et l'autre le puits *Faucon* près de la rue de ce nom.

La rue Saint-Thomas a été nivelée et pavée en 1854 et 1859.

Au XVe siècle, il y avait dans cette rue la maison du *Froid-Mantel*, la *Brasserie du Cerf*, l'*Hôtel de Moy* et la maison de la *Licorne*, habitée par la famille Dachery.

Au XIII° siècle, la rue Saint-Thomas faisait partie de la 11e enseigne désignée sous le nom de *Capekat*.

Avant la démolition des fortifications de la Ville, il y avait en face de la rue Saint-Thomas un petit ouvrage qu'on appelait la lunette des *Foulons*.

En 1840, il y avait encore dans le bas de cette rue, un endroit où se tenait le Marché-Franc. On l'appelait le pré Saint-Thomas.

Rue de Saverne

Rue nouvellement ouverte à gauche de la rue de Vermand, près de l'ancienne chapelle d'Epargnemaille, en face des terrains de cette chapelle et dans lesquels existait autrefois un four à chaux. Elle conduit vers la rue de l'ancienne Chaussée-Romaine, en traversant la rue Alexandre Dumas et une autre rue projetée. Il y a une vingtaine d'années les terrains occupés par cette rue étaient encore des terrains de culture.

Le nom de Saverne est celui d'une ville, chef-lieu d'arrondissement du Bas-Rhin qui nous a été enlevée par l'Allemagne en 1871. Elle se trouve sur la Zorn, à 38 kilomètres N. O. de Strasbourg. Elle fut démantelée en 1696.

Rue de la Sellerie

La rue de la Sellerie commence à l'Est de la place de l'Hôtel-de-Ville et aboutit directement aux rues de la Caisse d'Epargne, d'Isle et de la Sous-Préfecture. Son nom lui vient d'une sellerie qui y fut établie vers le 14e siècle. Elle portait anciennement le nom de rue du Grand-Hôpital, à cause d'un hôpital qui occupait l'emplacement qui se trouve entre cette rue, les rues des Toiles, de la Vieille-Poissonnerie, Saint-Nicolas, et la partie de la rue de la Sous-Préfecture qui fait face à la rue d'Isle. Cet hôpital a été détruit en 1557.

L'entrée de la Bourse de Commerce, anciennement église St-Jacques et ensuite Halle aux grains, se trouve dans la rue de la Sellerie.

Au commencement du 16ᵉ siècle, il y avait dans cette rue : la maison de la *Salamandre*, celle des *Carpelets*, de l'*Ecu de Bourbon*, du *Plat d'argent*, du *Cœur couronné*, de l'*A de vingt nez*, c'est-à-dire *advinez*, les maisons du *Chapeau rouge*, et celle des *Ecots*.

Au 13ᵉ siècle, elle faisait partie de la 2ᵉ Enseigne désignée sous le nom de la *Sellerie*.

Rue de la Source

Petite rue située près de l'église Saint-Eloi, au faubourg d'Isle, et aboutissant dans la rue de la Raffinerie. Son nom vient d'une source ou fontaine qui se trouvait autrefois en cet endroit. Avant l'établissement des fontaines publiques, un voiturier, appelé « le fontainier », parcourait les rues de la ville, avec un grand tonneau rempli d'eau puisée à la fontaine de la rue de la Source, et la vendait aux habitants moyennant un sou par seau. Le cheval était garni de sonnettes pour annoncer la présence du fontainier dans les rues de la ville. Il y a vingt-cinq ans, le fontainier avait un concurrent dans la personne d'un nommé Boudelot, qui parcourait aussi les rues, ouvrait les portes des maisons en criant : *Faut y d'yau !* Si oui, en lui remettait un seau et moyennant un sou, il allait le remplir d'eau à la pompe voisine, et le rapportait dans la maison.

Boudelot était un type tout particulier. Un jour, il eut maille à partir avec la police, et fut condamné à un mois de prison. A sa sortie, il parcourut les rues de la ville, en se plaignant amèrement de ce qu'on lui avait fait faire trente jours pour un mois.

Boudelot est mort peu de temps après l'établissement des fontaines publiques.

La source portait le nom de *Fontaine-Ferrée*. « C'est cette fontaine, disait en 1838 M. Bona, qui alimente toute la ville, mais à grands frais, car il faut transporter l'eau dans des voitures partout où l'on en a besoin ; toutefois cette eau est excellente, et l'on doit s'étonner que nos magistrats n'en aient pas encore tiré un parti plus convenable. Dès le siècle dernier, M. Laurent de Lyonne avait proposé de faire arriver cette eau sur la Grande-Place, où une fontaine devait la distribuer aux habitants. Toutes les difficultés avaient, dit-on, été prévues, et la dépense devait s'élever à

30.000 francs. La mort de M. Laurent en empêcha l'exécution. »

On sait que les nombreuses fontaines publiques qui se trouvent depuis 1871 dans toutes les rues et places de la ville ont été très heureusement substituées au projet de l'ingénieur Laurent de Lyonne.

Rue de Strasbourg

Cette rue se trouve au tournant de la rue du Gouvernement, près de la rue d'Alsace. Elle a été ouverte en 1837, sur une partie des terrains de l'ancienne maison du gouverneur, par MM. Tausin et Duflot-Compagnon. Elle conduit à la rue de Baudreuil et sur les Champs-Elysées. Jusqu'en 1870, elle porta le nom de rue Napoléon. Le nom de Strasbourg lui a été donné par la Commission municipale qui administra la Ville pendant la guerre de 1870-71.

Strasbourg, chef-lieu du département du Bas-Rhin et place de guerre de première classe, a été enlevé violemment à la France par les Allemands en 1870. Le 11 août, les Badois et les Wurtembergeois, sous les ordres du général von Werder, investirent cette ville. Le 15, les batteries de siège étaient installées et commençaient le bombardement. 193,722 projectiles furent lancés sur les musées, le Palais de Justice, la bibliothèque, dont les précieuses collections ont été brûlées, et sur la Cathédrale. Le 28 septembre, le général Ulrich, qui était à bout de ressources, en présence d'une brèche ouverte, se trouvant à la veille d'un assaut qui aurait amené le pillage de la ville, capitulait avec les honneurs de la guerre.

Il y a à Strasbourg diverses Sociétés scientifiques et littéraires, une bibliothèque de plus de 60,000 volumes, un cabinet d'histoire naturelle, un jardin des plantes, un observatoire, une fonderie de canons, etc., etc. On y voit des obélisques en l'honneur de Kléber et de Desaix, et une statue de Gutenberg.

Cette ville se trouve à 458 kilomètres Est de Paris.

Rue des Suzannes

Elle commence au carrefour formé par les rues du Gouvernement, de la Sous-Préfecture et de Sainte-Pécinne, et conduit à la rue de Baudreuil et à l'extrémité sud des Champs-Elysées, sur lesquels elle est prolongée jusqu'au boulevard Gambetta.

Elle doit son nom à Robert de Suzannes, un pieux personnage qui fonda, vers l'année 1334, un hôpital pour de pauvres filles ou femmes que leur âge ou leurs infirmités auraient mises dans le cas « de mériter des secours qu'elles ne pourraient mendier ». Il lui donna son nom et le plaça dans sa maison située derrière l'église Sainte-Pécinne et aboutissant au rempart.

Dix ans plus tard, Gérard d'Esquehéries fonda un béguinage qui fut bientôt réuni à celui de Robert de Suzannes. Ce béguinage commun fut transféré dans la rue Sainte-Anne. Il possédait, comme nous l'avons dit au sujet de la rue Sainte-Anne, 30 setiers de terre à Essigny-le-Grand, 24 muids un setier 69 verges à Happencourt, une masure à Tugny et Fluquières,

25 setiers de terre à Etreillers et à Vaux, 10 setiers à Fayet, 21 setiers de terre labourable et plantés en bois à Holnon, 5 setiers à Ramicourt, 7 setiers à Regny, et 126 setiers de terre labourable, 6 setiers 60 verges de bois à Homblières.

A l'entrée de la rue, par la rue du Gouvernement, se trouve à gauche un terrain dans lequel ont été ensevelis des seigneurs d'Holnon, et à droite, près de la petite rue des Suzannes, l'endroit où se trouvait encore, il y a 50 ans, la maison consacrée par Mme Delavière, à un hospice de femmes aveugles.

Au 13e siècle, cette rue faisait partie de la 8e Enseigne, désignée sous le nom de Sainte-Pécinne.

Petite rue des Suzannes

Elle s'ouvre dans le milieu de la rue des Suzannes, sur le côté droit et conduit à la rue Charlevoix et sur la place Saint-Louis.

Elle a été tracée il y a environ 60 ans dans des terrains appartenant à M. d'Estrées qui en a fait don à la ville quelque temps après.

Elle a été pavée en 1837.

Rue Tausin

Rue nouvellement ouverte sur la rue de Fayet entre les rues Denfert-Rochereau et Monplaisir. Son nom lui vient de celui du propriétaire des terrains, M. Henri Tausin, fabricant de mosaïques et propriétaire de la fabrique de chaux hydraulique, fondée, il y a 40 ans, par M. Tonnoir, et qui se trouve sur le bord de la rue Denfert-Rochereau, près de la rue de Vermand.

Rue de Théligny

La rue de Théligny commence à la place Lafayette, près de l'entrée de la rue Antoine Lécuyer, et aboutit sur le boulevard Richelieu, en face la rue de Florimond.

Elle a été pavée en chaussée en 1889. Pendant longtemps une partie des eaux industrielles et pluviales d'une partie du quartier Saint-Jean, descendaient dans dans cette rue et traversaient une propriété particulière, le boulevard Richelieu dans un égout et débouchaient dans la rue des Glacis, qu'elles parcouraient dans toute son étendue, pour aller se jeter dans le coulant Garand après avoir passé en face des rues de Vermand et de la Pomme-Rouge, et parcouru presque toute la rue Pontoile.

Le nom de Théligny rappelle celui d'un des défenseurs de la ville de St-Quentin en 1557. Placé à la tête de la compagnie du Dauphin, en qualité de lieutenant, Théligny fut chargé de faire une sortie du côté du moulin de la Couture, situé dans le quartier où se trouve aujourd'hui le boulevard du Nord vers la rue de Mulhouse. « Les ennemis, dit Colliette, donnèrent sur le lieutenant (Théligny) et les coureurs, et les chargèrent si fortement, que plusieurs furent jetés par terre : le brave Théligny fut de ce nombre ; il a été dépouillé par l'ennemi... Comme le moulin de Couture étoit sous les murailles, et qu'on risquoit peu à aller vers Théligny, l'amiral fit monter à cheval les autres chefs de la compagnie du Dauphin, et ceux qui étoient à ses côtés, et leur commanda de ramener leur lieutenant mort ou vif. Il s'avançoit lui-même vers la porte : là, se présenta un soldat qui lui promit d'exécuter seul cette commission ; il la remplit, en effet, au gré de l'amiral et de tous les officiers. Théligny avoit eu ordre exprès de ne point s'exposer en personne : parvenu devant l'amiral, il lui demanda pardon d'avoir outre-passé son commandement. Une heure et demie après le brave lieutenant mourut de ses blessures. »

On sait que pendant le siège de Saint-Quentin, en 1557, les habitants des villages voisins furent pillés et livrés à la plus grande misère. Ils se réfugiaient dans les bois, dans les cimetières, dans les églises, dans des forts et des tours qu'ils avaient construits à la hâte, où ils se défendaient énergiquement. Ils cachaient leurs bestiaux et leurs meubles le mieux qu'ils pouvaient, et faisaient une guerre acharnée à l'ennemi. Celui-ci se vengeait en incendiant les fermes, les maisons et les églises.

Rue Théophile Dufour

Cette rue se trouve du côté Est de la Caserne. Elle est encore à l'état de sol naturel. On n'y voit aucune maison. D'un côté se trouvent des jardins appartenant à des propriétaires domiciliés rue de Cambrai, et de l'autre le mur de la Caserne. Elle aboutit, en faisant un coude, à la rue du Blanc-Mont.

Le nom de Théophile Dufour rappelle celui d'un des plus dignes enfants de Saint-Quentin.

Théophile Dufour était l'un des fils de M. Dufour-Denelle, et le frère de MM. Félix et Auguste Dufour.

Après la Révolution de Février 1848, il remplaça pendant quelque temps le Sous-Préfet de Saint-Quentin.

Comme tous nos concitoyens et les hommes appartenant au parti libéral dans notre arrondissement, il accepta sans hésitation cette Révolution et la République décrétée par le gouvernement provisoire.

Il adressa aux habitants des campagnes une proclamation dans laquelle on lisait ce qui suit :

« Paisibles habitants des campagnes, vous faites la force et l'honneur de votre pays ; vos bras le nourrissent, vos bras le défendent, vos cœurs lui sont dévoués. Désormais, le gouvernement fera pour vous ce que vous faites pour lui. »

Théophile Dufour quitta la Sous-Préfecture aussitôt que le gouvernement provisoire eut pourvu au remplacement du Sous-Préfet de la Monarchie tombée le 24 février, et fut élu au mois d'avril, représentant du peuple à l'Assemblée constituante.

Il ne se représenta pas aux élections législatives de 1849.

D'ailleurs, la réaction était toute puissante à cette époque. Les journées de juin et les calomnies répandues partout par les agents monarchistes avaient éloigné la majorité des électeurs des partisans du gouvernement républicain.

Les représentants de la réaction furent appelés à siéger en grande majorité dans l'Assemblée législative. On sait que cette Assemblée fut dispersée par le coup d'Etat du 2 Décembre 1851, à la suite duquel la France livrée aux hommes du second Empire, aboutit après dix-huit ans à la catastrophe de Sedan, à l'invasion, à la misère et au démembrement.

Théophile Dufour était l'ami d'Edgar Quinet et de Jules Simon.

On a de lui, un petit volume intitulé : *Entretiens d'un Vieillard*, un autre plus important, imprimé après sa mort, en 1876, et qui a pour titre : *Extraits des Œuvres inédites de Théophile Dufour, ancien membre de l'Assemblée constituante*, et un autre, que son neveu Edouard Dufour, décédé en 1883, a fait imprimer sous le titre de : *Lettres à Quinet*. C'est la correspondance de Théophile Dufour avec Edgar Quinet pendant l'exil de ce grand patriote.

Une école mutuelle portant le nom de Théophile Dufour a été fondée par Edouard Dufour, dans la rue Camille Desmoulins.

Théophile Dufour était profondément dévoué à la cause de l'instruction primaire. Président du comité local institué par la loi de 1833, il fut l'âme de ce comité, et il donna au développement de l'instruction populaire dans la ville de Saint-Quentin une impulsion qui a produit les meilleurs résultats.

On sait que la famille des Dufour était on ne peut plus honorée et respectée dans notre ville.

Au mois de septembre 1870, Gambetta disait à M. Anatole de La Forge, en l'envoyant à Saint-Quentin : « En arrivant là-bas, adressez-vous d'abord aux Dufour, c'est une famille de bons citoyens et de bons Français. »

Au mois de novembre 1883, lors des funérailles d'Edouard Dufour, Henri Martin écrivait au sujet de cette famille les lignes suivantes :

« Les personnes, en quittant ce monde, laissent leurs œuvres ; l'œuvre des Dufour, c'est le bien qu'ils ont fait à cette ville, à ce pays. Ils en ont été l'âme ; ils y ont, par leurs leçons et leurs exemples, excité, entretenu tous les sentiments, toutes les vertus qui font l'homme et le citoyen, éveillant l'esprit public, l'empêchant de s'éteindre dans les jours d'affaissement, le soutenant, l'élevant aux heures du péril, le prémunissant à la fois contre les découragements et contre les emportements ; les plus généreux des libéraux à une autre époque, les plus fermes et les plus sages des républicains sous les deux Républiques.»

M. Dufour-Denelle, le père de Théophile, de Félix et d'Auguste Dufour, avait fondé à St-Quentin, au commencement du XIXe siècle, un important établissement industriel. Par sa bonté, sa charité, sa haute probité, il s'était acquis l'estime et les sympathies de tous les habitants de St-Quentin. Aussi fut-il chargé en 1830, de représenter notre ville à la Chambre des Députés.

Rue Thiers

—

La rue Thiers s'ouvre vers le milieu de la rue de Cambrai, passe en face la Caserne Saint-Hilaire, et aboutit à la rue de Fayet. Ouverte il y a 15 ans, cette rue, dans la pensée du Conseil municipal qui a voté son ouverture, devait être continuée en ligne droite jusque sur le chemin de Vermand, et rejoindre de là, en une ligne également droite, la rue de l'ancienne Chaussée-Romaine. Malheureusement, le Conseil municipal actuel n'a pas cru devoir donner suite à ce projet. Ajoutons qu'en ouvrant la rue Thiers, l'ancien Conseil municipal avait formé encore le projet de la continuer du côté opposé jusque sur la rue du Cateau, en face le cimetière.

On trouve à droite de cette rue, en allant vers la rue de Fayet, les rues Théophile-Dufour et de Belfort, et du côté opposé les rues de la Folie et de Chateaudun.

La rue Thiers traverse le sentier Sainte-Marguerite un peu avant d'arriver à la rue de Fayet.

Le nom donné à cette rue rappelle celui d'un patriote et d'un des plus célèbres hommes d'Etat français. M. Thiers fut député et ministre sous la Monarchie de Juillet, député sous la République de 1848, proscrit à la suite du crime du 2 décembre 1851, député sous le second Empire, et premier président de la République de 1871 à 1873.

Au mois de septembre 1870, il alla à Londres, à Florence, à Vienne, à Saint-Pétersbourg, chargé d'une mission diplomatique ayant pour but d'obtenir des puissances européennes, sinon un appui, du moins une intervention en faveur de la paix. Il fut accueilli partout par de grandes marques de considération pour lui et de sympathie pour la France, mais il ne put décider aucun gouvernement à une action efficace en notre faveur. Rentré à Tours le 21 octobre, cinq semaines après son départ, il fut autorisé à se rendre auprès du prince de Bismarck pour lui faire des ouvertures relatives à uu armistice. Il partit de Tours avec un sauf-conduit pour Paris et Versailles. Cette demande d'armistice devait permettre à la France de procéder à l'élection d'une Assemblée nationale pour traiter des conditions de la paix. M. Thiers échoua parce que M. de Bismarck mettait pour condition que Paris ne serait pas ravitaillé pendant sa durée, ce qui parut inacceptable par le gouvernement de la Défense nationale. On sait ce qui arriva. Les rigueurs de la famine et les ravages croissants de la guerre forcèrent le gouvernement d'accepter l'armistice avec de très rigoureuses conditions.

Des élections eurent lieu, et M. Thiers, porté spontanément comme candidat dans une foule de départements, fut élu, à de fortes majorités, dans vingt-six départements. On sait comment se termina la guerre dans laquelle l'Empire nous avait si criminellement engagés. La France se vit arracher l'Alsace et la Lorraine, et obligée de payer une indemnité de guerre de cinq milliards.

M. Thiers se dévoua aux intérêts de la France. Il fit tout pour payer la rançon et pour éloigner l'ennemi de son sol le plus vite possible.

Malheureusement, la Commune éclata, et certains de ses agents se livrèrent dans Paris aux plus déplorables excès. M. Thiers la combattit énergiquement et la vainquit après une lutte des plus terribles. Il fut l'homme de la France, et d'un bout à l'autre du pays, son nom était gravé dans tous les cœurs. Le 17 mars 1873, à la suite de l'annonce d'un traité signé le 15 pour l'évacuation anticipée du territoire, un vote d'acclamation eut lieu, déclarant « que M. Thiers avait bien mérité de la Patrie. »

Un mois plus tard, le 24 mai 1873, la majorité monarchique de la Chambre obligeait M. Thiers à donner sa démission de Président de la République.

Le pays accueillit cette nouvelle avec stupeur, et le grand homme qui avait rendu tant de services, et que les journaux monarchiques osaient appeler « le sinistre vieillard, » allait reprendre sa place de député dans les rangs du centre gauche, aux applaudissements unanimes et répétés de la gauche tout entière.

Aux élections sénatoriales du 30 janvier 1876, M. Thiers ne voulut accepter d'autre candidature que celle que lui offrit le territoire de Belfort qu'il était parvenu à arracher aux Allemands. Il fut élu. Il se représenta ensuite aux élections de la Chambre des députés, à Paris dans le IXe arrondissement, où il fut élu par 10.399 voix.

Après l'acte du 16 mai 1877, il fit partie des 363 députés qui votèrent un ordre du jour de blâme contre le ministère de Broglie Fourtou. On sait que le 16 juin suivant, en réponse au ministre Fourtou, qui attribuait à l'Assemblée nationale la libération du territoire français, la majorité de la Chambre fit à M. Thiers une ovation spontanée et éclatante. Toute la majorité se leva, et se tournant vers M. Thiers, les députés s'écrièrent : « Le véritable libérateur du territoire, le voilà ! »

Le grand homme d'Etat est mort le 3 septembre 1877 à St-Germain-en-Laye, frappé d'une attaque d'apoplexie. Il était âgé de 80 ans et 6 mois. Sa mort causa dans le pays une émotion profonde. Ce fut un deuil public. A St-Quentin, on vit arborer aussitôt à toutes les maisons, le drapeau tricolore, couvert d'un crêpe.

On a de M. Thiers, en outre de ses grands et importants discours, deux ouvrages de la plus grande valeur : *l'Histoire de la Révolution française*, en 10 volumes, et *l'Histoire du Consulat et de l'Empire*, en 20 volumes.

Rue des Toiles

—

C'est une des plus anciennes rues de la ville. Elle commence à l'angle de la place de l'Hôtel-de-Ville, près la rue de la Sellerie, et conduit sur la place Saint-Quentin.

Une impasse désignée sous le nom d'impasse de *l'Orfèvrerie* et la rue des Cohens s'ouvrent à gauche de cette rue. A droite se trouvent les rues de la Vieille-Poissonnerie et du Petit-Paris.

Son nom lui vient du commerce de toiles qui s'y est fait pendant longtemps.

En 1360, elle portait le nom de rue *Latine*, en 1450, le nom de rue de l'*Orfèvrerie* et en 1660 le nom de rue *Papegay*. Le nom de rue de l'Orfèvrerie lui fut donné à cause des orfèvres qui s'y trouvaient alors et qui jouissaient d'une grande renommée.

Au 13e siècle, elle faisait partie de la 6e enseigne, désignée sous le nom d'Enseigne du *Castel*.

Rue de Touraine

—

Rue neuve longeant l'église St-Martin, partant de la Place du Parvis St-Martin, et aboutissant à la rue de Ham. Son nom rappelle la province ou saint Martin, l'un de nos saints nationaux les plus populaires, a exercé ses vertus et en première ligne sa charité pendant les vingt-cinq dernières années de sa vie ; aussi trouve-t-on un grand nombre d'églises consacrées à sa mémoire dans toutes les provinces.

Rue de la Tour Sainte-Catherine

—

Cette rue commence sur la place du Général Foy et aboutit au boulevard Victor Hugo. Elle conduisait autrefois à la Buerie des Islots, et portait alors le nom de rue Dupuis, du nom de M Dupuis, ancien maire de Saint-Quentin et propriétaire de la blanchisserie des Islots. Le nom actuel lui vient d'une ancienne tour qui s'élevait en cet endroit et sur laquelle un moulin à vent tournait encore au 17e siècle.

En 1640, en construisant certains ouvrages extérieurs au-devant de la tour Sainte-Catherine, on découvrit à six pieds au-dessous du niveau de l'eau, des vestiges d'habitations pavées de belles briques, et où l'on reconnaissait encore la place des foyers.

Rue de Tour-y-Val

L'endroit où se trouve cette rue portait, il y a quarante ans, le nom de place de Tour-y-Val. Depuis l'établissement du boulevard du Huit-Octobre, une rue portant le même nom, a été tracée en cet endroit. La rue commence à la rencontre du boulevard Victor Hugo et de la rue Dachery, et aboutit au canal. Son nom lui vient d'une ancienne tour (tour dans la vallée) surmontée d'un tertre très élevé sur lequel se trouvait un moulin à vent. M. Ch. Gomard nous apprend qu'en 1764 cette butte de terre était encore plantée de 82 arbres.

C'est par la rue de Tour-y-Val qu'on pénètre aux sources du Gronard et au puits artésien percé l'an dernier pour y prendre l'eau nécessaire à l'alimentation des fontaines publiques de la Ville. On sait que les machines élévatoires se trouvent près du Gronard.

Rue de la Toussaint

Cette rue se trouve à l'est du Marché-Franc, auquel elle fait face ainsi qu'au boulevard Gambetta et à la caserne de Gendarmerie élevée il y a trois ans sur la place aux Lins. Elle commence près de l'Abattoir, sur la rue de Crimée et se dirige vers la rue Laurent de Lyonne. Elle doit son nom à une église dite de la Toussaint qui s'élevait en cet endroit dès le xiie siècle. Elle disparut au xvie siècle (1559) en même temps que celle de St-Pierre au

Canal (1) pour faciliter la construction des fortifications de ce côté de la ville. Nous avons dit, en parlant de la rue du *Coupement*, que les terrassements exécutés en 1832 pour construire l'Abattoir firent découvrir dans ce quartier de nombreux vestiges de la paroisse et des habitations qui se trouvaient dans ces lieux avant le siège de 1557. En 1841, lors de l'établissement du Marché-Franc, on trouva encore, à peu près au milieu de la place, deux pierres tumulaires qui provenaient évidemment de l'église de la Toussaint.

(1) L'église de Saint-Pierre-au-Canal s'élevait dans un petit îlot appelé le Détroit de St-Pierre, qui se trouvait tout près du Marché-Franc, du côté de la place du Huit-Octobre.

Rue des Trois-Savoyards

Petite rue qui commence dans la rue de la Caisse d'Epargne, vers la rue des Patriotes, et aboutit à la rue des Plates-Pierres. Son nom lui vient d'une auberge qui existait encore il y a trente ans, et qui avait pour enseigne depuis plus de quatre cents ans : « *Aux Trois Savoyards* ». On y trouvait aussi autrefois les maisons du *Bout-du-Monde*, des *Blancs-Moines*, et une autre connue sous le nom de *Duc d'Orléans*.

Au XIIIe siècle, cette rue faisait partie de la 3e enseigne, dite de la *rue Neuve*.

Rue des Trois Suisses

Petite rue située près de l'église Saint-Eloi au faubourg d'Isle. Elle conduit de la place qui se trouve en face de l'église à la rue de Guise. Elle tire son nom d'une auberge qui avait pour enseigne : *Aux Trois Suisses*.

Rue de la Truie qui file

Toute petite rue impraticable aux voitures et située à droite et en haut de la rue d'Isle. Son nom lui vient d'une maison qui avait pour enseigne une truie occupée à filer sur un rouet.

Rue de Tunis

Rue ouverte récemment à gauche de la rue de Fayet, entre la rue Denfert-Rochereau et la rue de Monplaisir.

Tunis est la capitale de la Tunisie, province de l'ancienne Barbarie, gouvernée par un chef désigné sous le nom de bey.

La Tunisie est placée depuis plusieurs années déjà sous le protectorat de la France. Ce pays répond à l'ancien territoire de Carthage. Après avoir été placé sous la domination romaine, il fit partie du royaume des Vandales, de l'empire d'Orient et de celui des Califes au XII⁰ siècle, etc. Au XVII⁰ siècle, les janissaires turcs élisaient le chef de la Tunisie, et les élections donnaient presque toujours lieu à des révolutions.

Rue Varlet

Rue moderne qui conduit de la rue des Vieux-Hommes au boulevard du Nord. Un tiers de cette rue fut pavée en 1845, et le reste il y a quelques années seulement. Un apprêt appartenant à M. De Beauvais-Carpentier, se trouve à l'extrémité de cette rue, du côté du boulevard du Nord.

Son nom rappelle le souvenir de Louis Varlet de Gibercourt, écuyer mayeur de la ville de Saint-Quentin, qu'il défendit courageusement lors du siège de 1557. Dès l'arrivée de l'ennemi sous les murs de la ville, il employa tous les moyens dont il pouvait disposer pour mettre la cité en état de défense. « Les ressources, dit Colliette, consistaient uniquement dans la valeur des habitants. Il n'avait à sa disposition qu'une compagnie de canonniers, d'un effectif de quarante hommes seulement, qu'une compagnie d'archers, de quatre compagnies de milice bourgeoise, de cinquante hommes chacune, n'ayant pour armes que des hallebardes et des piques. Il avait quinze pièces de canon, tant bâtardes que couleuvrines, et quelques arquebuses ordinaires. Les vivres et les munitions faisaient défaut. Varlet de Gibercourt organisa une surveillance rigoureuse dans tous les quartiers de la ville de façon à ne laisser se produire aucun désordre, aucun gaspillage. La distribution des vivres fut si bien ménagée, qu'on fut assuré d'être à l'abri du besoin pendant trois mois, malgré le grand nombre d'habitants des villages voisins qui s'étaient réfugiés dans la ville avec leurs chevaux et leurs bestiaux. Emerveillé de l'autorité de Louis Varlet, Coligny disait de lui qu'il « n'avait jamais vu en sa vie un homme de cet état plus affectionné et plus diligent pour le service du Roi, pour le bien et la conservation de la ville... »

Catherine de Lallier qui fonda à Saint-Quentin l'hôpital de Gibercourt et qui fit inhumer les soldats tués en 1557 le 10 août jour de la St-Laurent, dans les plaines de Montescourt, Gibercourt, Essigny-le-Grand et Urvillers, était la femme de Louis Varlet.

Rue de Vauban

—

La rue de Vauban commence dans le haut de l'avenue Faidherbe, sur le côté gauche et conduit dans la rue Saint-Louis. Son nom lui vient d'un bastion qui se trouvait en cet endroit et dont la construction avait été ordonnée par Vauban, célèbre ingénieur qui visita Saint-Quentin sous les règnes de Louis XIII et Louis XIV et qui fit travailler aux fortifications de la ville. Lors de leur démolition, en 1810, ces fortifications comprenaient huit bastions, trois ouvrages à cornes, deux tenailles, six demi-lunes, deux places d'armes et trois portes.

Vauban accompagna Louis XIV dans presque toutes ses campagnes. Il prit Douai en 1667, Lille qu'il fortifia, Dunkerque dont il fit un port de guerre. Il s'empara ensuite de Valenciennes et de Cambrai en 1677. Il fortifia nos villes fortes du Nord et de l'Est. En 1703, il reçut le bâton de maréchal de France.

D'un caractère noble, désintéressé et plein de franchise, dit un de ses biographes, il ne craignit pas de contredire Louis XIV, même en politique, et lui conseilla d'établir la liberté des cultes. Il a laissé un grand nombre d'écrits dont un intitulé : la *Dixme royale*, et dans lequel il proposait de remplacer tous les impôts par un impôt unique, que tous, nobles, prêtres et roturiers auraient payé. Mais ce livre tout patriotique fut déféré au conseil du roi, et condamné au pilori.

En 1808, le cœur de Vauban a été placé aux Invalides.

Rue de Vermand

Elle commence au carrefour formé par les rues Jean-de-Caulaincourt, de la Pomme-Rouge, de Pontoile, de Fayet et des Glacis. Elle conduit sur la route du chef-lieu de canton dont elle porte le nom.

Un calvaire s'élevait autrefois sur l'emplacement du carrefour où commence cette rue. Après la Révolution de Juillet 1830, il fut enlevé et placé dans la Basilique de Saint Quentin.

On trouve à droite de la rue de Vermand : le tir du Cercle des Carabiniers, sur l'emplacement même de l'ancienne chapelle d'Epargnemaille, les rues Denfert-Rochereau et d'Epargnemaille, et la propriété dite de *Monplaisir*.

A propos de *Monplaisir*, nous trouvons dans l'Avertissement que M. Ern. de Chauvenet a mis en tête du petit opuscule que nous avons publié, en 1883, sous le titre « Mémoire sur la ville et les environs de Saint-Quentin, par l'abbé Peytavy », le passage suivant :

« Les archives départementales nous apprennent (bailliage de Saint-Quentin, B. 2928) que l'abbé Peytavy avait fait l'acquisition d'une maison au faubourg de Ponthoile, près la chapelle d'Epargnemaille : il l'a nommée *Monplaisir*; c'est la propriété achetée plus tard par M. Paulet et possédée aujourd'hui par M. Livorel.

» C'est de *Monplaisir*, qu'à la date du 21 juin 1762, l'abbé Peytavy a fait la triangulation et le nivellement du pays ; il appelle ce travail : *Essai d'une carte du Bailliage de Saint-Quentin*. Il ajoute ne pouvoir remettre cette carte en meilleures mains qu'en celles de Messieurs les Mayeurs et Echevins de Saint-Quentin. »

A gauche, on trouve des rues nouvellement ouvertes : les rues de Saverne, de Boson, des Haies, et plus loin, en face de

Monplaisir, la villa de Monplaisir et la rue de Noirmont. C'est à l'entrée de cette rue, sur la rue de Vermand, qu'a été placé récemment le bureau d'octroi qui se trouvait précédemment à l'angle de la rue Jean-de-Caulaincourt, près de la rue de Fayet.

A propos de la rue de Noirmont, nous croyons devoir rectifier une erreur que nous avons commise sur l'origine du nom de cette rue. Ce nom lui viendrait non des propriétaires de la ferme qui s'y voyait encore il y a quarante ans, mais des terrains montueux qu'on voit dans cette direction, sur le bord de l'ancienne Chaussée-Romaine. Il est probable que le nom de Noirmont a été donné à cet endroit en raison de la nature du terrain et par opposition au lieudit le Blanc-Mont, qui se trouve en face.

La route de Vermand par Monplaisir portait, il y a trois cents ans, le nom de chemin du Roi. On l'a appelé ensuite chemin de l'Abbaye à cause de l'Abbaye qui existait à Vermand avant la Révolution et à laquelle la route conduisait directement.

Vermand rappelle les plus lointains souvenirs. Au temps des Gaulois, c'était déjà un lieu important, puisqu'il a donné son nom à la tribu gauloise qui occupait nos contrées.

Les médailles, les cercueils de pierre, les sculptures, les débris de toute sorte, et particulièrement ceux d'un temple, attestent sa haute antiquité et son importance.

Il suffit, du reste, pour savoir ce que fut Vermand avant et après l'invasion romaine, de lire ce qui a été publié sur ce village, notamment par la Société académique de Saint-Quentin, et tout récemment encore par M. Eck, conservateur des Musées de notre Ville.

Le camp sur lequel s'élève une grande partie du village, est le monument qui témoigne peut-être le mieux de la présence des Gaulois et des Romains en cet endroit.

La route de Saint-Quentin à Vermand a été construite en 1838.

Rue de Vesoul

Elle conduit du carrefour formé par les rues du Petit-Paris et Saint-Nicolas à la rue de la Sous-Préfecture en formant un coude qui portait autrefois le nom de rue Morlaincourt.

Son nom lui vient de Richard de Vesoul, chanoine de Saint-Quentin qui fut un des commissaires nommés par le chapitre pour régler une transaction intervenue en 1354, entre le dit Chapitre et Pierre de Lehautcourt, mayeur de Saint-Quentin. Les assesseurs du mayeur étaient Jean de Lappion et André de Gauchy. Il s'agissait de régler les droits du chapitre sur différentes maisons, les procédures et jugements des otages des maisons situées dans le ressort de la justice du mayeur, et occupées par des clercs, la vente du pain sur la petite place Saint-Quentin, etc.

Cette rue a porté autrefois les noms de rue du *Tripot* et de rue de *Prémontré*.

Le nom de *Tripot* lui venait d'un *Jeu-de-Paume* ou *Tripot* qui se trouvait sur l'emplacement de l'ancienne chapelle

Saint-Nicolas et sur lequel on voit encore actuellement un grand bâtiment occupé autrefois par l'institution Saint-Louis.

Le nom de *Prémontré* venait d'une maison dite de *Prémontré* qui se trouvait au même endroit.

D'après Emmeré, un nommé Simon de Péronne, abbé de Prémontré, fit élever, à l'entrée de cette rue, en 1458, une tour sur les fondations d'une des tours de la poterne de l'ancien *Castellum*, afin de voir ce qui se passait dans les maisons voisines. Cette tour a été démolie en partie en 1669.

Un grenier au sel se trouvait anciennement dans la rue de Vesoul dans le bâtiment qui servait de pension il y a quarante ans, et qui, après avoir été exhaussé précédemment, servit de filature et quelquefois de salle de spectacle.

Rue de Vicq

Elle commence dans le bas de la rue de Tour-y-Val et se dirige sur le vieux port en passant près des sources du Grosnard où se trouvent les machines élévatoires qui aspirent l'eau des sources et du puits artésien creusé l'an dernier, pour les envoyer dans le réservoir de la rue de Morcourt et de là dans toutes les parties de la ville.

De Vicq était un ingénieur dont le projet pour le percement et la direction du canal souterrain de Saint-Quentin a été adopté en 1802.

A cette occasion, le premier consul fit écrire au ministre de l'intérieur la lettre suivante, à la date du 17 décembre 1802 :

« Mademoiselle de Vicq, citoyen ministre, fille du célèbre ingénieur du canal de Saint-Quentin, existe encore. Le premier consul est informé que, dans un âge fort avancé, elle n'a que des moyens de fortune très bornés. Il désire améliorer sa position, et me charge de vous inviter à faire donner à Mademoiselle de Vicq un logement à Versailles, s'il en existe à votre disposition, et à lui attribuer un secours annuel qui lui sera offert comme un témoignage de l'estime du gouvernement pour les citoyens éclairés et les travaux utiles. »

Boulevard Victor Hugo

Ce boulevard commence dans le bas de l'avenue Faidherbe, à gauche, en face de la place Dufour-Denelle, et aboutit à la rue Dachery et à la rue de Tour-Y-Val.

Le nom de Victor Hugo lui a été donné dans la séance du Conseil municipal du 10 février 1883, sur la proposition de M. Eck, aujourd'hui conservateur des Musées de Saint-Quentin. Le boulevard portait alors le nom de boulevard St-Martin.

On y trouve, tout près de la place Dufour-Denelle, une école maternelle construite en 1851, l'usine à gaz édifiée en 1841, et divers établissements industriels.

Les rues des Fossés St-Martin, du Jeu de Paume, de Wallon de Montigny, de la Tour Ste-Catherine, du général Foy, de la Grange et des Faucons, se trouvent sur la gauche de ce boulevard. Sur la droite, s'ouvrent les rues des Islots, de la Buerie et Crozat.

Il y a cinquante ans, il n'y avait pas encore de constructions sur le côté droit de ce boulevard. Il était bordé sur presque toute sa longueur par un fossé marécageux sur lequel on avait placé en certains endroits de légers ponts en planches pour se rendre à la buerie des Islots et dans les propriétés avoisinantes.

Au moment de l'invasion de 1815, le côté droit de ce boulevard formait une espèce de prairie, sur laquelle une partie des troupes alliées, les Cosaques qui occupaient Saint-Quentin, établirent leur camp. On désigna alors cet endroit sous le nom de *Camp des Baskirs*.

Le nom de Victor Hugo est connu du monde entier. C'est celui d'un des plus grands littérateurs et d'un des plus grands poètes de la France moderne. En 1822, à peine âgé de 20 ans, il publiait le premier volume des *Odes* et *Ballades*, poésies classiques de forme, mais déjà romantiques par le sentiment et l'idée. Les vers ont toute la richesse de ceux des *Méditations* et des *Harmonies* de Lamartine.

Poète, romancier historien, auteur dramatique et homme politique, Victor Hugo occupe une place considérable dans l'histoire du 19e siècle.

Ses œuvres poétiques contiennent : les *Odes* et *Ballades*, les *Orientales*, les *Feuil-*

les d'automne, les *Chants du crépuscule,* les *Voix intérieures,* les *Rayons et les Ombres,* les *Châtiments,* les *Contemplations,* la *Légende des siècles,* les *Chansons des rues et des bois,* l'*Année terrible,* l'*Art d'être grand-père,* le *Pape, Religions et Religion,* les *Quatre vents de l'Esprit,* etc.

Ses romans sont au nombre de neuf : *Han d'Islande, Bug Jargal,* le *Dernier jour d'un condamné, Claude Gueux, Notre-Dame de Paris,* les *Misérables,* les *Travailleurs de la Mer,* l'*Homme qui rit,* et *Quatre vingt-Treize.*

On connaît les drames de Victor Hugo : *Cromwel, Hernani, Marion de Lorme,* le *Roi s'amuse,* etc , etc.

Son rôle d'historien se borne aux récits intitulés : *Histoire d'un crime, Paris,* et *Napoléon le Petit.* On a encore de Victor Hugo, avec d'autres ouvrages de poésies que nous avons cités : *Littérature et Philosophie mêlées, William Skakespeare, Avant l'exil, Pendant l'exil, Après l'exil* et le *Rhin.*

Victor Hugo fut pair de France sous le gouvernement de Louis-Philippe. Le 4 juin 1848 il fut nommé représentant du peuple à l'assemblée constituante, et réélu à l'assemblée législative, le dixième sur vingt-huit par le département de la Seine. Il fut élu membre de l'Assemblée nationale en 1871 et ensuite sénateur.

Au 2 décembre 1851, il chercha à organiser la résistance, et fut expulsé du territoire français par Louis-Napoléon. En 1859, lors de l'amnistie générale, il refusa de rentrer en France, et répondit au décret par une protestation qui fut rendue publique. Il repoussa également la seconde amnistie, celle du 15 août 1869. Tout le monde a lu les poèmes des *Châtiments*, livre admirable, dans lequel le poète flagelle énergiquement d'un bout à l'autre Napoléon III et les hommes qui se sont associés au crime du 2 décembre 1851. La pièce intitulée : *Ultima verba* est dans la mémoire de tous.

> La conscience humaine est morte, dans l'orgie,
> Sur elle il s'accroupit ; ce cadavre lui plait ;
> Par moments, gai, vainqueur, la prunelle rougie,
> Il se retourne, et donne à la morte un soufflet.
>
> . . . .
>
> Je ne fléchirai pas ! Sans plainte dans la bouche,
> Calme, le deuil au cœur, dédaignant le troupeau,
> Je vous embrasserai dans mon exil farouche,
> Patrie, ô mon autel ! liberté, mon drapeau !
>
> . . . .
>
> J'accepte l'âpre exil, n'eût-il ni fin ni terme,
> Sans chercher à savoir et sans considérer
> Si quelqu'un a plié qu'on aurait cru plus ferme,
> Et si plusieurs s'en vont qui devraient demeurer.
>
> Si l'on n'est plus que mille, eh bien, j'en suis, si même
> Ils ne sont plus que cent, je brave encor Sylla ;
> S'il en demeure dix, je serai le dixième :
> Et s'il n'en reste qu'un, je serai celui-là.

Les œuvres de Victor Hugo, publiées par les libraires Quantin et Hetzel, forment actuellement 48 volumes.

Victor Hugo est mort à Paris le 22 mai 1885. Il repose au Panthéon.

Rue de la Vieille-Poissonnerie

Petite rue très étroite qui commence dans la rue des Toiles, en face de l'impasse de l'Orfèvrerie, et aboutit, en faisant un coude, dans la rue du Petit-Paris. Son nom lui vient de ce qu'elle était occupée autrefois par des marchands de poissons.

Rue des Vieux-Hommes

Elle conduit de la place Lafayette à la rue de Baudreuil et sur les Champs-Elysées, près du Jardin d'Horticulture et du Kiosque élevé sur le rond-point qui se trouve en face de cette rue.

Le nom de rue des *Vieux-Hommes* lui vient de ce qu'un hospice pour les vieux hommes y fut fondé en 1774 par Jacques Lescot, ancien mayeur de St-Quentin. C'est aujourd'hui un béguinage dont l'entrée se trouve dans la rue du Moulin, en face la rue d'Alsace.

Sur le mur qui fait face à la rue des *Vieux-Hommes*, on lit l'inscription suivante :

1572

A la mémoire
de
Catherine Lallier,
fondatrice
du Béguinage Sainte-Marguerite,
veuve de Louis Varlet,
Seigneur de Gibercourt, Mayeur de St-Quentin,
mort au siège de 1557.
Erigé
par la Commission des Hospices, en 1845.

Au coin de la même rue, se trouve une autre inscription ainsi conçue :

BÉGUINAGE
fondé par l'ancienne Société de Bellevue.

Sur le mur de la rue de Baudreuil, on lit ce qui suit :

BÉGUINAGE SAINT-AUGUSTIN,
Situé autrefois rue de l'Hôtel-Dieu,
Reconstruit en 1846 et 1847
sur l'emplacement de l'ancien Hospice des Vieux-Hommes,
Successivement augmenté par les libéralités de plusieurs donateurs de cette ville,
et notamment par les donations de
MM. DELAHAYE et Auguste TESTART,
bienfaiteurs de cette Ville.
Erigé
par la Commission des Hospices, en 1857.

Par l'ampleur et la régularité de son plan circulaire, la place Lafayette vient après celle de l'Hôtel-de-Ville ; et la rue des *Vieux-Hommes*, qui la relie directement aux Champs-Elysées dont l'agrément augmente chaque année par la beauté croissante de leurs plantations, a acquis, depuis la construction de ses larges trottoirs en asphalte et en granit, un aspect de grandeur qui l'a transformée et rajeunie. Il semblait naturel de ne pas lui laisser son nom qui n'a plus de raison d'être depuis qu'il n'y a plus de vieux hommes, et qui lui conserve un air vieillot. Il nous souvient que M. Bénard avait proposé, en son temps, au Conseil municipal de lui donner le nom, ou de rue Lafayette, ou de rue des Champs-Elysées, tout indiqués par sa situation. Parmi les considérations qu'il développait, il faisait remarquer que les noms des rues ne doivent pas être indifférents à leurs habitants : on n'est pas flatté de mettre « rue des Vieux-Hommes » sur son adresse ; il est évident que c'est une dépréciation ; il aurait désiré, pour appuyer sa motion, que quelqu'un de ses collègues y demeurât. Malheureusement pour cette proposition, la rue ne possédait alors aucun Conseiller municipal.

Rue du Vieux-Port

Elle commence à gauche de la rue de Paris, un peu plus haut que le coulant Garant et de la rue de l'ancienne Chaussée Romaine, et se dirige vers le vieux port du canal de Picardie. De là, elle conduit d'un côté en suivant le canal, sur le port et du côté opposé sur la digue de Rocourt en passant sous le pont du chemin de fer de Vélu-Bertincourt.

Cette rue est l'ancien chemin du château et de l'abbaye de Saint-Prix. Les constructions et le jardin qui se trouvent sur l'emplacement du château font face au Vieux-Port et à l'ancienne buerie des Islots.

A droite de cette rue, un peu avant d'arriver au vieux port, s'élève la filature et le tissage de laine de MM. Hamelle-David et Ce.

Il y a quelques années seulement que cette rue a été pavée jusqu'au delà de l'établissement de MM. Hamelle.

Rue Vilard d'Honnecourt

Rue nouvellement ouverte à l'extrémité du faubourg Saint-Jean, entre la route de Cambrai et le chemin de Gricourt.

Vilard était un architecte, un artiste, qui vivait au 13e siècle. Il naquit à Honnecourt, aujourd'hui village du Cambrésis et qui appartenait anciennement au Vermandois.

Dans un mémoire lu dans la réunion des Sociétés savantes, à la Sorbonne, en 1865, et publié dans les annales de la Société Académique de Saint-Quentin, M. Pierre Bénard dit que cet architecte florissait entre 1230 et 1260, et qu'il ne nous est connu jusqu'ici que par un album de croquis et de notes.

« Vilard, ajoute M. Bénard, ne mentionne, dans son album, d'une manière expresse et explicite, aucun des travaux qu'il a dirigés, et pour y trouver des indications relatives aux édifices qu'il a pu construire, on est réduit à faire des hypothèses, à chercher des allusions dans le texte, à tirer de la position géographique du lieu de sa naissance des inductions plus ou moins probables. »

On croit que Vilard d'Honnecourt est l'auteur d'une partie des travaux de la Basilique de Saint-Quentin.

D'après certains indices. qu'il a trouvés dans la Basilique, M. Bénard croit que Vilard d'Honnecourt a dirigé les travaux de la partie de ce monument qui se rapporte au XIIIe siècle.

Rue des Villas

Rue nouvellement tracée et sur laquelle il n'y a pas encore de construction. Elle commence dans la rue Camille Desmoulins près de l'école Théophile Dufour, et se dirige vers le chemin du Moulin-Brûlé, en traversant la rue de Lunéville, et d'autres rues projetées désignées sous les noms de rue Centrale et de rue du Bel-Air.

Le nom des Villas lui a été donné pour indiquer que des villas ou maisons de plaisance pouvaient être construites dans ce quartier.

Rue du Vivier

Elle est située dans le quartier de l'abattoir actuel, et conduit de la rue de Crimée à la rue Hordret. Son nom lui vient d'un vivier ou pièce d'eau vive qui se trouvait dans le petit étang aujourd'hui complètement desséché.

Rue Wager

Petite rue très ancienne et située sur le côté gauche du bas de la rue d'Isle, et aboutissant à la rue Sainte-Anne. On ne sait d'où lui vient ce nom de Wager. Au XIIIe siècle, elle faisait partie de la 10e enseigne désignée sous le nom de la *Gréance*.

Rue Wallon de Montigny

—

Elle s'ouvre sur la rue d'Orléans, en face de la rue des Bouloirs, et conduit sur le boulevard Victor Hugo, en traversant la rue Saint-Louis.

Son nom rappelle celui d'un vaillant chevalier du Vermandois qui porta glorieusement la bannière de France à la bataille de Bouvines en 1214.

« Durant une rude mêlée, dit au sujet de cette bataille M. Henri Martin, dans son histoire de France, étaient revenues en toute hâte les milices des communes, qui se trouvaient bien au-delà du pont de Bovines, lorsque l'action avait commencé. Les communes de Corbie, d'Amiens, d'Arras, de Beauvais et de Compiègne accoururent « avec l'enseigne Saint-Denis (l'oriflamme) au milieu d'elles » là où elles voyaient l'enseigne royale d'azur semée de fleurs de lis d'or que portait un « fort chevalier » du Vermandois, appelé Gales ou Galon de Montigni ; elles dépassèrent toute la chevalerie, et se mirent entre le roi et Othon (l'empereur). La gendarmerie *thioise* (teutonique) chargea furieusement les communes, les rompit, sans leur faire lâcher pied, et perça au travers, jusqu'à la *bataille* (l'escadron) du roi. Guillaume des Barres et tous les preux « qui gardaient le corps du roi » se jetèrent devant Philippe; mais, pendant qu'ils combattaient Othon et ses chevaliers, des sergents à pied *thiois* qui avaient poussé de l'avant cernèrent le roi et le jetèrent à bas de son cheval avec des lances et des crocs de fer ; sans son excellente armure, ils l'eussent mis à mort sur l'instant. Quelques chevaliers demeurés près de lui, et Gales de Montigni, qui élevait son enseigne tant qu'il pouvait pour appeler du secours, hachèrent ou dissipèrent ces gens de pied, et remirent le roi à cheval. Au même moment arrivèrent à l'aide les gens des communes et Guillaume des Barres. Le sire des Barres tenait Othon par son heaume, et le martelait de sa masse d'armes, lorsqu'il avait ouï crier : « aux Barres ! aux Barres ! secours au roi ! » et il était accouru, « faisant si grand'place à l'entour, que l'on y pouvoit mener un char à 4 roues, tant il éparpilloit et abattoit de gens devant lui. »

Ajoutons que Gales, Galon ou Wallon de Montigny, comme on dit aujourd'hui, était de Montigny-Carotte, village de l'arrondissement de Saint-Quentin, et que le roi Philippe-Auguste le récompensa du service qu'il lui avait rendu en lui donnant une terre importante.

Rue du Wé

Elle commence sur le Marché-Couvert, à la convergence des rues du Petit-Origny, de Labbey-de-Pompières, de la Nef-d'Or et conduit dans la rue des Arbalétriers.

Au 13e siècle, elle portait le nom de la rue aux *Tripes*. Le nom du Wé paraît venir d'un abreuvoir qui se trouvait anciennement dans cette rue. On le désignait sous le nom de *Chuié* ou *Gué*, d'où par corruption on a fait *Wé*.

C'est dans cette rue que fut fondé, en 1235, le premier béguinage de St-Quentin. Le fondateur était un nommé Gérard de Fonsommes, sénéchal du Vermandois. « Il étoit situé, dit Paul Colliette, dans la rue des Tripes, tenant à la chapelle qu'on a bâtie depuis aux Pélerins de Saint

Jacques. Autrefois fort étendu, il contenoit dans son enceinte le logement de plusieurs femmes qui avoient une supérieure à leur tête. Soit qu'il ne fût destiné, dès son origine, que pour des femmes malades ou infirmes, soit plutôt qu'on y ait reçu indifféremment des malades parmi d'autres qui ne l'étoient pas, ce lieu étoit quelquefois appelé *Infirmerie*.

En 1728, une dame Catherine Chalot avait affecté au béguinage de la rue des *Tripes*, désigné à cette époque sous le nom de rue du Wé, une maison qu'elle possédait dans cette rue.

En 1741, la maison dans laquelle se trouvait le béguinage fondé en 1235, étant en mauvais état, fut vendue à un sieur Gobinet et les fonds employés à l'achat d'une autre maison située dans la rue des Flamands, aujourd'hui rue Sainte-Anne.

L'étude de Me Patoux, avoué, se trouve au n° 17 de la rue du Wé.

Cette rue, désignée sous le nom de rue des *Tripes*, au 13e siècle, devait faire partie de l'Enseigne dite du Touquet ou de celle dite de St-Jean.

La partie de la rue des Arbalétriers qui s'étend de la rue des frères Desains jusqu'à la rue St-Jean, portait encore, il y a une dizaine d'années, le nom de rue du Wé-Saint-Jean.

Rue Xavier Aubryet

Rue nouvellement ouverte au faubourg Saint-Martin, entre la rue de Paris et la rue de Ham. Elle commence dans la rue de Picardie, traverse la rue de Flandre et se dirige vers des terrains encore inoccupés.

Le nom d'Xavier Aubryet rappelle celui d'un littérateur et d'un publiciste qui fut élevé à Saint-Quentin et où il passa une grande partie de sa jeunesse.

Xavier Aubryet naquit à Pierry, près d'Epernay, en 1827, et vint tout jeune à Saint-Quentin chez un des cousins de son père, domicilié rue de l'Evêché.

M. et Mme Aubryet accueillirent le nouveau venu avec joie. Ils n'avaient pas d'enfant, et ils adoptèrent le jeune Xavier avec le plus vif empressement. Ils remplirent envers lui tous les devoirs d'un père et d'une mère.

M. et Mme Aubryet étaient propriétaires du château du Tronquoy, près de Lesdins, et d'une partie des bois d'Holnon, celle qui a été défrichée il y a quarante ans entre la Chaussée-Romaine et la route vicinale qui conduit à Vermand, du côté de l'ancienne Abbaye.

Xavier Aubryet fonda à Saint-Quentin, en 1845, une petite Revue littéraire, à laquelle il donna le nom de *Bluets* et *Perce-Neige*. Il collabora au *Guetteur*, à l'*Artiste*, au *Corsaire*, à l'*Evènement*, au *Moniteur Universel*, à la *Gazette des Beaux-Arts*, au *Figaro*, etc.

Il a publié plusieurs ouvrages, parmi lesquels nous citerons : Les *Jugements nouveaux*, les *Représailles du sens commun*, la *Philosophie mondaine*, *Chez nous et chez nos voisins*, la *Femme de vingt-cinq ans*, les *Idées justes* et les *Idées fausses*, les *Patriciennes de l'amour*, la *République rose*, les *Deux morales*, les *Millionnaires subversifs*, les *Mois républicains*, etc., etc.

Un des amis de M. Xavier Aubryet, M. Gustave Demoulin, a publié dans le volume de la Société académique, imprimé en 1884, une très intéressante étude de laquelle nous détachons les passages suivants :

« Le jeune Xavier était l'idole non seulement de ses parents, mais encore des rares amis intimes admis dans la maison. Jamais enfant plus charmant et plus aimable ne fut plus aimé, plus caressé, plus choyé !

» Son éducation, commencée au Collège de Saint-Quentin, se termina au Lycée Charlemagne. Bon élève, plus intelligent que docile, il n'acceptait l'enseignement classique que sous bénéfice d'inventaire...

» D'une figure et d'une tournure agréables, il avait la grâce aisée et un peu brusque d'un tempérament nerveux qui ne pouvait l'astreindre aux manières convenues de l'élégance mondaine. Sa personne comme son talent, n'avait rien de commun, il ne se modelait sur aucun patron.

» En tout, toujours et partout, Aubryet était lui-même. Dès son début dans la grande presse, il a été ce qu'il est resté jusqu'à la fin de sa carrière. Il avait une personnalité tranchée que les nouveaux milieux et les circonstances accidentelles n'ont jamais modifiée. En politique comme en littérature, il est demeuré inflexible. Rien n'a pu faire dévier ses principes absolus et ses idées arrêtées. Aussi ne s'est-il jamais laissé enrégimenter sous tel ou tel drapeau. Dans les journaux ou dans les livres, il n'a jamais combattu qu'en tirailleur, presque toujours contre la démocratie et contre le progrès, mais aussi faisant assez souvent feu contre les siens....

» Aubryet considérait les gouvernements sous lesquels il a vécu comme des usurpations, sans vouloir cependant s'en faire systématiquement et ostensiblement l'adversaire militant. Il aurait même accepté leur illégitimité, s'ils avaient mis au premier rang de leurs devoirs la protection et le triomphe des arts et des lettres. Sa doctrine est là tout entière, car avant d'être monarchiste, légitimiste, il était artiste, littérateur et poète. »

Xavier Aubryet fut nommé Chevalier de la Légion d'honneur le 12 août 1865, et mourut à Paris au mois de novembre 1880.

Ici s'arrête la liste que nous avons suivie. Mais elle est incomplète ; il reste encore une trentaine de rues et impasses dont nous allons retracer l'historique.

Rue Barra

Rue nouvellement tracée. Elle commence dans la rue de l'Industrie, en face de la rue Marceau, et aboutit à la rue *Boucher de Perthes*, anciennement rue de l'*Avenir*.

Barra rappelle le nom d'un jeune héros de 13 ans qui s'enrôla sous la Révolution dans un régiment qui combattait l'insurrection vendéenne. Au combat de Chollet, il fit deux prisonniers ; mais emporté bientôt par son ardeur, il tomba au milieu des Vendéens. Frappés de sa jeunesse, ceux-ci voulurent le sauver. Ils lui demandèrent de crier : Vive le Roi ! Barra répondit par le cri de : Vive la République ! et tomba aussitôt percé de vingt coups de baïonnette.

Le 18 frimaire an II, le général Desmarres, commandant la division de Bressuire, écrivait au ministre de la guerre :

« J'implore ta justice, citoyen-ministre et celle de la Convention pour la famille de Joseph Barra : trop jeune pour entrer dans les troupes de la République, mais brûlant de la servir, cet enfant m'a accompagné depuis l'année dernière, monté et équipé en hussard : toute l'armée a vu avec étonnement un enfant de 13 ans affronter tous les dangers, charger toujours à la tête de la cavalerie ; elle a vu, une fois, ce faible bras terrasser et amener deux brigands qui avaient osé l'attaquer. Ce généreux enfant, entouré hier par les brigands, a mieux aimé périr que de se rendre et leur livrer deux chevaux qu'il conduisait. Aussi vertueux que courageux, se bornant à sa nourriture et à son habillement, il faisait passer à sa mère tout ce qu'il pouvait se procurer ; il la laisse avec plusieurs filles et son jeune frère infirme, sans aucune espèce de secours.

» Je supplie la Convention de ne pas laisser cette malheureuse mère dans l'horreur de l'indigence ; elle demeure dans la commune de Palaiseau, district de Versailles. »

La Convention accorda une pension de 1000 livres à la famille de ce jeune héros, et 3000 livres une fois payées.

Le 6 mai 1794, on décida que les cendres de Barra seraient transférées au Panthéon.

Le nom de Barra a été donné à la rue dont il s'agit dans la séance du Conseil municipal du 12 janvier 1891.

—

Impasse Bendier

L'impasse Bendier se trouve dans le bas de la rue St-Thomas, à gauche, presqu'en face de la rue des Faucons.

Elle rappelle le souvenir de Claude Bendier, docteur en Sorbonne, chanoine de St-Quentin, né dans cette ville, et curé de la paroisse St-André.

Claude Bendier était très attaché à sa ville natale. Il fonda des prix annuels pour le Collège, et donna sa bibliothèque à la Ville, à la condition qu'elle serait ouverte au public deux fois par semaine. Elle se composait de 3.000 volumes.

Claude Bendier a écrit plusieurs ouvrages, notamment la *Défense des prérogatives de l'Eglise et de la Ville de St-Quentin*, grand in-quarto de 93 pages. Dans cet ouvrage qui est assez rare aujourd'hui, l'ancien curé de la paroisse St-André s'attache à démontrer que sa ville natale est bien l'ancienne *Auguste du Vermandois* et le siège primitif des Evêques de ce diocèse, et non le village de Vermand, comme le soutiennent quelques auteurs.

Dans la préface de son livre, Claude Bendier dit qu'il a entrepris la protection de la Ville et de l'Eglise de St-Quentin « dans une occasion en laquelle on tâche d'enlever leurs principaux Titres d'honneur, afin de les dépouiller plus sûrement ».

Ce livre imprimé en 1671, avec permission, était édité par Claude Le Queux, imprimeur et libraire à St-Quentin. Sur le titre de l'exemplaire de notre bibliothèque, on voit un dessin représentant une corbeille remplie de fleurs. A la fin se trouve un autre dessin en taille douce, représentant l'écusson des armes de St-Quentin, entouré de branches de feuillages, et de deux rubans l'un en haut et l'autre en bas du dessin. Sur le ruban du haut, on lit ce qui suit : *Scvtvm Avgvstae Veromandvorvm.* Sur celui du bas se trouve une inscription latine ainsi conçue : *Hic lilia pascitvr inter.*

Claude Bendier est aussi l'auteur d'un petit livre intitulé : *La vie de saint Quentin*, ouvrage de lecture adoptée dans beaucoup d'écoles primaires sous la Restauration et dans les premières années du gouvernement de Louis-Philippe.

Rue Bléville

La rue Bléville s'ouvre sur le boulevard Gambetta, tout près de la gendarmerie, et aboutit aux rues Blondel et Sainte-Pécinne.

Le nom de Bléville rappelle celui d'un illustre peintre verrier né à Saint-Quentin au commencement du 16e siècle. Paul Colliette nous apprend, que de son temps, on admirait encore les vitraux qu'il avait peints pour les principales églises de la ville de Saint-Quentin, notamment pour l'église Saint-André : « Les seuls ouvrages, qui nous restent de Bléville, disait M. P. Bénard, dans la séance du Conseil municipal du 18 décembre 1880, sont les deux splendides vitraux légendaires de sainte Barbe et de sainte Catherine, de la collégiale de Saint-Quentin. »

Rue Blondel

Cette rue est parallèle à la rue d'Andelot et se trouve derrière la caserne de gendarmerie.

Le nom donné à cette rue rappelle celui de François Blondel, né à Ribement en 1617, et mort le 1er février 1686. Il était conseiller d'Etat, maréchal de camp et professeur royal d'architecture. Il se rendit célèbre par différents ouvrages. notamment par l'exécution de l'Arc-de-Triomphe de la porte Saint-Denis à Paris.

« Blondel, dit M. Bona, avait été gouverneur du comte de Brienne. Ayant accompagné ce jeune seigneur dans un voyage qu'il entreprit en juillet 1652 et qui dura trois ans, il en publia en 1660 une relation en latin, qui fut réimprimée en 1662. Parvenu aux dignités de maréchal de camp et de conseiller d'Etat, il fut choisi pour enseigner les mathématiques au Dauphin, fils de Louis XIV. Non-seulement il s'illustra en donnant le dessin de la porte Saint-Denis, mais il dirigea la meilleure partie des embellissements qui furent faits dans

Paris, après la guerre de Hollande. Aussi versé dans les belles lettres que dans la géométrie, souvent il composa lui-même les inscriptions destinées à orner les monuments confiés à ses soins. »

Au moment de sa mort, François Blondel était directeur de l'Académie d'architecture et membre de l'Académie royale des sciences.

Parmi les ouvrages qu'il a publiés, on cite un *Cours complet d'architecture*, un *Cours de mathématiques*, l'*Art de jeter les bombes*, l'*Histoire du calendrier romain*, et la *Nouvelle manière de fortifier les places*.

Rue Boucher de Perthes

Cette rue commence sur la vieille route de Lafère, au n° 93, et se dirige parallèlement à la rue de l'Industrie, vers des rues nouvellement tracées dans ce quartier et auxquelles le Conseil municipal de Saint-Quentin a donné les noms de Barra et de Viala. Elle portait précédemment le nom de rue de l'*Avenir*.

Par son testament, M. Boucher de Perthes a légué à la Ville de Saint-Quentin 10.380 fr. à la charge par elle de distribuer tous les ans à des ouvrières méritantes, deux primes de chacune 250 francs et trois médailles de bronze.

M. Boucher de Perthes était un savant qui s'est occupé beaucoup d'études préhistoriques. Né à Abbeville, il a étudié tout particulièrement les terrains quaternaires des bords de la Somme aux environs de cette ville. On sait que le premier, il a trouvé dans ces terrains des restes de l'homme préhistorique.

Il a légué à l'Etat le musée qu'il avait formé à Abbeville et qui est aujourd'hui à Saint-Germain-en-Laye.

Rue Ulysse Butin

Petite rue située dans le milieu et à gauche de la rue de la Pomme-Rouge. Elle conduit dans la rue de Bagatelle. Elle portait précédemment le nom de *Cour Marlier*. C'est dans la séance du 12 janvier 1891 que le Conseil municipal lui a donné le nom d'*Ulysse Butin*.

Ce nom rappelle celui d'un peintre de talent, enfant de Saint-Quentin.

Notre honorable et savant concitoyen, M. Abel Patoux, membre de la Société Académique, a publié dans le volume de cette Société, qui vient d'être imprimé, une très intéressante notice biographique sur le peintre que la mort a enlevé au mois de décembre 1883, dans toute la force de son talent.

Nous y puisons les renseignements suivants :

« Ulysse Butin est né à St-Quentin, le 15 mai 1838, de Louis-Joseph-Romain Butin, et de Virginie Vatin, dans une petite maison de la rue des Jacobins qui portait alors le n° 36 et aujourd'hui le n° 40.

» Son père, originaire de Levergies, commune des environs de St-Quentin, avait été fabricant de plumetis. Il n'avait pas réussi, et était entré comme employé chez un négociant de St-Quentin.

» Butin, jusqu'à 15 ans, fréquenta l'école primaire et la pension Brunois, où il laissa les meilleurs souvenirs. Mais il fallait vivre, et on le mit dans un bureau d'enregistrement où il gagnait 20 fr. par mois. Il y resta deux ans, durant lesquels il commença à suivre les cours de dessin de l'école De Latour. »

En 1858, muni d'une demi-bourse et d'une somme de 300 francs, il se rendit à Paris et entra à l'école des Beaux-Arts, où il vécut d'une « vie de lutte obscure et improductive. »

En 1868, le Salon lui ouvrait ses portes, mais la notoriété n'arrivait pas.

En 1874, il exposa son premier tableau, les *Pêcheuses de Moules*, et l'*Attente*, au Salon de 1875 Cette toile fut remarquée. « Il tenait un succès, dit M. Patoux, il était sacré peintre, et d'un bond, il s'était élevé au premier rang. Personne n'en fut plus étonné que lui. »

En 1876, il exposa les *Femmes au Cabestan*, en 1877, la *Pêche*, et en 1878, l'*Enterrement à Villerville*, aujourd'hui au Musée du Luxembourg ; en 1879, la *Fem-*

me du marin ; en 1880, l'*Ex-voto*, en 1881, le *Départ*.

Le gouvernement républicain, voulant reconnaître et honorer son talent, le nomma Chevalier de la Légion d'honneur.

Malheureusement, Mme Butin, atteinte depuis quelque temps déjà d'une maladie qui ne laissait aucun espoir, succombait, jeune encore, au mois de juin 1883, et le peintre, dont la ville de St-Quentin était si légitimement fière, allait la rejoindre six mois après dans la tombe.

« Mais Butin, dit M. Patoux, laissait une œuvre posthume : son grand tableau de l'Hôtel de Ville de St-Quentin, auquel il avait travaillé jusqu'à son dernier jour.

» L'œuvre était malheureusement inachevée. Des mains pieuses et bien intentionnées le terminèrent, et on peut le voir aujourd'hui dans la grande salle de l'Hôtel de Ville de St-Quentin.

» Quand il nous a été donné de retrouver à St-Quentin la toile que trois semaines à peine avant la mort de Butin nous avions encore vue dans son atelier, il nous a été difficile de la reconnaître.

» Sans doute, l'ordonnance générale, la composition et le groupement des personnages ont été conservés ; mais les colorations si fières et si étudiées du maître ont disparu ; des figures ont été modifiées ;

d'autres ont été ajoutées ; et celles-ci sont facilement reconnaissables, même pour les moins experts. Le groupe des bourgeois de St-Quentin qui prêtent serment sent l'effort, est d'une agitation pénible et tourmentée. Pour échapper à la monotonie, ils jurent, levant la main, les uns horizontalement, les autres verticalement, mais tous sans conviction, et l'impression n'est rien moins que celle de la vie et du mouvement. Le dernier état de la toile de Butin donnait une impression meilleure, et il cherchait le mieux, qu'il eût certainement trouvé.

» Pour dire la vérité tout entière, ajoute M. Patoux, et il importe de la dire dans l'intérêt de la bonne renommée de l'artiste consciencieux et sévère, cette toile est tombée inachevée et incomplète de ses mains mourantes, et jamais il ne l'eût signée dans son état actuel. »

Butin étant mort sans fortune, ses amis organisèrent en faveur de ses enfants une vente à laquelle un grand nombre d'artistes apportèrent leur contribution avec un empressement admirable. Les études et les esquisses de son atelier aidant, on atteignit le chiffre de près de 140.000 fr.

Chemin Clatrois

On arrive au chemin Clatrois par la rue d'Ostende, après la route de Gauchy, et tout près de l'établissement industriel de M. Gabreau. Il passe au-devant d'un lieu-dit, le *Nouveau-Monde*, traverse un chemin qui conduit de la route de La Fère à la route de Gauchy, et le chemin de fer de Guise, et de là se dirige au pied du moulin de Tous-Vents, après lequel il se confond avec le chemin vicinal qui va de Neuville-Saint-Amand à Grugies. En cet endroit, il redevient chemin rural jusque Clastres, en longeant en quelque sorte le chemin de fer du Nord.

Le nom de chemin Clatrois lui vient sans doute de ce village.

Clastres est situé à 13 kilomètres au sud de Saint-Quentin, et à 1500 mètres de la gare du chemin de fer du Nord, à Montescourt.

C'est un village très ancien, près duquel s'élevait, au Xe siècle, un château-fort occupé par un nommé Raoul, et qui fut pris, en 944, par Hébert II, comte de Vermandois.

Clastres est la patrie d'Adam de Clastres qui acquit, au XIIIe siècle, un grand renom par ses libéralités envers les pauvres et les établissements religieux.

On voit dans ce village un endroit désigné sous le nom de *Butte-Fresnoy*, que l'on considère comme un *tumulus* ou sépulture gauloise.

Impasse Colliette

Cette impasse se trouve sur la place Saint-Quentin, à droite en entrant par la rue Saint-André.

Louis-Paul Colliette, doyen du doyenné de Saint-Quentin, curé de Gricourt, et chapelain de l'église royale de Saint-Quentin, a publié, en 1771, un important ouvage en trois volumes in-4°, ayant pour titre : *Mémoires pour servir à l'histoire ecclésiastique, civile et militaire de la province du Vermandois.*

Cet ouvrage, très rare depuis longtemps déjà, a été imprimé à Cambrai, chez

Samuel Berthoud, imprimeur du Roi, place au Bois.

Il est dédié à Mgr Gabriel-Marie de Taleyrand Périgord, comte du Périgord et de Grignols, etc.

Dans la préface, l'auteur s'élève contre Jacques le Vasseur, chanoine et doyen de la cathédrale de Noyon, qui a soutenu, dans ses *Annales* que Vermand était, avant Saint-Quentin, la capitale du Vermandois et le siège des premiers évêques de nos contrées.

L'ouvrage de Paul Colliette est assurément la publication la plus complète que nous ayons encore aujourd'hui sur ce pays.

On ne peut écrire l'histoire de la ville de Saint-Quentin et des environs sans le consulter.

En terminant sa préface, Paul Colliette dit qu'il laisse aux historiographes qui viendront après lui la liberté de disposer de ses recherches et de les arranger à leur gré. « Sous le titre de *Mémoires pour servir à l'Histoire du Vermandois*, mes dissertations, ajoute-t-il, ne sont plus déplacées ; et le récit de l'évènement le moins important marche ensuite de celui qui est plus considérable. Tout se lie, tout s'enchaîne et se tient. Enfin, sous ce titre j'ai raconté tout ce qui m'a paru mériter quelqu'attention ; et mes lecteurs, à qui je peins tous les évènements et les choses, n'ignoreront rien de tous les temps et de tous les lieux, de tous les personnages et de tous les objets ».

On peut dire, en effet, que cet ouvrage est des plus utiles et des plus précieux.

Comme l'a très judicieusement fait remarquer M. Bona, c'est « le plus complet et le plus digne de foi » qui existe sur le Vermandois.

Passage Delavière

Le passage Delavière se trouve sur le boulevard Gambetta, un peu avant la cour Lepreux, en remontant sur les Champs-Elysées. Il conduit dans la rue Poiret. Son nom lui vient de Mme Delavière, née Morel, qui fonda, en 1822, un hospice pour les femmes aveugles, dans sa maison située rue des Suzannes, n° 4. Cette maison a été vendue en 1845 par l'Administration des Hospices, qui a transféré à l'Hôtel-Dieu l'établissement fondé par Mme Delavière.

Rue du général Desaix

Elle commence au carrefour formé par les rues des généraux Hoche, Desaix, Carnot et Masséna ; elle aboutit à la rue de l'Industrie. Le nom de Desaix lui a été donné par le Conseil municipal dans la séance du 12 janvier 1891.

Le général Desaix est né, en 1768, d'une famille noble, à Saint-Hilaire-d'Ayat en Auvergne. Il était lieutenant au régiment de Bretagne lorsqu'éclata la Révolution. Il en adopta les principes et fut promu au grade de général de division, à 26 ans. En 1796, il défendit avec un rare courage le fort de Kehl sur le Rhin. En 1798, il accompagna Bonaparte en Egypte, se rendit maître de la Haute-Egypte, et y exerça le pouvoir avec tant de justice et de modération que les Musulmans lui donnèrent le titre de : *Sultan le juste*.

Le général Desaix mourut le 4 juin 1800, en combattant héroïquement à Marengo.

Deux monuments ont été élevés en son honneur, l'un à Paris, place Dauphine, l'autre à Clermont-Ferrand.

Rue des Haies

Rue nouvellement tracée parallèlement à la rue de Bosson sur la rue de Vermand, à peu près en face de la rue Denfert-Rochereau.

Elle se dirige à travers champs vers la chaussée Romaine, après avoir traversé la rue Alexandre Dumas.

Son nom lui vient des haies qui entouraient les jardinages situés en cet endroit.

Rue du général Hoche

Elle s'ouvre sur la rue de Guise entre la rue Marceau et la rue de la vieille route de La Fère ; elle aboutit au carrefour formé par la rue Lazare Carnot et celles portant les noms des généraux Desaix et Masséna.

Lazare Hoche est né à Versailles, en

1768. Il était sergent dans les Gardes françaises, lorsque la Révolution éclata. Il passa rapidement par les différents grades, et fut nommé, à peine âgé de 25 ans, commandant en chef de l'armée de la Moselle. Il attaqua aussitôt les Autrichiens et les chassa de l'Alsace. Mis en prison par ordre du Comité de Salut public, il fut rendu à la liberté après le 9 thermidor, et placé bientôt après à la tête de l'armée de la Vendée. Il battit les bandes royalistes, et, par son intrépidité, son tact, sa générosité, il rétablit le calme dans les provinces de l'ouest et mérita le titre de *Pacificateur de la Vendée.*

Au mois de février 1797, il fut nommé général en chef de l'armée de Sambre-et-Meuse, et gagna successivement sur les Autrichiens les batailles de Neuwied, d'Ukerath et d'Altenkirchen.

Hoche est mort d'une maladie d'entrailles, au mois de septembre 1797. Il avait pris pour devise : *Res non verba.*

Versailles lui a érigé une statue.

Le nom de Hoche a été donné à cette rue dans la séance du Conseil municipal du 12 janvier 1891.

Rue des Jardinets

Rue nouvellement ouverte du côté du chemin du Moulin-Brûlé. Elle s'ouvre dans la rue de Lunéville, et traverse une autre rue projetée et va rejoindre la rue dite du Bel-Air.

Rue Joly

Elle s'ouvre à droite de la place de la Gare et conduit à la gare aux marchandises.

Le nom de Joly lui a été donné en souvenir du propriétaire des terrains et des bâtiments qui se trouvaient encore en cet endroit, il y a une quinzaine d'années.

Rue Josquin des Prés

—

Cette rue longe le côté sud de l'Hôtel de Gendarmerie et conduit du boulevard Gambetta à la rue d'Andelot.

Claude Emmeré cite Josquin des Prés comme l'un des meilleurs maîtres de chapelle du seizième siècle. Colliette dit, de son côté, qu' « il avoit été formé dans son état parmi les enfants de chœur de Saint-Quentin. Quoiqu'il y eût déjà obtenu la place de maître de musique, il ambitionna d'y posséder un canonicat, et le demanda au roi qui, pour récompenser ses talents, lui promit le premier qui vaqueroit. Il avoit, dès lors l'honneur d'être aussi l'un des maîtres de musique de sa chapelle. Des Prés avoit longtemps attendu l'heureux moment qui devoit le faire confrère de ses premiers maîtres et n'en voyoit point ses espérances plus avancées. Des courtisans plus alertes et plus subtils que lui obtenaient du roi le bénéfice promis et reculoient ses prétentions ».

Josquin chanta alors ce verset : *Memor esto verbi tui, servo tuo, Domine, in quo mihi spem dadisti*. Le roi comprit et lui accorda ce qu'il désirait. Il se mit alors à chanter le verset suivant : *Bonitatem fecisti cum servo tuo Domine, secundum verbum tuum.*

Josquin des Prés est né à Saint-Quentin.

Rue du général Kléber

Elle commence dans la rue du général Hoche et finit rue du général Marceau. On lui avait donné précédemment le nom de rue Bac-Ninh.

Kléber était le fils d'un maçon de Strasbourg où il naquit en 1753. Il s'engagea en 1792 dans un bataillon de volontaires, et s'éleva rapidement aux premiers grades. Il se signala au siège de Mayence, et fut envoyé dans la Vendée avec le titre de général de brigade. Il résista avec 4,000 hommes à 20.000 Vendéens au combat de Torfou, et finit, de concert avec le général Marceau, par anéantir l'armée vendéenne au Mans et à Savenay.

Nommé général de division à l'armée de

Sambre-et-Meuse, il contribua à la victoire de Fleurus (1795), battit l'ennemi à Marchiennes, prit Maestricht et organisa le blocus de Mayence.

Il accompagna Napoléon en Egypte, et combattit héroïquement au mont Thabor et à Aboukir.

Le 19 mars 1800, il battit à Héliopolis une armée turque dix fois plus nombreuse que la sienne, et soumit l'Egypte révoltée. Il fut assassiné au Caire par un turc fanatique, au mois de juin 1800.

En 1840, Strasbourg, sa ville natale, lui a élevé une statue en bronze.

Bac-Ninh, nom qui avait été donné précédemment à la rue Kléber, est une ville du Tonkin qui fut prise par le général de Négrier, le 12 mars 1884. Située entre deux collines au milieu d'une plaine ; elle est défendue par une citadelle avec des bastions de briques et des murs crénelés.

Lors de la prise de cette ville par les Français, l'ennemi avait placé dans la citadelle de grands approvisionnements de poudre, pour la faire sauter et empêcher nos soldats d'y trouver un abri. Mais ils ne purent mettre leur projet à exécution.

Rue Lamartine

Elle commence dans la rue Crozat (quartier de la Buerie des Islots), traverse la rue de Vicq et aboutit au canal. Ouverte il y a une vingtaine d'années, elle a porté le nom de rue *Boulanger*, du nom du propriétaire des terrains. Celui de Lamartine lui a été donné dans la séance tenue par le Conseil municipal, le 12 janvier 1891.

Lamartine était un homme politique et l'un de nos plus grands poètes modernes. Il naquit à Macon en 1790, et mourut en 1869. Il a publié successivement les *Méditations poétiques*, les *Nouvelles Méditations*, la *Mort de Socrate*, le *Dernier Chant de Child-Harold*, le *Chant du Sacre*, les *Harmonies poétiques et religieuses*, le *Voyage en Orient*, *Jocelyn*, la *Chute d'un Ange*, les *Recueillements poétiques*, l'*Histoire des Girondins*, *Trois mois au pouvoir*, le *Conseiller du Peuple*, l'*Histoire de la Restauration* et beaucoup d'autres ouvrages qui ont obtenu le plus grand succès.

Lamartine fut envoyé, en 1834, à la Chambre des députés par les électeurs de Bergues. De 1839 à 1848, il y représenta les électeurs de Macon, sa ville natale. Sa réputation d'orateur fut égale à celle de poète.

Après la Révolution du 24 février 1848, il fut appelé à faire partie du gouvernement provisoire, comme ministre des affaires étrangères. « Il devint, dit un de ses biographes, pour toute la partie modérée du pays, le principal garant des principes d'ordre et de conservation, et déploya pour leur défense beaucoup d'éloquence, de courage et d'énergie. » Il fut élu à l'Assemblée constituante de 1848 par dix départements, et nommé un des cinq membres de la Commission exécutive, le 10 mai suivant. Il fit partie de l'Assemblée législative de 1849, et rentra dans la vie privée après le 2 décembre 1851.

Ses dernières années furent attristées par l'oubli et par la gêne.

Plusieurs éditions complètes de ses œuvres ont été imprimées en divers formats.

Nous citerons particulièrement celle qui renferme seulement ses poésies et qui a été publiée, de 1875 à 1879, par Furne, Pagnerre et Hachette. C'est une petite édition de luxe, sur papier Wattmann. Le texte est encadré d'un filet rouge et le titre des poésies de charmants dessins variés. Des culs de lampe également variés se trouvent à la fin de chaque pièce.

Ceux qui ont nourri leur enfance des poésies de Lamartine conservent toujours respectueusement le souvenir de ce poète immortel dont les strophes divines sont restées gravées dans leur esprit. Qui de nous ne se surprend parfois à réciter les belles strophes du *Lac*, de l'*Automne*, du *Désespoir*, de *Bonaparte,* du *Poète mourant,* de tous les poèmes, en un mot, que renferment les *Méditations poétiques,* et les *Harmonies poétiques et religieuses ?*

Rue Lazare Carnot

C'est la première rue qui s'ouvre sur celle de la vieille route de La Fère, à gauche, à partir de la rue de Guise. Elle aboutit à un carrefour formé par les rues portant les noms des généraux Hoche, Desaix et Masséna.

Lazare Carnot est l'aïeul du président actuel de la République. Il naquit à Nolay (Côtes-d'Or), en 1753, et mourut en 1823. Il était capitaine du génie lorsqu'éclata la Révolution. Il en adopta les principes et fut élu, en 1791, député à l'Assemblée législative et ensuite à la Convention. Membre du comité militaire, et envoyé en 1793 à l'armée du Nord, en qualité d'inspecteur, il se mit à la tête des colonnes françaises et contribua puissamment à la victoire de Wattignies.

Elu membre du comité de Salut public, il s'y occupa exclusivement des opérations militaires, et il mérita qu'on dît de lui qu'*il avait organisé la victoire*.

Nommé directeur en 1795, il se trouva en opposition avec Barras, fut proscrit et se retira en Allemagne. Napoléon le rappela après le 18 brumaire et lui donna le portefeuille de la guerre.

Elu tribun en 1802, il vota contre le consulat à vie et ensuite contre la fondation de l'Empire.

Pendant les *Cent-Jours* il fut ministre de l'intérieur.

La Restauration l'exila. Il alla se fixer à Varsovie, puis à Magdebourg où il consacra le reste de ses jours à l'étude.

Lazare Carnot était membre de l'Institut depuis sa fondation.

La ville d'Anvers lui éleva une statue en 1857.

Depuis trois ans ses cendres reposent au Panthéon.

C'est dans la séance du Conseil municipal du 12 janvier 1891 que le nom de Lazare Carnot a été donné à une des rues de la ville de Saint-Quentin.

Rue Lenglet

Située vers l'extrémité de la rue de Mulhouse, du côté du Pont-Tordeux, près le canal, elle conduit de cette rue à la rue Jacquart.

Son nom lui vient des anciens propriétaires des terrains où elle se trouve.

Cour Lepreux

La cour Lepreux est située sur le boulevard Gambetta à l'extrémité sud des Champs-Elysées. Son nom lui vient des propriétaires des terrains sur lesquels elle se trouve.

Rue Ledru-Rollin

Elle s'ouvre sur la rue de La Fère et aboutit à la rue Saint-Claude. Elle portait précédemment le nom de rue Barbare. Celui qu'elle porte aujourd'hui lui a été donné par le Conseil municipal, dans la séance du 12 janvier 1891.

Ledru-Rollin, né à Paris le 2 février 1807, est mort à Fontenay-aux-Roses, le 31 décembre 1874.

Avocat, jurisconsulte et homme politique, Ledru-Rollin rédigea, après l'insurrection de juin 1832, une consultation politique contre l'état de siège.

En 1841, il se présenta devant les électeurs du second collège du Mans, avec une profession de foi nettement républicaine et fut élu à l'unanimité moins trois voix. Le gouvernement de Juillet le fit poursuivre devant la Cour d'assises d'Angers, pour le langage qu'il avait tenu aux électeurs. Il comparut devant le jury assisté de MM. Odilon Barrot, Berryer et Marie. Les jurés le déclarèrent coupable d'attaques contre le gouvernement, et la Cour le condamna à quatre mois de prison et à 3,000 fr. d'amende. L'arrêt fut annulé, pour vice de forme, par la Cour de cassation.

A la Chambre des députés, Ledru-Rollin devint bientôt l'orateur de l'extrême-gauche. Il profitait de toutes les circonstances pour affirmer ses opinions républicaines. Aussi, après la Révolution du 24 février 1848, fut-il acclamé l'un des premiers comme membre du Gouvernement provisoire. Mais il perdit bientôt sa popularité auprès des masses, et devint en même temps un objet de haine et d'épouvante pour la bourgeoisie. « Il eut sa part, dit un de ses biographes, dans toutes les mesures prises par le gouvernement provisoire, telles que l'abolition de la peine de mort en matière politique, la reconnaissance du droit au travail, l'abolition de l'esclavage, la réduction des heures de travail, l'abolition de l'exercice sur les boissons, l'abolition de la contraite par corps, l'établissement de l'impôt général des 45 centimes, à la place duquel il demandait un impôt particulier de 1 fr. 20 sur les riches, etc.

Ministre de l'intérieur, Ledru-Rollin fut l'organisateur du suffrage universel. Dans la journée du 16 avril, il fit battre le rappel et empêcha le renversement du gouvernement provisoire.

Il fut nommé membre de la Commission exécutive par 458 voix sur 800 votants.

Il resta au pouvoir jusqu'au 24 juin 1848, et prononça contre l'admission du prince Louis Napoléon à l'Assemblée nationale un véhément discours.

Au 10 décembre 1848, il était avec Louis Napoléon, Lamartine et Cavaignac, candidat à la présidence. Il n'obtint qu'un petit nombre de voix. La réaction s'était acharnée contre lui. Elle l'avait représenté aux yeux des crédules bourgeois et des paysans, comme un voleur qui avait mis dans sa poche le produit des 45 cent. Cette infâme calomnie était admise, partout dans nos villages, comme une vérité incontestable.

Tribun infatigable, il combattit, avec la plus grande énergie, tous les projets, toutes les mesures qui lui paraissaient contraires à l'esprit républicain.

En 1849, les départements de la Seine, de l'Allier, du Var, de Saône-et-Loire et de l'Hérault, l'élurent à la fois comme leur représentant.

Le 11 juin de cette année, il protestait contre la conduite du gouvernement de Louis Napoléon à l'égard de la république romaine. « La Constitution, disait-il, est violée, nous la défendrons par tous les moyens, même par les armes. » Le surlendemain, il descendait dans les rues de Paris, pour mettre sa menace à exécution.

Poursuivi pour ce fait, il resta caché pendant vingt-trois jours dans la banlieue, et passa ensuite dans la Belgique, et de là en Angleterre d'où il protesta contre l'arrêt qui le traduisait devant la haute Cour nationale. Il fut condamné à la déportation.

Impliqué dans le complot de Tibaldi contre la vie de Napoléon III, il fut de nouveau condamné à la déportation, malgré d'énergiques protestations.

Il fut excepté de l'amnistie générale de 1860 et de celle du mois d'août 1869.

Un décret de février 1870 l'autorisa à

rentrer en France. Il quitta l'Angleterre au mois de mars et alla s'installer à Fontenay-aux-Roses.

Aux élections du 8 février 1871, il déclina toute candidature ; mais il fut élu, dans le département de la Seine, le trente-septième sur quarante-trois, par 75,784 suffrages sur 328,970 votants. Il fut également élu dans les Bouches-du-Rhône et dans le Var.

Comme nous le disons plus haut, Ledru-Rollin est mort à Fontenay-aux-Roses le 31 décembre 1874. Un monument lui fut élevé au Père-Lachaise, et inauguré solennellement le 24 février 1878.

Rue du général Marceau

Cette rue, nouvellement tracée, s'ouvre sur la rue de Guise, après la rue du général Hoche et aboutit à la rue de l'Industrie.

Le général Marceau, fils d'un procureur au bailliage de Chartes, naquit en cette ville en 1769. Il s'engagea à l'âge de 15 ans, et fut nommé en 1791 chef du premier bataillon des volontaires d'Eure-et-Loir. Il fut envoyé en Vendée avec le grade de capitaine, et nommé à l'âge de 24 ans, sur la recommandation de Kléber, général en chef de l'armée de l'Ouest. Le 12 décembre 1793, il vainquit les Vendéens au Mans. L'année suivante, il était à l'armée de Sambre-et-Meuse, comme général de division, et contribua puissamment au gain de la bataille de Fleurus. Blessé mortellement au combat d'Altenkirchen, il succomba à l'âge de 27 ans. Les ennemis s'unirent aux Français pour lui rendre les honneurs militaires.

Chartres lui a érigé une statue.

C'est dans la séance du Conseil municipal du 12 janvier 1891 que le nom du général Marceau a été donné à une des rues du faubourg d'Isle.

Rue du général Masséna

Elle commence au carrefour des rues portant les noms des généraux Hoche, Desaix et Carnot, et aboutit à la rue du général Marceau.

C'est une rue nouvellement tracée à laquelle le Conseil municipal a donné le nom de Masséna dans sa séance du 12 janvier 1891.

Masséna André, prince d'Esseling, maréchal de France, naquit à Leven, près Nice, en 1758. Fils d'un marchand de vins, il s'enrôla de bonne heure dans un régiment français. Ne pouvant dépasser les grades inférieurs, à cause de sa naissance, il était retiré du service lorsqu'éclata la Révolution. Il rentra dans l'armée et fut nommé chef de bataillon en 1792, et général de brigade en 1793. Il se distingua à l'armée du Midi, et en 1795, il fut promu au grade de général de division. En 1797, il décida de la bataille de Rivoli, où le général Bonaparte le proclama l'*Enfant chéri de la Victoire*. En 1084, il fut nommé maréchal et duc de Rivoli. Il reçut, en 1805, le commandement en chef de l'armée d'Italie. En 1809, il commanda en Autriche le corps de la grande armée qu'il sauva à Esseling.

Il a laissé des mémoires qui ont été publiés en 1849.

Rue Pasteur

Rue projetée dans le quartier de Remicourt, et conduisant de la rue de Mulhouse à la rue Pierre Ramus.

Le nom de Pasteur rappelle celui du savant et illustre chimiste français, né à Dôle (Jura), le 27 décembre 1822, dont les travaux, et particulièrement les découvertes sur les moyens de guérir la rage, honorent la France.

Rue Pierre Berton

Elle se trouve derrière la Caserne de Gendarmerie, et on y arrive par les rues Blondel et Ste-Pécinne.

« Pierre Berton, de St-Quentin, maître tailleur de pierres et sculpteur au XVIe siècle », tel est le titre d'un article publié par M. A de Champeaux, dans le numéro de la *Gazette des Beaux-Arts* du 1er octobre 1880.

Dans cet article, il est dit que « Pierre de St-Quentin, maître tailleur de pierres, fut employé aux travaux les plus délicats que nous ait légués la Renaissance, et que c'est à lui que Pierre Lescot et Jean Goujon confièrent l'exécution des bâtiments du nouveau Louvre et ceux du célèbre jubé de Saint-Germain l'Auxerrois. »

Ce n'était pas une tâche ordinaire, ajoute M. de Champeaux, que de travailler, sous la direction des deux plus grands artistes de l'époque, à la reconstruction du palais de la Royauté française.

Le numéro de la *Gazette des Beaux-Arts* du mois d'octobre 1880 contient de beaux dessins représentant des travaux de sculpture exécutés par Pierre Berton.

Cet artiste saint-quentinois possédait à Paris, rue Saint-Pierre-Montmartre, un chantier dont hérita sa fille, Marguerite de Saint-Quentin, qui épousa l'architecte de la petite galerie du Louvre, Pierre Chambiges.

Rue Pierre de Corbie

Rue nouvelle située à l'extrémité du faubourg Saint-Jean, entre la route de Cambrai et le chemin de Gricourt.

Pierre de Corbie, architecte picard, vivait au XIIIe siècle et était le collaborateur de Vilard d'Honnecourt.

Dans un Mémoire de M. Pierre Bénard, sur la patrie et les travaux de ce dernier, Mémoire lu dans la réunion des Sociétés savantes à la Sorbonne, en 1865, l'auteur dit que Vilard, lorsqu'il reproduit dans son album « un dessin d'abside qu'il a étudié avec un collègue, picard comme lui, il nomme son collaborateur ; mais qu'il se nomme aussi, lui premier : « Istud presbyterium invenerunt Ulardus de Honecort et Petrus de Corbeia, inter se disputando. » Plus bas, sur le même feuillet. Vilard traduit le même renseignement en langue vulgaire : «Ci-dessus est une église à double collatéral que trouvèrent Vilard d'Honnecourt et Pierre de Corbie. »

On sait que Corbie est un chef-lieu de canton de l'arrondissement d'Amiens.

Rue Pierre Ramus

Rue nouvellement ouverte dans le quartier de Remicourt. Elle commence dans la rue Camille Desmoulins, à l'extrémité de la rue Richard-Lenoir, traverse les rues de Bellevue, de Condorcet et la rue Quentin-Barré prolongé pour se diriger à travers champs vers le canal.

Pierre de la Ramée, dit Ramus, naquit en 1515 à Cuth, village très ancien du Vermandois, entre Noyon et Soissons. Il descendait d'une famille noble, originaire du pays de Liège. Lorsque cette ville eut été prise et réduite en cendres par Charles le Téméraire, l'aïeul de Ramus, dépouillé de tous ses biens, se réfugia en Picardie, où il fut réduit par la misère à se faire charbonnier. Son fils, Jacques de la Ramée, fut laboureur et épousa une femme aussi pauvre que lui, nommée Jeanne Charpentier. C'est de ce mariage, dit M. Ch. Waddington dans son livre sur Ramus, que naquit Pierre de la Ramée, et, comme plus tard ses ennemis et ses envieux se faisaient une arme contre lui de l'obscurité de sa naissance, loin d'en rougir, il releva lui-même ses attaques avec une juste indignation dans son discours d'installation au Collège de France (1551).

Enfant, Pierre Ramus avait l'esprit vif, et se sentit de très bonne heure un goût décidé pour l'étude. Il fréquenta l'école de son village, mais son maître ne pouvait pas lui apprendre grand'chose, il l'engagea à chercher mieux.

A l'âge de 12 ans Ramus alla à Paris et s'attacha, en qualité de domestique, à un écolier riche du Collège de Navarre, nommé De la Brosse (1).

C'est dans ce Collège que le jeune domestique s'instruisit en remplissant ses fonctions et fit de grands progrès. Sentant le vide de la philosophie qu'on enseignait

(1) Ramus (Pierre de la Ramée), sa vie, ses écrits et ses opinions, par Charles Waddington.

alors, il résolut de la réformer et publia dans ce but, en 1543, une nouvelle Logique *(Institutiones dialecticæ)* et des *Remarques sur Aristote (Animadversiones in dialecticam Aristotelis)*, où il attaquait très vivement le philosophe grec. Mais ses ouvrages furent condamnés par le Parlement, et il lui fut défendu de rien écrire ou enseigner contre Aristote.

Deux ans plus tard, l'arrêt fut annulé, et Pierre Ramus fut nommé principal du Collège de Presles. Il y enseigna la rhétorique et les mathématiques.

En 1551, il obtint une chaire de philosophie et d'éloquence au Collège de France, où ses leçons lui attirèrent une foule d'auditeurs.

Il embrassa le protestantisme, fut destitué par l'Université et obligé de s'expatrier. Il parcourut l'Allemagne en 1568, et donna des leçons à Heidelberg. Rentré en France en 1571, il fut massacré en 1572, le lendemain du jour de la Saint-Barthélemy.

« Des assassins à gage, dit M. Ch. Waddington, conduits par deux hommes, dont l'un était tailleur et l'autre sergent, forcèrent l'entrée du Collège de Presles et se mirent à fouiller la maison. Ramus, comprenant que c'était à lui que s'adressaient leurs menaces, s'était retiré dans son petit cabinet de travail, au cinquième étage (1); et là il attendait dans le recueillement et la prière, lorsque la bande homicide, sur quelques indications qui lui sont données, découvre sa retraite, enfonce la porte et se précipite dans la chambre. Ramus était à genoux, les mains jointes et les yeux tournés vers le ciel. Il se relève ; il veut parler à ces furieux qu'un respect involontaire retient encore ; mais il s'aperçoit bientôt qu'il n'en doit attendre ni pitié ni merci, et profitant des derniers moments qu'ils lui ont laissés, il recommande son âme à Dieu et s'écrie : « O mon Dieu, j'ai péché contre toi ; j'ai fait le mal en ta présence ; tes jugements sont justice et vérité. Aie pitié de moi et pardonne à ces malheureux qui ne savent ce qu'ils font ! » Il n'en peut dire davantage, tant est grande l'impatience des meurtriers. L'un des chefs de la bande, proférant d'affreux blasphèmes, lui décharge sur la tête une arme à feu dont les deux balles vont se loger dans la muraille, tandis que l'autre, qui est placé en face de Ramus, lui passe son épée au travers du corps. Le sang jaillit en abondance de ces horribles blessures, qui pourtant ne l'ont pas achevé.

(1) Paul Colliette dit que Ramus s'était caché dans une cave.

Les assassins ont recours à un autre genre de supplice : ils le précipitent par la fenêtre, d'une hauteur de plus de cent marches. Le corps, dans sa chute, rencontre un toit qu'il défonce en partie, et tombe tout palpitant dans la Cour du Collège. Le sang et les entrailles se sont répandus, et pourtant Ramus respire encore ! On l'accable d'outrages ; puis l'ayant attaché par les pieds avec une corde, on le traîne par les rues de la ville jusqu'à la Seine. Là, dit-on, un chirurgien lui coupa la tête et le corps fut jeté dans le fleuve... On profita de sa mort pour mettre au pillage sa riche bibliothèque et tout ce qui lui appartenait. »

Voilà, dit M. Cousin, quel fut le sort d'un homme qui, à défaut d'une grande profondeur et d'une originalité puissante, possédait un esprit élevé, orné de plusieurs belles connaissances, qui introduisit parmi nous la sagesse socratique, tempéra et polit la rude science de son temps par le commerce des lettres, et le premier écrivit en français un traité de dialectique.

Paul Colliette, dans la page qu'il a consacrée à Ramus, dit qu'il avait une belle figure, une taille haute, une complexion forte. « Il étoit, ajoute-t-il, infatigable au travail, et ne couchoit jamais que sur la paille ; il mangeoit peu, et se promenait toujours pendant deux heures après son repas. Il ne but du vin que par l'ordre des médecins, encore fut-ce dans un âge avancé. Les plus pauvres écoliers partageaient ses profits, dont le surplus lui servit à fonder par son testament une chaire de mathématiques au Collège royal. »

Rue Saint-Antoine

Petite rue presque parallèle à la rue de La Fère et qui conduit de la rue Ledru-Rollin, anciennement rue Barbare, à la rue Saint-Claude.

Son nom lui vient de l'enseigne d'un charcutier-restaurant qui se trouve encore sur la rue de La Fère.

Tout le monde connaît l'histoire du grand Saint Antoine et de son compagnon. Né dans la Haute-Egypte en l'année 251, Saint Antoine, qui était un savant, lutta contre les philosophes païens et les vainquit. Puis il donna ses biens aux pauvres, et se retira dans la solitude où il ne se nourrissait, comme le compagnon qu'il avait apprivoisé, que de glands, de fruits et de racines.

Il mourut à l'âge de 105 ans.

On le considère comme le fondateur de l'Ordre des Cénobites.

Il y a quarante ans, le grand Saint Antoine, représenté à Saint-Quentin à la Foire de la Saint-Denis, obtenait le plus grand succès parmi les enfants de la ville.

Rue Traversière

Rue tracée récemment entre la rue des Villas et la rue des Jardinets, dans le quartier du chemin de Morcourt.

Elle s'ouvre dans la rue de Lunéville et aboutit à la rue du Bel-Air.

Impasses Rossignol, Braconnier et Poëtte

L'impasse Rossignol s'ouvre sur la gauche de la rue du Cateau, presqu'en face de la rue du Château d'Eau. Elle doit son nom au propriétaire des terrains sur lesquels elle se trouve.

L'impasse Braconnier est située également sur le côté gauche de la rue du Cateau, un peu plus rapprochée de la ville que l'impasse Rossignol. Son nom rappelle aussi celui du propriétaire des terrains.

L'impasse Poëtte est située sur le côté droit de la même rue, entre la rue du Château-d'Eau et le cimetière Saint-Jean. Son nom lui vient également du propriétaire des terrains, M. Poëtte-Van Dooren, né à Gricourt, et entrepreneur de bâtiments à Saint-Quentin.

Les Cours de la rue de Cambrai

Il y a cinquante ans, le faubourg Saint-Jean avait encore l'aspect d'un véritable village. Des cours plus ou moins spacieuses se trouvaient au-devant des maisons, les unes ayant pignon sur rue, les autres bâties dans des jardins où des jardiniers cultivaient les légumes qu'ils venaient vendre, comme aujourd'hui encore, les mercredis et samedis, sur la place de l'Hôtel-de-Ville.

Sur le bord de la rue, il y avait des fermes et des auberges comme celles de nos villages.

Depuis longtemps, le faubourg Saint-Jean s'est transformé. Il a perdu son aspect villageois d'autrefois. Rien ne le distingue de la ville dont il fait partie.

La situation ancienne de ce faubourg explique toutefois pourquoi on y trouve encore quelques agglomérations dont l'entrée se trouve sur la rue de Cambrai, et qui portent le nom de *Cours*.

A droite, en allant vers Cambrai, il y a

la cour Sainte-Barbe, la cour du Cheval-Blanc, du nom d'une ancienne auberge ; la cour Druart, la cour de l'Abreuvoir, la cour Mariolle, la cour Vatin, la cour Ste-Victorice, la cour Boursier, la cour Saint-Bernard, la cour Gérard et la cour Petit tout près de l'endroit ou débouche la rue Mulot.

A gauche, on trouve également en allant vers Cambrai, la cour Bedu, la cour Martin-Boulé, la cour Lenginion, la cour Tordeux, la cour Saint-Cassien, la cour Oudart, la cour Bocheux, la cour Dollé, la cour Gosset, la cour Lenglet, la cour Dubois et la cour Saint-Louis.

La plupart de ces noms rappellent ceux des propriétaires des terrains sur lesquels sont bâties les maisons qui se trouvent dans ces cours.

Rue Viala

Rue nouvelle ouverte sur la rue de l'Industrie en face de la rue du général Desaix et aboutissant à la rue Boucher de Perthes.

Viala (Agricole) naquit à Avignon en 1780 et mourut en héros à l'âge de 13 ans dans les circonstances suivantes :

Un rassemblement considérable d'insurgés contre la Convention s'était mis en marche sur Lyon. A cette nouvelle, les patriotes d'Avignon et des environs se réunirent et se rendirent sur les bords de la Durance pour leur en disputer le passage; mais déjà les insurgés s'étaient emparés des barques et il ne restait plus aux patriotes d'autres ressources que de couper les câbles qui servaient au trajet des bacs sur la rive qu'ils occupaient.

« Cette entreprise, dit un historien, était périlleuse, car les insurgés dirigeaient sur ce point le feu le plus terrible et les hommes les plus hardis reculaient devant l'imminence du danger. Cependant, le moindre retard pouvait devenir funeste aux patriotes ; déjà les insurgés avaient pris place dans les bacs et, en peu d'instants, ils pouvaient avoir franchi l'obstacle qui les séparait de leurs ennemis. Un enfant de treize ans s'avance alors et vient donner aux hommes faits l'exemple du dévouement. Viala s'offre pour couper le câble, on refuse de le laisser s'exposer ainsi à une mort certaine. Mais le jeune héros regarde ce refus comme un affront fait à son courage. Il court vers un sapeur, lui enlève sa hache et se précipite sur le bord du fleuve. Arrivé près du poteau où le câble est attaché, il dépose sa hache et décharge sur l'ennemi le fusil dont il s'est armé. Honteux alors de se voir ainsi dépassés par un enfant, les patriotes s'avancent pour le soutenir, et une vive fusillade s'engage d'une rive à l'autre. Viala reprend alors la hache et s'efforce de couper le câble. Tout le feu des ennemis s'était dirigé contre lui ; une balle lui traverse la poitrine, la hache s'échappe de ses mains, il chancelle et tombe en s'écriant :

« Ils ne m'ont pas manqué ! mais je suis content, je meurs pour la liberté ! »

Le corps de l'héroïque enfant fut abandonné sur la rive et laissé au pouvoir des insurgés. Ceux-ci le mutilèrent et le jetèrent ensuite à la rivière.

La Convention décréta que les restes d'Agricole Viala seraient déposés au Panthéon, et qu'une gravure représentant sa mort seraient distribuée dans toutes les écoles primaires.

Oëstres

Oëstres, banlieue de Saint-Quentin, est situé à 2 kilomètres et demi environ de la place de l'Hôtel-de-Ville. Il est placé sur le canal et sur la rive droite de la Somme, à gauche de la route de Paris.

Oëstres possède une église, une école de garçons, une école de filles et une école maternelle.

On y trouve deux établissements de blanchisserie, l'un appartenant à M. Emile Deverly et l'autre à M. Marville.

Les deux côtés de cette banlieue sont reliés par un pont qui se trouve en face du chemin de Gauchy nouvellement construit.

Ce chemin, qui a été voté il y a une douzaine d'années par les Conseils municipaux de Saint-Quentin et de Gauchy, sera des plus utiles pour les communications entre les localités qui se trouvent au-delà de Oëstres du côté de la route de Paris, et celles qui se trouvent au-delà de Gauchy.

D'après le recensement de 1891, Oëstres compte 600 habitants dont six étrangers, 164 ménages et 105 maisons. En 1816, le nombre des ménages était de 84.

Cette localité est aussi ancienne que Rocourt. Des documents de l'année 986, la désignent sous le nom de *Hoistrum*, et d'autres de 1076, sous le nom de *Oistrum*.

En 986, Albert, comte de Vermandois, surnommé le Preux, donna Oëstres à l'abbaye de Saint-Prix à des conditions temporaires. En 1045, un autre comte de Vermandois, Othon, second fils d'Albert, donna à son tour Oëstres aux moines de Saint-Prix, avec l'église et le presbytère, et sept manses et demie de terre. Il ajouta à sa donation le district du village.

De même qu'à Remicourt et aux villages voisins de St-Quentin, on cultivait la vigne sur le terroir de Oëstres au Xe siècle.

Vers l'année 1214, il y avait à Oëstres un fief appartenant au Chambellan des comtes du Vermandois. Ce fief consistait en vingt-quatre setiers de terre, en un château qui avait été brûlé précédemment pendant les guerres civiles, et en quelques censives sur des héritages situés à Rocourt.

« A ce fief, appartenait encore, dit Paul Colliette, la moitié du petit Vinage dans la ville de Saint-Quentin, partissant avec le Roi, et consistant en six deniers, pour moitié, sur chaque chariot, et cinq deniers sur chaque charrette, chargée de toutes sortes de marchandises, qui traverse la ville, ou qui, y étant entrée par entrepôt, en sort dans quinzaine ; trois deniers par chaque cheval marchand ; six deniers par chaque bœuf et vache ; six deniers par douzaines de porcs, et cinq sols par chaque cent de moutons ou autres bêtes à pieds fourchus. Item, quinze sols à prendre, par chacun an, sur le domaine du Corps-de-Ville, pour permission d'étaler à la foire franche de Saint-Denis. Item, sur les foués du Roi, chacun an, entre la Nativité et la décollation de Saint-Jean-Baptiste, huit charretées de bois rendues sur le marché. Item, sur tous les maîtres cordonniers de la ville, une paire de souliers par an, la veille de Pâques-Fleuries, pour droit d'étalage de cette marcantile. Item, plusieurs autres rentes, droits et hommages, et quatre sols parsis sur les cendres. »

Le Chambellan ou Bouteillier du Vermandois avait en outre le droit de haute, moyenne et basse justice sur toutes les terres, maisons et héritages de son fief. Il avait également soixante-dix-sept setiers de terres situées au faubourg St-Jean, etc.

Dans la propriété de M. Pecqueux, traversée aujourd'hui en partie par le nouveau chemin de Gauchy, il y avait, il y a une cinquantaine d'années, un très beau jardin qui appartint d'abord à M. Pluchard et ensuite à M. Minard. Une belle fête y était donnée alors tous les ans au mois de septembre. Tout St-Quentin se rendait à Oëstres pour se promener dans le jardin et se livrer aux plaisirs de la danse.

On trouvait encore, il y a quelques années, une blanchisserie, une teinturerie et un moulin dans cette propriété.

Le cimetière de Oëstres est situé tout près de la route de Paris.

Rocourt

Banlieue de Saint-Quentin située à l'extrémité du faubourg St-Martin, sur le bord de la route de Paris et le bord du canal.

Une très importante distillerie y a été fondée vers 1840, par M. Robert de Massy, ancien adjoint au maire de Saint-Quentin. Elle occupe un grand nombre d'ouvriers, dont la plupart sont domiciliés au faubourg Saint-Martin et à Gauchy.

On y compte actuellement, d'après le recensement de 1891, 105 maisons, comprenant 164 ménages et 542 habitants, dont 16 étrangers.

Avant l'établissement du canal, les habitants de l'Abiette, de Gauchy et des villages avoisinants communiquaient avec Rocourt en passant par un sentier qui traverse les marais de la Somme et aboutit à l'endroit ou un moulin à eau s'élevait encore il y a quelques années.

Du côté opposé, on arrive à Rocourt par un vieux chemin que traverse la ligne de Velu-Bertincourt, et qui conduit à Savy, à Francilly et à Holnon.

Le sentier établi dans les marais communiquait directement avec ce chemin qui a été coupé par le canal.

Une fabrique de noir animal a été construite à Rocourt il y a une cinquantaine d'années. Elle se trouve dans le bas du côté de Oëstres entre la route de Paris et le canal. Elle appartient aujourd'hui à M. Hachet-Ranguet, entrepreneur de bâtiments, à Saint-Quentin, qui l'a transformée en fabrique de ciment et de chaux hydraulique.

Rocourt est très ancien. Il en est fait mention dès le 10e siècle. Il dépendait alors de Saint-Prix et portait le nom de Raucourt et quelquefois de Rovecourt.

En 1043, un nommé Rothard, doyen de l'église de Saint-Quentin, fit don au monastère de Saint-Prix des eaux de Rocourt, près Oëstres. Deux ans plus tard, en 1045, Othon, comte du Vermandois, donna à ce même monastère, la dîme de Rocourt, deux moulins qui s'y trouvaient et les « hôtes de la terre arable ».

Paul Colliette nous apprend qu'au 14e siècle, le chambellan des comtes du Vermandois possédait quelques censives sur des héritages situés à Rocourt et qu'au 14e siècle un nommé Alondus de Cerisy et sa femme Erma donnèrent aussi aux moines de Saint-Prix des biens qu'ils possédaient à Rocourt.

En 1290, les moines de l'abbaye de St-Prix intentèrent un procès au bailli, au sénéchal du Vermandois, aux maire et jurés de Saint-Quentin, dans le but de faire constater que leurs hommes du « village de Rocourt » étaient exempts de payer le droit de vinage à Saint-Quentin.

L'affaire fut soumise à des arbitres choisis par les parties, savoir : Gérard de Bétencourt, Jehan de Holenon et Philippe d'Andechi.

D'après Melleville, Rocourt était autrefois un fief, et les Templiers y avaient une maison qu'ils vendirent en 1302 au chapitre de Saint-Quentin.

Le chemin de fer de Saint-Quentin à Velu-Bertincourt traverse le canal tout près de Rocourt ; il y a une gare à l'entrée de cette banlieue sur la droite de la route de Paris.

A propos de la pierre trouvée en 1826 dans la rue Clotaire II, le *Bulletin de la société des Antiquaires de France* a publié dans la livraison du 4ᶜ trimestre de 1888, des observations que M. Pilloy, le savant archéologue saint-quentinois, a bien voulu nous communiquer, et que nous croyons devoir reproduire :

EXTRAIT DU *Bulletin de la Société des Antiquaires de France*

(4ᵉ Trimestre 1888, p. 274. — Séance du 7 novembre 1888)

M. Mowat, membre résidant, présente l'estampage d'une inscription qu'il a pu examiner au musée de Saint-Quentin.

C'est une tablette de pierre calcaire, large de 0ᵐ330, haute de 0ᵐ375, épaisse de 0ᵐ060, brisée en plusieurs fragments; l'inscription est gravée sur huit lignes, en lettres hautes de deux centimètres. Au-dessous de la dernière ligne, on remarque trois cavités circulaires ou godets, de trois centimètres de diamètre destinées à simuler les sceaux bullaires fixés au bas des anciennes chartes. En tenant compte des éraflures qui ont emporté quelques lettres, on lit :

```
I ANNO : SEXTO : C//NTN
I POSITUS : FUIT : HOC
I MONIMĒTUM : PER :
I /////SSU C///OTAR//////// :
I FRANCORU//// : REX///
I C/////LPERICI : FILIUS :
I I////R//ACIÉS : SUESIONE
I DIES : IANUARI : VIGENTI

     O    O    O
```

Suivant l'auteur anonyme d'un article du *Journal de Saint-Quentin* (n° du

29 janvier 1826), intitulé « *Notice sur une inscription trouvée à Saint-Quentin le 23 janvier 1826* », et paraphrasé dans diverses publications (1), cette inscription aurait été découverte sur l'emplacement de l'ancien bastion de Coulombié près de la porte Saint-Martin, en creusant un terrain appartenant à M. Lemaire-Dufour, lequel aurait fait abandon de la trouvaille à la société des Sciences et Arts, sur les instances de son président et du sous-préfet. Les éditeurs de ce texte l'ont ainsi lu :

Anno sexto centesimo positus fuit hoc monumentum per jussum Clotarius francorum rex Chilperici filius iter faciens Suessionem dies januari vigenti.

M. Mowat relève l'étrangeté de cette rédaction qui ne saurait être mise au compte d'une certaine barbarie de langage

(1) *Gazette de France*, n° du 6 février 1826. — *Journal de Saint-Quentin*, n° du 12 février 1826, lettre signée « LÉOPOLD TRPIK » (sic). — *Almanach de Saint-Quentin pour l'année 1834.* — *Magasin pittoresque*, t. XX, 1851, p. 24), fac-similé. — H. Bordier et Ed. Charton, *Histoire de France*, t. I, 1859, p. 143, fac-similé. — Ch. Gomart, *Études Saint-Quentinoises*, t. II, 1862, p. 59, fac-similé. — Ed. Fleury, *Antiquités et Monuments du département de l'Aisne*, t. II, 1878, p. 207, fac-similé.

du VIIe siècle, comme on l'a allégué, mais qui décèle la maladresse d'un moderne faussaire demi-lettré.

Les inscriptions et les actes des rois mérovingiens, bourguignons, visigoths, étaient invariablement datés de l'année de leur règne et du jour des calendes, nones ou ides du mois. D'ailleurs, l'abréviation CENTEN pour *centesimo* est absolument apocryphe ; la locution *anno sexto centesimo* ne peut se traduire que par *l'an* 106 ; il eut fallu *anno sexcentesimo* pour signifier *l'an* 600 qui était évidemment dans la pensée du rédacteur. *Positui* pour *positum* et *clotarius* pour *clotaris* sont deux autres énormités grammaticales; en style épigraphique, *monumentum* n'a jamais eu que le sens de *tombeau*. La filiation est inusitée dans les inscriptions royales de cette époque et, en tout cas, elle ne peut avoir été rejetée après le titre de *francorum rex*, que par une bévue d'écolier. Les pseudo bulles de plomb fixées au bas de ce texte lapidaire assimilé à une charte achèvent la démonstration de sa fausseté.

A Saint-Quentin, cependant, son authenticité paraît solidement établie, puisque la *rue* et la *place Clotaire II* doivent leur nom à la découverte de cette inscription.

Saint-Quentin, Imprimerie Ch. Poëtte

www.ingramcontent.com/pod-product-compliance
Lightning Source LLC
Chambersburg PA
CBHW070530230426
43665CB00014B/1639